U0932497

文史哲博士文丛

现代新儒学文化视野中的梁实秋

◎刘聪 著

山东省社会科学规划研究项目文丛·重点项目

齊魯書社

曲阜师范大学博士科研启动基金项目资助

山东省重点学科(曲阜师范大学中国现当代文学)
学术著作出版资助

序

朱德发

记得汤显祖在《牡丹亭》中写过这样一句："能凿壁，会悬梁，偷天妙手绣文章。"我曾将它作为激励自己的箴言印在脑际，然而经过半个世纪的艰苦磨炼我也没有获得这样神奇的创作本领，长篇短篇文章写得不算少，能称得上"偷天妙手绣文章"的却几乎没有，这并非谦虚而确是实情。我常说，我们这一代正赶上穷折腾的灾难岁月，"读书无用"论、"写文章有罪"论消解了我们的青春活力，熄灭了我们胸中奋发向上的心火，导致我们这一代在学养和知识上的"先天不足"；尽管到了新时期千方百计地努力"补课"，但是岁月催人老、心有余而力不足了，总是在文学研究中获取不了"偷天妙手绣文章"的硕果。值得我庆幸欣慰是，沐浴着改革开放的春风和思想解放的阳光成长起来的青年学子，尤其那些有理想、肯吃苦、有抱负、肯磨炼的博士们，他（她）们经过精心深思撰写出的学位论文，其中不少称得上"偷天妙手绣文章"的成果。也许对"偷天妙手"的高超才能及"绣文章"的衡估标准见仁见智，不过在我的眼中那种获取省级以上优秀博士论文奖的应算是"偷天妙手绣文章"的硕果。固然汤显祖所指"绣文章"的神奇本领应似文艺家创造的审美文本，若是广而用之那也该包括治学所写成的学术论著。摆在我面前的专著《现代新儒学文化视野中的梁实秋》就是曾获得山东省优秀博士论文奖的同题经过著者刘聪博士细心打磨而成的，与同代的女学者的博士论文相比，它应列入“偷天妙手绣文章”的荣誉榜。诚然，任何论著或文章都不是至善至美的，不过即使挑剔出一些瑕疵也不会影响本著作的开拓性与创新性的优秀品格。

在现代中国学术史上，像梁实秋这样性格内涵复杂而又特立独行的文人，因置于政治意识形态框架给以上纲上线的任意定性定位，难免被妖魔化的厄运，其人其文的本真历史面目长期被扭曲被遮蔽；新时期以来对梁氏的研究虽然纳入拨乱反正的学术轨道，但由于选择的考察视野、探讨思路和评价尺度与研究对象本身的错综性深邃性并不完全吻合，甚至有较大的差异和隔膜，故而尚未达到正本清源的学术要求。本论著选取现代新儒学文化视野来探究梁实秋，既摆脱了政治意识形态的强固纠缠又突破了现有的不太适宜的研究路径，而纳入了一个与梁氏其人其文的杂多内涵相契合的具有创新色彩的理论范式。这样的理论范式构成，既借鉴了融文学、史学、哲学为一体的现代新儒学文化思潮，又来源于著者通过对梁实秋其人其文的重新解读重新发掘所获得的深刻体验和总体把握。即不只是从白璧德新人文主义进入中国特殊文化场域中，发现了梁实秋的人格和文格正是新儒学文化思潮与五四启蒙文化思潮相激相荡所型塑而成的，而且发现了白璧德人文主义与中国现代文学的真正结缘和对话中起决定作用或桥梁作用的不是学衡派而是梁实秋。这种新发现与现代新儒学相融合所形成的学术视野与理论框架，对于梁氏本体既能洞察其文艺理论文本与文学创作文本之奥秘与深微，又能梳理其文化活动及文学行为的是非曲直，从微观与宏观的结合上对梁氏的复杂性给出切合历史真实和逻辑真实的阐释。用现代新儒学文化视野来研究梁实秋，它的意义不限于将梁氏的个案研究提升到新的学术层次，它更具有深化20世纪中国文化文学与域外文化和传统文化关系研究的普适价值：一是提供了新视阈、新思路和新方法；二是打通了古今中外文化的互通关系；三是确立了现代新儒学文化在20世纪总文化系统中的合法合理地位；四是为建设有中国特色的现代型文学与文化提供了有益的美学资源和思想资源；五是发掘出了赓续儒家血脉的诗学文论和文化文论，以救治20世纪中国“文论失语症”。特别是现代新儒学作为肯定性的价值评估标准的出色运用，不仅为研究现代中国文化文学增添了新的价值坐标，也为现代中国学术宝库充实丰富了新的价值内涵。选取现代新儒学文化视野研究梁实秋其人其文的意义，在很大程度上决定本专著的价值，也折射出研究主体敏锐的学术智慧。

梁实秋作为一个复杂且有争议的研究客体，进入研究主体的现代新儒学文化视野，对其所进行的勘探、剖析、概括和判断而生发出的新见解新结论，令人感受到创新的力度。著者认为在五四新文化场，梁实秋与白璧德人文主义并非影响和被影响的关系，而是前者对后者的必然选择，这是因为“梁实秋发现白璧德的话语与儒家思想暗合，于是在现代性→白璧德人文主义→孔子（或儒教）这样一种思维链条上，以儒家伦理学说为体，以白璧德人文主义的文论——古典主义文论为用，开始建构中体西用的中国特色的文学话语”。这种概括颇有新意，揭示了传统儒学通过梁实秋巧妙地与白璧德人文主义嫁接而发生了现代性转换，为中国多元的新文化文学系统增进了新的一元，这就使梁实秋所持的文化立场与学衡派有所区别，即“他承认五四新文化和新文学的基本价值，即质疑传统、学习西方以及提倡白话文”，显示出梁氏在现代与传统、激进与保守相互对峙制衡的文化格局中的独特地位。由于梁实秋对白壁德的选择基于现代化立场，故而他从白壁德人文主义中寻找到重新阐释和发扬儒家学说的解码，而这个解码就是白壁德所称道的现代性核心理念“人的法则”，它与儒家所提倡的“仁者，爱人”、“泛爱众”的人文主义和五四新文化运动提出的“人的发现”的命题有意脉相通之点；梁氏选择了白壁德的“现代性”人文主义实质上也就贯通了儒家人文主义，对儒家学说进行了创造性的现代性阐释，早在五四时期郭沫若站在新文化立场上也发现了孔子思想中可以与现代意识对接的个性主义和人道主义。这种新的阐释不仅洗去了梁实秋身上被贴的“古典主义”、“保守主义”、“白壁德教授的门徒”等暗含着落后与守旧的标签，也还他一个“真正现代知识分子”的思想风貌。文学批评是梁实秋致力于新文学活动的强项，也是争议最大的焦点，将其纳入现代新儒学文化视野予以考察与评述，给出了一种新的理性概括：梁实秋的文学批评话语是一种典型的义理式的文学批评，而这种文学批评的理论基础是人性论，主要强调人性的善恶二元论，强调以理制情的道德意义，强调人性的普遍性和永久性，强调人生三境界说，这些都是中国儒学尤其是宋明理学的题中之意。对梁氏文学批评话语所作出的阐释，既破除了机械阶级论的误读又抹去了政治意识形态的痕迹，完全立足于超越阶级、超越党派的跨文化立场对二、三十年代梁实秋参与的文学论争及其理论主张进行学理性的探究，彻底摘掉了梁氏头上多个沉重的带有辱骂性的政治帽子，不论对梁氏其人其文或参与论争的评判都是以学术文化话语取代了政治霸权话语。例如30年代人性论与阶级论的争论，著者一反资产阶级人性论与无产阶级阶级论不可调和斗争的论断，而是作了这样的论述："以人本主义的人性论批判马克思主义的唯物论，在抽象与一般、本质与现象的范畴内与左翼论战，表现出价值理性与工具理性的对峙，以及文学贵族（高雅）性和大众化的对立。"也就是说，梁实秋所信奉的不是资产阶级人性论而是现代新儒学文化体系中的以人为本的人性论，它既源于传统的儒家学说又联通了白璧德人文主义人性论，因此它与左翼文学的论战是不同层次的现代文学理论内部的论战，都是为了推动中国现代文学建设，实践证明以人本主义的人性论来规范中国新文学也许更合乎现代文学发展规律。关于"抗战无关论"的重新认识也涉及对梁实秋的总体评价，尽管近几十年对此次论争有了很多新说法，然而把它置于现代新儒学视野来考析却是罕见的。抗战时期发生的"抗战无关论"之争，之所以不能作为一个纯粹学理性的学案来对待，其深层的政治背景少有人揭破，却原来因为梁实秋参加的国家社会党是个具有浓厚新儒家文化色彩的党派，他与张君劢代表该党出席国民参政会曾与共产党参政员发生激烈冲突，在共产党眼里他被误认是"拥汪主和"派，故而论战中对手对梁氏的批判根本就不是站在学理的立场上，实际上成了政治上的抗战派与主和派的大是大非之争；处于这种四面楚歌的境遇，梁实秋选择了沉默中坚守的方式，放弃了文学批评开始了雅舍系列的散文创作。这种解释既切合历史真实又符合其在"兴无灭资"框架中长期被误解的政治命运。从20世纪30年代至70年代，梁实秋其人其文进入左翼阶级论视界始终被误认为"资产阶级及其意识形态"的符码，如果说以前的身份确认把梁氏同胡适绑在一起视其为资产阶级自由主义西化派的核心成员是一种误解，那么本著作能够在中国现代文化思潮涌现出的“自由主义西化派”、“现代新儒学派”和“马克思主义派”的三大派别的比较中将梁实秋的准确身份定性为“现代新儒学文化派”，这是学术研究的新发现，也是对梁实秋其人其文的正本清源。不过，对梁实秋的整体研究无论采取何种框架与思路都难以绕过他与鲁迅之间冲突所形成的典型学案，虽然对此案的研究始终是学术界的热点，也涌现出不少有见地的看法，但是能作出这样的思索与概述：“马克思主义唯物论的中国取代儒家人性论思想的中国，是 20 世纪文化观念中触及世人灵魂的最深最广的革命，鲁迅和梁实秋的论争是在文化体认差异中开始的”（以上所有引文，皆出自本书），却是极为可取的，这无疑能给人以深刻的启迪。就是说，梁实秋与鲁迅的论争本来源于对两种思想文化体系的选择、坚守和体认的差异，应该属于文化认识范畴或学术研究范畴的问题，但由于马克思主义在中国取得胜利而其意识形态则获得了绝对话语权，鲁迅作为其文化文学界的典型代表的地位越来越高，直到被推上“神坛”；而作为现代儒家文化在文学上的核心人物梁实秋随着马克思主义阶级论被泛化和乱用则成了“资产阶级反动文人”或资产阶级的“鬼魅”。尽管这两种文化思想的文学界典型代表一个被捧上天一个被踏在地，然而其命运却都是过度膨胀的政治意识形态所造成的悲剧；只有从现代新儒学文化视野来重新辨认，才能从诸多政治谬论中显现梁实秋真实的文化面目以及与鲁迅论争的错位和实质。

总之，这是一部有开拓性、有理论深度、有创新意识的学术专著，破解了梁实秋研究上不少的老、大、难问题，作出一些令人诚服促人深思的理论解释，凝成了不少的学术创新点和增殖点，以一种有力度的学术话语取代了意识形态的套话空论，将梁实秋其人其文的研究向文化纵深推进一步。著者之所以能取得“绣文章”的硕果，也许经验体会很多，但是在我看来主要有这样两点值得提及：其一，敢于向“权威”话语和习惯势力挑战，这是对研究主体理论勇气和学术胆识的严峻考验。虽然改革开放以来，在“解放思想，实事求是”思想路线的激荡下，学术研究的外在环境越来越自由宽松，但是人文科学的禁忌还有不少，尤其梁实秋的研究触及一些已经形成的思维定势和习惯势力。如对梁实秋人性论的论断早有政治权威的“资产阶级人性论”的定性，而且这种阶级定性不只是写进了经典著作、各种文学史和文艺理论文本，也深深地烙进了众多知识分子和政治官员的脑际，因此要冲破这种思维定见所形成的社会习惯势力是需要很大理论勇气和学术魄力的；也只有冲决了这重重的思想网络和思维习惯的禁锢，研究主体才有可能进行大胆的探索，从各种人性论的相互比较中认定梁实秋所秉持的不是“资产阶级人性论”而是现代新儒学的人性论。这一新发现和新判断，既否定了政治权威的论断又匡正了习惯势力的成见，这是一种可贵的学术探险精神。可能有的人不同意把梁氏的人性论说成是儒家人性论，但是它作为一种新见却是言之成理、论之有据的。人文科学领域的理论创新太重要了，如果总是维护坚守那些已被实践证明失去了“真理”威力或者根本就是谬论的僵硬教条和理论思维，不敢挑战它们，惧怕冲破它们，那我们中国在全球人文理论的发展与创建工程中仍然是无所作为的，“文论失语症”何时能根治？其二，拓展学术视阈，强化理论思维，广泛搜求资料，充实知识结构，本书的著者在这方面所下的工夫是值得尊重的。尽管受到客观条件的限制，梁氏在台湾的资料不易搜全，然而大陆图书馆的所藏却尽力索取占有，不仅获得了大量原始资料也广泛地查阅了对梁氏研究的资料，特别是对马克思主义、自由主义和现代新儒学文化的原典文本和研究论著进行了较系统的阅览，对新儒家的钻研既深，汲取又多。要是著者只满足于资料的搜集和阅读，那只能说为本书的撰写作了较扎实的先导工作；而更为可贵的是著者非常重视对各种资料的消化吸收和分析整合：一是通过对有关梁氏本身的史实和文本的解读体验，发现并通晓了梁实秋与白璧德人文主义和传统儒家文化的深层关联，仿佛他们的灵魂与文心是与其息息相通的，即白氏与儒家文化的碰撞对接所形成的另类“现代性”人文主义既塑造梁氏的人格又铸成了他的文格。而这种新认识和新感知却是以充盈的实证的史料作为支撑的，它既内化为主体的知识结构又形成主体的现代新儒学文化视野；尤其有选择地汲取的新儒学研究成果不仅强化了此种文化学术视野也深化了主体的理论思维范式。二是占有的资料再丰富若不进行深入分析、梳理辨识和归纳整合，那是绝对不能建构一部逻辑严密自成系统的学术专著。虽然我不敢说本著作的结构框架是无懈可击的，但它的篇章布局却显示出论者的匠心独运。不管对白璧德与梁实秋关系、人性论与唯物论冲突、“与抗战无关”之争的论述，或者鲁梁学案、雅舍小品、贵族诗学的剖解，都不是以资料的堆砌取胜，而是有清醒的辨识和深度的分析，然后把它们归纳整合到以“现代新儒学”为中心贯穿线索的既严密又有弹性的逻辑架构里，使全书的所有章节都环绕于“现代新儒学”这个逻辑主轴，可见分析整合能力是学术研究主体所必须具备的。

刘聪博士出色地运用现代新儒学文化视野研究梁实秋其人其文所取得的趋优成就是值得祝贺的，然而这仅仅是漫长的学术征程上所跨出的闪光的第一步，不只对于梁实秋应遵循既定的学术思路进行更系统更完整的研究，而且也要以现代新儒学文化视野去探察现代中国文学总体系统及那些与梁实秋有相似文化和美学倾向的作家，为现代文学研究进一步开拓新路径和新天地，使自己的学术研究真正达到“偷天妙手绣文章”的理想境界。是为序。

草于2009年“五一”前夕

目 录

绪论　现代“新儒学运动”的诗教之维

在现代新儒学文化视野中研究中国现代文学，无疑是冒险的，因为我们的现代文学学科是建立在五四新文化的价值原点之上，① 马克思主义文化派渐居主流是现代文学史的核心叙事话语，用一种曾经与它相冲突的文化视野来观照现代文学现象，在一些学者看来会有颠覆现代文学学科的危险。虽然王富仁先生在《当代中国现代文学研究的若干问题》中承认：“中国现代文化与中国现代文学的发展有一种不平衡的现象，即中国现代文学是‘五四’新文化运动的产物，而中国现代文化却并不等同于‘五四’新文化。”但他对新儒学文化表现出了高度戒备的姿态，以至于产生了“本学科即将被颠覆的担忧”，认为“如果用新儒家的思想来研究中国现代文学，就会导致该学科的自杀，这是因为中国现代文学是建立在‘五四’新文化的基础上”。他甚至提议现代文学界要有捍卫本学科的忧患意识。② 张

① 在我们现代文学研究中，“五四新文化”已经被约定俗成地界定为自由主义西化派和马克思主义文化派的文化观念，所以本书在使用“五四新文化”和“五四新文学”的概念时，也默指这两种文化，以及在这两种文化观念基础上形成的新文学。

② 王富仁《当代中国现代文学研究的若干问题》，《中国现代文学研究丛刊》1996 年第 2 期。

永泉先生在《回应新儒学的挑战》一文中，也指出新儒学在大陆掀起的思潮，“对五四也是对现代文学最为致命的威胁”。①但本书认为不应该让“敌我”对立的思维方式局限了我们的视野，而应该如一些学者所看到的那样，新儒家为我们的现代文学研究“提供了新的参照与话题”，我们必须突破对立冲突的“思维定势”，不能让新儒学始终作为一个陌生的概念，也不能让它成为“羞于出口的字眼”②。

其实在20世纪初新文化运动兴起前后，新文化阵营对维护传统文化尤其是儒家文化的各种思潮即高度警惕，每有闻“孔”色变之势。与之相比，那些主张重新阐释和发扬儒学的人士，对于新文化则表现出了相对积极的态度。民国时期，陈之原先生的《发展新儒家思想》一文非常客观地指出：

> 外来文化的输入，表面上好像代替了儒家思想，推翻了儒家思想，使它趋于没落消灭的运动，其实正是促使儒家思想新发展的大动力。……五四运动以后所输入的社会科学，自然科学，艺术，与儒家思想汇合，在历史上曾展开了一个新儒家思想运动，造成了儒家思想的新发展。由这看来，儒家思想的新发展，不是建筑在排斥外来文化上面，而是建筑在输入吸收外来文化上面。③

从这个意义上说，袁良骏先生的观点可资我们借鉴，他在《“五四”·新儒学·道德重建》一文中指出：

> “五四”的局限正是当代新儒学的光点，当代新儒学

---

① 张永泉《回应新儒学的挑战》，《中国现代文学研究丛刊》1997年第1期。
② 王乾坤《从“中间物”说到新儒家》，《鲁迅研究月刊》1995年第11期。
③ 陈之原《发展新儒家思想》，《南方杂志》1946年第3期。

的局限恰恰也正是“五四”的光点。因此两个局限的排除和两个光点的融汇，正好是中华民族优秀传统的大发扬。①

而台湾旅美学者张灏也在《新儒家与中国文化危机》中提倡：

应该沟通新儒家和“五四”的思想，才是我们未来文化发展的应有基础。②

本书的基本立场是：在客观面对现代新儒学文化思潮与五四新文化之间的对立冲突的前提下，充分注意新儒学文化思潮建设“新”文化的另一种努力，正视其为中国现代文化和文学提供的另一种选择；充分重视现代新儒学文化思潮在现代文学领域内的开展，如何延续了中国的文化与文学传统。中国本土文学话语的“失语症”是20世纪末以来文论界最严重的焦虑，现代新儒学文化思潮中的知识分子守护儒学基本价值又借鉴西方文化的中西对话式策略，虽然仍不脱中体西用的治学模式，却为西方文论的本土化提供了可供借鉴的样本。

一、理学、礼教、诗教合一的“新儒学运动”

在20世纪的中国，“新儒学运动”一语的最早使用者是被称为现代新儒家的贺麟。他在发表于40年代的《儒家思想的

① 袁良骏《“五四”·新儒学·道德重建》，《鲁迅研究月刊》1995年第6期。

② 在台北“当代新儒家与中国现代化”座谈会上的发言，刊于台北《中国论坛》第15卷第1期（总第169期），收入《评新儒学》一书，上海人民出版社1989年版。

新开展》一文中，认为“广义的新儒家思想的发展，或儒家思想的新开展，就是中国现代思潮的主流。我确切看到，无论政治社会学术文化各方面的努力，大家都在那里争取建设新儒家思想，争取发挥新儒家思想”，并将“发挥新儒家思想，蔚成新儒学运动”视为中国现代文化的主要特征。① 他指出：

“盖儒家思想本来包含有三个方面：有理学，以格物穷理，寻求智慧。有礼教，以磨炼意志，规范行为。有诗教，以陶养性灵，美化生活。”“儒学是合诗教礼教理学三者为一体的学养，也即是艺术宗教哲学三者的和谐体。因此新儒家思想之开展，大约将循艺术化，宗教化，哲学化之途径迈进。”②

从这些表述中，我们可以看出，虽然目前的研究者仅仅在哲学史学意义上研究“新儒家”和“新儒学”，但“新儒学”、“新儒家”、“新儒学运动”在现代新儒家们眼中，是一场广义上的文化思潮、文化运动。它们的内涵并不仅局限于哲学史学。正如贺麟所言：

过去儒家，因乐经佚亡，乐教中衰，诗教亦式微，对其他艺术，亦殊少注重与发扬，几为道家所独占。故今后新儒家之兴起，与新诗教，新乐教，新艺术之兴起，应该是联合并进而不分离的。③

也就是说，以广义的艺术为内涵的诗教是新儒学运动的题中应有之义。在80年代末，方克立先生针对把现代新儒家仅

① 贺麟《儒家思想》，《民国丛书》第4编第39卷，上海书店1992年版，第19页。

②③ 贺麟《儒家思想》，《民国丛书》第4编第39卷，上海书店1992年版，第21页。

视为哲学思潮的现象提出：虽然“现代新儒家的代表人物都是有哲学的”，但是“现代新儒家是现代中国的一个重要学术流派，是一种广泛的文化思潮，而不仅仅是一种哲学思潮”。①梁漱溟、张君劢、冯友兰、牟宗三、熊十力、钱穆等被称为现代新儒家的学者们，虽然以哲学或史学的建树彪炳史哲学界，但他们的著述是在文化意义上展开，文学艺术一直就是他们著作中不可分割的一维，只是与哲学史学建树相比成绩比较薄弱。

这里派生出了一个问题，既然被称为现代新儒家的那些学者们在文学艺术问题上有过探讨，那么对新儒学运动中的“诗教”的研究，是否应该仍然仅仅在现代新儒家们的著述中开展。笔者认为这一观点是不成立的，因为对于现代学科分化之后的学科规范壁垒现象，现代新儒家们都有过充分关注，他们大都意识到自己的学术专攻方向是哲学或史学，对文学艺术缺少发言权。梁漱溟就坦言自己：“才非艺术型，平素于文学艺术方面甚少用心。”② 唐君毅则指出：

> 中国古代之文学艺术，恒为人格精神之自然流露，其用亦恒在润泽吾人之日常生活，实未真显为一独立之文化领域。……然中国近数十年来，则盖以受西方之影响，文学艺术，皆逐渐被公认为一独立文化领域。……当转而学西方文学家、艺术家献身于一专门之文学艺术，而务求表现其心灵于作品。使志气充塞于声音，性情周运于形象，精神充沛乎文字，以昭宇宙之神奇，人生之哀乐，历史文

① 方克立《关于现代新儒家研究的几个问题》，《天津社会科学》1988年第4期。

② 梁漱溟《人心与人生》，学林出版社1984年版，第236页。（注：该书发端于1920年代，完稿于1975年。）

化世界之壮采，人格世界之庄严与神圣。然后中国文学艺术之世界之文章，乃皆为性与天道之流行。……安得千百天才焕发，而有高明之智能、敦厚之德量，与人文陶养之士，愿献身于文学艺术，为中国创辟一新音乐、绘画、建筑、文学、戏剧之世界。既博大以雍容、亦刚健笃实以光辉，岂非中国文化之盛德大业哉。①

在唐君毅看来，体现儒家“性与天道”的独立的文学艺术，是有待于“献身于文学艺术”的专业人士来完成的。

因此本书确立的“现代新儒学的文化视野”，是回归到现代新儒学运动的本原意义上，看到现代新儒学运动并不是一个哲学史学范畴，而是一个广义的文化范畴，它本身包括了新儒学思想在哲学、史学、文学领域的开展。但为什么我们后来的研究者们仅在哲学和史学的领域内展开新儒学研究呢，这主要是因为近现代以来，学科分化导致了不同学科间的学术壁垒，现在从事现代新儒学和新儒家研究的学者，主要是哲学史学专业学者，专业知识结构局限了他们的研究视野，使他们疏于发现现代新儒学运动的文学艺术内涵；而现代文学领域的学者又因为现代新儒家们的哲学史学建树，而视现代新儒学为非本专业领域，遂造成了现代新儒学运动的诗教一维遗落于两个学科的视野边界线上，形成了研究上的“双盲”现象。但这一现象在21世纪以来有了新的突破，侯敏先生的《有根的诗学——现代新儒家文化诗学研究》、柴文华先生的《现代新儒家文化观研究》、张毅先生的《儒家文艺美学》是有填补空白意义的

① 唐君毅《中国文化之精神价值》，载黄克剑、钟小霖编《当代新儒家八大家集·唐君毅集》，群言出版社1993年版，第319～321页。

三部著作，都对梁漱溟等现代新儒家们的文艺观念做了研究。尤其是前两部著作，都是在文化视野而不仅是哲学史学视野中，研究了现代新儒家们的诗教观念。① 但这两部著作仅是对现代新儒家们的“诗教”进行了研究，没有在新儒学运动的背景下，关注新儒学思想在文学专业领域内的开展。事实上，即使撇开这些论据，我们也应该意识到，儒家思想作为中国文化传统的主脉，一向是以文史哲一体的形式传承和发展的，进入20世纪以后，随着学科分化，它也势必会在文、史、哲三个学科中，以符合各个学科规范的形式得到新的开展。

综上所述，旨在论证以现代新儒学文化视野观照现代文学现象的合法性和合理性。

继而需要辨析的是，现代新儒学文化视野为我们提供了什么样的理论参照系。这一参照系不仅是我们将现代文学现象纳入现代新儒学文化视野的重要依据，也是我们在这一文化视野中阐释现代文学现象的理论视点。

为此，必须厘清现代新儒学文化的重要内涵。大陆学界对现代新儒学的真正关注是在20世纪80年代，在“文化大革命”的灾难性背景上，中国开始重新思索现代化的问题，历史在这一时期显现出与五四时期惊人的相似性，发生于五四时期的中西古今文化论争又重新上演。改革开放以后，一些第三代现代新儒家代表人士被邀请到大陆讲学，带动了研究界对自20世纪初期以来第一代和第二代现代新儒家的关注，由此才

① 他们并没有使用“诗教”这一范畴，但本书认为在现代新儒学的文化视野中，贺麟的“诗教”概念更能直观地说明现代新儒学运动影响下的文学艺术现象，因为“诗教”本身就是一个儒学范畴内的文论概念。

使大陆研究界意识到，在马克思主义文化主流之外，还有现代新儒家一脉行走在探索中国文化现代化的道路上。大陆现代新儒家思想研究的领军人物方克立先生，对中国现代思想文化史做了这样一种新的描述，认为中国现代思想文化自20世纪初以来是以三大思潮或三大派别的形式发展流变：

> 一是自由主义的西化派，二是以现代新儒家为代表的文化保守主义派，三是马克思主义派。“五四”以来的文化论争或学术论战，基本上是在这三派之间展开的，关系错综复杂。①

而最关键的一点在于，他指出现代新儒家一派也是中国文化现代化的途径之一。

随着研究的深入化和具体化，学术界对现代新儒学和新儒家的指称已经变得很复杂，除了以“现代新儒家”的称谓与先秦和宋明时期的新儒家相区别之外，还有为了区分20世纪之后不同代际的新儒家而命名的“当代新儒家”、“第三代新儒家”，甚至“后新儒家”等等，且不同的代际和不同的个体也有观念上的差异性。

由于本书是把20世纪之后出现的现代新儒学文化作为宏观的文化视野和背景，所以主要是从其作为一个文化运动所具有的文化共性上来使用这一概念，而这一共性即是方克立先生对现代新儒家的权威定义：

> 现代新儒家是产生于本世纪20年代、至今仍有一定生命力的，以接续儒家“道统”、复兴儒学为己任，以服

① 邵汉明《现代新儒学研究十年回顾——方克立先生访谈录》，《社会科学战线》1997年第2期。

> 膺宋明理学（特别是儒家心性之学）为主要特征，力图以儒家学说为主体为本位，来吸纳、融合、会通西学，以寻求中国现代化道路的一个学术思想流派，也可以说是一种文化思潮。①

后来他又对此有所补充，说明这种思潮是“既有选择地学习西方又反对全盘西化和马克思主义化的一种文化保守主义思潮”②。

这种界定是目前研究界公认的对现代新儒家和新儒学的权威界定，也非常客观地描述出了20世纪新儒学文化思潮的主要特点。除此之外，方克立先生还从“文化心态和思维取向”的角度，为新儒学运动概括了几个特征，一是“民族本位的文化立场”，二是“中体西用的基本态度”，三是“道德形上的哲学研究”，四是“推重直觉的思维方式”。③ 这些已经被学术界广泛认可的现代新儒学文化特征，是本书的主要理论依据和视点。

而现代新儒学与其他文化思潮的关系也是必须厘清的，一是现代新儒学与传统儒学的关系。新儒学与传统儒学的相同之处是都立本于儒学，守护儒学的基本价值观念。其之所谓“新”，“主要体现在融合中西学术上。可以说，现代新儒家的学者无一例外都是中西文化融合论者”。④ 一是现代新儒学与五四新文化的关系。现代新儒学与五四新文化都是西学东渐的

---

① 方克立《现代新儒家与中国现代化》，天津人民出版社1997年版，第19页。

② 方克立《现代新儒家与中国现代化》，天津人民出版社1997年版，第247页。

③ 方克立《现代新儒家与中国现代化》，天津人民出版社1997年版，第40～44页。

④ 柴文华《现代新儒家文化观研究》，生活·读书·新知三联书店2004年版，第48页。

产物，只是前者强调援西入儒，后者倾向于全盘西化，于是在对待传统儒学的问题上形成冲突。但现代新儒家们对五四新文化的基本价值观念大都有所肯定。梁漱溟即认为他对民族自救道路的主张表面看去与陈独秀、胡适等人殊途，但“各人抱各自那一点去发挥，其对于社会的尽力，在最后的成功上还是相成的——正是相需的”。① 贺麟认为新文化运动只是“破坏和扫除儒家的僵化部分的躯壳的形式末节，及束缚个性的传统腐化部分。它并没有打倒孔孟的真精神、真意思、真学术，反而因其洗刷扫除的工夫，使得孔孟程朱的真面目更是显露出来”；并在这个意义上承认五四新文化运动之“推翻传统的旧道德，实为建设新儒家的新道德做预备工夫。提倡诸子哲学，正是改造儒家哲学的先驱”。② 但相比之下，五四新文化阵营因为要在破旧中立新，所以较少关注到现代新儒学融合西方文化的“新”意，而更多地关注现代新儒学的儒学立场，视其为“封建宗法思想”的复活，邓中夏更以“新兴的反动派”、“东方文化派”来指称这一文化潮流。③ 自由主义西化派和马克思主义派作为五四新文化运动的旗手，二者在最初的取向并不分明（正如代表这两个方向的陈独秀和胡适联手发起文学革命运动），都笼统地聚集在“民主”与“科学”的西化旗帜下。陈独秀在《思想革命上的联合阵线》一文中，就号召唯物主义者同胡适的实验主义“在扫荡封建宗法思想的革命战线上实有联合之必要”④。这种文化立场，使现代新儒学文化派在五四新

① 徐复观《中国人文精神之阐扬》，中国广播电视出版社 1996 年版，第 21 页。
② 贺麟《文化与人生》，商务印书馆 1988 年版，第 5～6 页。
③ 邓中夏《中国现在的思想界》，《中国青年》第 6 期，1923 年 11 月 24 日。
④ 陈独秀《思想革命上的联合阵线》，《先锋》第 1 期，1923 年 7 月。

文化的叙事话语中一直扮演着逆流的角色。

二、现代新儒学运动与白璧德人文主义之因缘

1. “新孔教运动”：白璧德人文主义运动的中国效应

20世纪初期，也就是第一次世界大战前后，整个西方世界科学主义甚嚣尘上，物质文明畸形发达冲毁了社会价值体系，造成了整体性的社会危机和精神危机。在这种背景下，美国哈佛大学的白璧德（Irving Babbitt，1866～1933）与穆尔（Paul Elmer More，1864～1937），汲取东西方人文主义的精髓，发起了一场人文主义运动，意在为现代社会提供“解药”。为此，他们：

> “致力于恢复和支持世界范围内众多圣贤人士的地位”，“主要目标是要将当今误入歧途的人们带回到过去的圣人们走过的路途之上”，也就是“用历史的智慧来反对当代的智慧”。①

由于白璧德在这场运动中的重要地位，所以研究界通常称之为白璧德人文主义运动。②

---

① 罗岗、陈春艳编《梅光迪文录》，辽宁教育出版2001年版，第218页。

② 朱寿桐《受华英文化教育基金会奖助赴美国进修的汇报》中指出：流行于中国的所谓“新人文主义”，其实是一个不怎么准确的概念。研究白璧德比较深入的美国专家一般认为，白璧德倡导的思想正确的概括应是“白璧德人文主义”，“新人文主义”这一概念歧义性较多，20世纪初期的宗教界就曾掀起过“新人文主义”的思潮。不仅如此，白璧德的中国弟子们——学衡派以及梁实秋等人一般都称其思想为“人文主义”，只有在1931年《学衡》第74期上，吴宓才在一篇译文的按语中，唯一一次、且是在并非严谨的学术论文中使用过“新人文主义”一词。

白璧德人文主义运动的发端可以1908年他的《文学与美国大学》出版为起始。在他的一系列著述中，所有的思想理论都有着积极强烈的现实指向，正如与他亲炙最久的梅光迪所言：

> 他“不是对某些偏远问题做研究的专家，作出某个结论，在一潭死水的学术界惊起一点点稍纵即逝的波澜；更不是那种高高在上，与世隔绝的哲学家，建立一个别致的思想体系，但仅供观赏，与实实在在的日常生活毫无关联。相反，他是一位相当实际的学者，极为关注自己的思想理论的直接效应”。①

1921年，白璧德在美国的中国留美同学会上发表了一篇演说，从中可见他极为看重自己所倡导的人文主义运动在中国的反响，他指出“孔子始终是一个人文主义者”，并郑重呼吁：

> 我所希望者，此运动若能发轫于西方，则在中国必将有一新孔教之运动，摆脱昔日一切学究虚文之积习而为精神之建设。要之，今日人文主义与功利及感情主义正将决最后之胜负，中国及欧西之教育界固有一休戚也。②

由此可见白璧德把中国的“新孔教之运动”看做是自己倡导的国际人文主义运动的重要环节。这是最早将20世纪初期的儒学现代化称为“新孔教之运动”的声音，这个声音不是来自中国，而是来自推崇孔子学说的白璧德。

白璧德把中国人文主义运动的希望放在自己的中国学生们身上。吴学昭在研究吴宓与白璧德的通信中看出“白璧德对他

① 罗岗、陈春艳编《梅光迪文录》，辽宁教育出版2001年版，第219页。
② 胡先骕译《白璧德中西人文教育谈》，《学衡》1922年第3期。

中国学生的关心”，“他对中国传统文化命运的担忧，尤其是对儒学命运的担忧”。在给吴宓的信中，白璧德不无焦虑地指出：

“正如你所了解的那样，我最感兴趣的是伟大的儒学传统以及其中所包含的令人钦佩的人文主义因素。这个传统需要被赋予新的活力并调整到一种新的状态，在我看来，任何企图彻底打破这一传统的做法，都将对中国造成严重的灾难，并且最终将影响到我们所有人的生活。”白璧德得知吴宓翻译了介绍自己思想的《白璧德的人文主义》一文后，非常欣慰地说：“这种翻译的价值在于，它可以为中国的人文主义运动者与西方国家中那些有志于发起类似运动的人们打开一条合作的道路。同时，西方世界渴望接受到比过去更适当的儒家人文主义思想的阐释，正如你所了解的那样，这是我乐于敦促你和其他既熟知中国文化背景又有良好的西学知识的人来完成的一项任务。”①

由此可见，白璧德对他的中国学生的期待绝不只是掌握他的思想理论，更重要的是希望他们能在中国发起一场人文主义运动，而这一运动的核心就是儒学传统的现代化，也就是他说的“新孔教运动”。这里，我们暂不探讨白璧德思想的具体内涵，我们所要考察的是，白璧德人文主义运动经由他的中国学生之手在现代中国产生了怎样的效应。而考察这一效应的最佳办法就是，分析白璧德的中国弟子们是在何种意义上接受了他的思想。白璧德的中国弟子主要是学衡派成员和梁实秋。

---

① Wu Xuezhao：The Birth of a Chinese Cultural Movement：Letters Between Babbitt and Wu Mi. HUMANITAS. Volume XVII，Nos. 1 and 2，2004. 引文为笔者译。

在梅光迪眼中，“儒家思想可能是除了佛教以外，对白璧德品性的形成起了重要作用的一大因素”。而且白璧德的理想就是要成为儒家彬彬有礼的学者，假如白璧德出生在中国，“他会成为儒家理想另一位举足轻重的代言人”。在与白璧德的交谈中，梅光迪发现他“深以孔学之衰落为可惜，于中国之门人殷殷致其期望”。① 在梅光迪看来：

> 白璧德对儒家人文主义的评价从某种角度上来说，向他的中国学生指明了中国文化在世界上的地位；为他们在当今形形色色的文化价值观和文化主张中指明了正确的道路。在其影响下，他的学生们在看待本国的文化背景时有了新的视角和方法——这种方法的基础要比以前更具批判性态度和技巧。这种评论方法并没有使诸多年轻的中国知识分子更快地背叛自己的文化，反而更坚定了他们的信仰。②

正因为从白璧德这里找寻到了令“古老的儒家传统”“更具阳刚之气”的办法，所以梅光迪“几乎是带着一种顶礼膜拜的热忱一遍又一遍地读着当时已面世的白璧德的三本著作”。③

1922 年，学成归国的白璧德弟子在国内创办了同人杂志《学衡》。这一刊物以及由此产生的学衡派是白璧德人文主义运动在中国的重要反响。梅光迪甚至把学衡派的学术活动直接称为“中国的人文主义运动”④。

学衡派向国内引介白璧德时，使用的是“人文主义”一语，

① 罗岗、陈春艳编《梅光迪文录》，辽宁教育出版 2001 年版，第 235、241、256 页。

② 罗岗、陈春艳编《梅光迪文录》，辽宁教育出版 2001 年版，第 220 页。

③ 罗岗、陈春艳编《梅光迪文录》，辽宁教育出版 2001 年版，第 229 页。

④ 罗岗、陈春艳编《梅光迪文录》，辽宁教育出版 2001 年版，第 222 页。

这一词语是由学衡派主将胡先骕译定的，源词是 Humanism。1916 年，还在哈佛从学白璧德的梅光迪，曾将其试译为“人学主义”，因为梅光迪一向自惭英文水平低，在与胡适的通信中，他还犹豫不定地问胡适：“姑译之为‘人学主义’可乎?”[①]此后，他也许是觉得这一译词不能直观体现白璧德思想的本质，所以弃之不用。后来吴宓又将其译为“人本主义”，这一译词也没能得到学衡同人及学术界的普遍认同。直到 1922 年，胡先骕使用归化翻译法，以儒家典籍中与白璧德思想大致相同的“人文”一词再加上一个“主义”的后缀，译定为“人文主义”，[②] 既消解了白璧德文化思想的异域色彩和陌生感，使之容易为中国的读者领会和接受，又直接点明了白璧德思想与中国儒家思想的亲和与相近。于是“人文主义”成为当时中国知识分子指称白璧德思想的权威名词。而“白璧德”这一姓氏，也是胡先骕先生使用归化翻译法的妙笔，让人几乎一望而知白璧德身为西方学者却具有中国儒家君子品德的特点。此前吴宓曾将其译为“巴比陀”[③]，这一缺少中国文化特色的译名最终还是被“白璧德”三字取代。

“人文”在中国最早出现于《易经》，曰：“文明以止，人文也。观乎天文，以察时变，观乎人文，以化成天下。”唐代孔颖达的《十三经注疏·周易正义》将“人文”阐释为“诗书礼乐”的制作，[④] 乃是以儒家经典教化天下。

---

① 罗岗、陈春艳编《梅光迪文录》，辽宁教育出版 2001 年版，第 174 页。

② 胡先骕《评尝试集（续）》，《学衡》1922 年第 2 期。

③ 吴宓著，吴学昭整理《吴宓自编年谱》，生活·读书·新知三联书店 1998 年版，第 233 页。

④［魏］王弼、魏康伯注，［唐］孔颖达等正义《周易正义》，载《十三经注疏》之一，上海古籍出版社 1990 年版，第 64 页。

吴宓是白璧德中国弟子中实践其人文主义思想最为勤勉的一位。在他眼中，白璧德“在东方学说中，独近孔子。他高度肯定中国传统文化的主体——儒学，并把它视为世界反对资本主义物化与非理性化斗争的重要组成部分”。① 所以吴宓实践白璧德思想的具体做法就是强调孔子所代表的中国传统文化对现代中国的重要性，他强调：

> “今日之要务，厥在认识孔子之价值，发明孔教之真理。”② 而“孔孟之人本主义，原系吾国道德学术之根本，今取以与柏拉图、亚里士多德以下之各学说相比较，融会贯通，撷精取粹，再加以西洋历代名儒巨子之所论述，熔铸一炉，以为吾国新社会群治之基。如是，则国粹不失，欧化亦成，所谓造成新文化，融合东西两大文明之奇功，或可企致”。③

1931 年，吴宓在自己主持的《大公报·文学副刊》第 199 期上，以“新孔学运动”为题目，报道了学衡派成员郭斌龢的一篇题为《孔学》的英文演讲，这篇演讲的主旨在于倡导发起“新孔学运动”，并指明“新孔学”即“一种人文主义”。学衡派的另一成员张其昀则在 1932 年的《时代公论》第 15 号“时事述评”一栏，发表了《教师节与新孔学运动》一文，署名“昀”，充分肯定并重申郭斌龢的“新孔学运动”主张。吴宓随后又在 1932 年 9 月 26 日的《大公报·文学副刊》第 247 期上发表了一篇《孔诞小言》，再度指明白璧德的文化思想在新孔

① 吴学昭《吴宓与陈寅恪》，清华大学出版社 1992 年版，第 21 页。
② 吴宓《孔子之价值与孔教之精义》，《大公报》1927 年 9 月 22 日。
③ 吴宓《评新文化运动》，《学衡》第 4 期。

学运动中的重要指导意义。在《悼白璧德先生》一文中，吴宓一一列举了白璧德的中国弟子以及读白璧德书而受其影响的中国学人，然后指出，自己与郭斌龢是所有人中“最笃信师说，且致力宣扬者”。[①] 由此可见，吴宓等学衡派人士是以倡导“新孔学”的方式来实践其师白璧德的思想主张，而这一行为方式也正是身在美国的白璧德所渴望看到的效应。

综上可见，白璧德的人文主义思想进入中国，不论从白璧德本人的愿望来看，还是从他的思想在中国激发的反响来看，其主要目的都是指向一场“新孔教运动”或“新孔学运动”。

学衡派诸人所使用的“新孔教运动”或“新孔学运动”，与现代新儒学运动虽有字面上的差异，其内涵却是非常一致的。在白璧德的英文原文中，他表述这一意思时使用的是“Neo-Confucian movement”[②] 一词。目前西方学术界对20世纪以来的现代新儒家的描述是“New-Confucianism”。[③] 这两个概念的主体部分没有本质意义上的差别，不同之处在于前缀，“new”和“neo-”虽然都可翻译为汉语的“新”，但“neo-”所说的“新”有更复杂的含义，它比“new”多了一重“复兴、模仿（copy）先前事物”之意味，也就是说，“neo-”比“new”更强调继承传统、复兴传统基础上的创新。因此，白璧德所使用的“Neo-Confucian movement”一词，与现代新儒学的特征更贴近。

在那些后来被指认为新儒家的学者们中，虽然梁漱溟在

① 吴宓《悼白璧德先生》，《大公报·文学副刊》1933年12月25日。

② 梅光迪《梅光迪文录》，国防研究院出版部1968年版，第128页。

③ 周宏、高长梅主编《科学教育与人文思想全书》（下册），中国物资出版社1999年版，第977页。

1922年就出版了被誉为现代新儒学运动开山之作的《东西文化及其哲学》，对儒家文化做出了新的阐释，但并没有旗帜鲜明地打出“新儒学运动”的旗号，倒是1921年严既澄在《评〈东西文化及其哲学〉》一文中，以“近代化的孔家思想”来概括梁氏的思想。[①] 此后直至1935年1月，才有现代新儒家的边缘人物张东荪在《现代的中国怎样要孔子?》一文中，将张君劢的儒学研究称为“新儒家”。[②] 至1941年，现代新儒家代表人物之一贺麟才在《儒家思想的新开展》中，首次用“新儒学”和“新儒家”来指称在20世纪借鉴西洋文化而重新发扬儒家思想的学术和学人，也就是我们现在所理解的现代新儒学文化思潮。而30年代冯友兰和钱穆最初使用“新儒家”一词时，指的只是先秦汉初儒学和宋明理学。相比较而言，白璧德以及受白璧德人文主义思想影响的中国学者们，在倡导新儒学运动方面要比那些被称之为新儒家的学者们有更鲜明更紧迫的意识。

在笔者看来，首次打出现代新儒学运动的贺麟，极有可能是在吴宓的影响下才有这样的行为。也就是说，新儒学这一概念的提出是现代新儒家们从白璧德的中国弟子这里获取了灵感。因为贺麟是吴宓在清华大学执教时的学生，自称深受吴宓影响而确立了自己终生的“志业”。[③] 吴宓也将他视为“志同道合之友生”，[④] 在所有的朋友中，贺麟是吴宓最珍视的一位。

---

① 严既澄《评〈东西文化及其哲学〉》，《民铎杂志》1921年第3期。

② 罗荣渠主编《从“西化”到现代化——五四以来有关中国的文化趋向和发展道路论争文选》，北京大学出版社1990年版，第409页。

③ 贺麟《五十年来的中国哲学》，商务印书馆2002年版，第118页。

④ 吴宓《吴宓日记》第6册，生活·读书·新知三联书店1998年，第130页。

现代新儒家们不仅从白璧德的中国弟子这里借用了新儒学运动这一概念，还借用了“人文主义”这一白璧德思想中国式表达的概念。人文主义是现代新儒家们密集使用的关键词语。被认为是现代新儒家的典型代表的冯友兰和当代新儒家思想集大成者的牟宗三都深入讨论过人文主义。冯友兰认为“儒家之思想乃极人文主义的 Humanistic”。[①] 牟宗三则表达得更为明确，在《道德的理想主义》一书中，他对“人文主义的基本精神”做过专章论述，概括了“人文主义的基本特征”为：“消极方面是反物化（主要是唯物论——笔者注）反僵化（指教条主义倾向——笔者注），积极方面便是价值观念之开发”。并由此指出：“儒家学术的发展正需要有第三期的发展。吾人今日之讲人文主义，正应此时代之要求而担当此使命。”[②] 牟宗三对人文主义的界定正是白璧德人文主义的基本特征，他明确地把它纳入了新儒学（也就是现当代新儒家所指的儒学第三期，是与先秦时期、宋明时期的儒学相对而言。——笔者注）的意义范畴之内。新儒学的研究者龙佳解先生的《中国人文主义新论》一书，更是直接将当代新儒家直接纳入到人文主义的视野中，因为在当代新儒家的思想中，人文主义和新儒学就是对同一种思想的两种表达，唯一不同的是，人文主义是一种国际化表达，而新儒学是一种本土化表达。而这种现象也正是 20 世纪初白璧德对其人文主义运动的一种表达。

事实上，30 年代，梅光迪在《人文主义与现代中国》一

---

① 冯友兰《三松堂学术文集》，北京大学出版社 1984 年版，第 145 页。

② 黄克剑、林少敏主编《当代新儒学八大家集·牟宗三集》，群言出版社 1993 年版，第 162、168 页。

文中，已经将那些虽然不是白璧德弟子却钟情于儒学现代化的学人，一起纳入了他所谓的“中国的人文主义运动”当中。他说：

> 需要指出的是，这当中许多人，像柳先生（学衡派重要成员之一柳诒徵——笔者注）一样，都是在中国这片土地上，完全在中国文化的熏陶之下成长起来的；不过他们也都发现自己与白璧德的嫡系弟子们有着不少大同小异的观点——这一事实表明，美国批评家的人文主义精神在世界范围内都颇具吸引力；而且，从整体性来看，东西方文化本质上也有一致性。①

在现代新儒学研究界有这样的常识，认为20世纪中国的现代新儒学运动滥觞于1920年梁启超的《欧游心影录》，梁启超的欧洲之旅所感受到的“西洋文明破产论”瓦解了他对西方文明的信仰。在这一书中，有这样一段为现代新儒学的研究者们屡屡引述的文字：

> “我们自到欧洲以来，这种悲观的论调，着实听得洋洋溢耳。记得一位美国有名的新闻记者赛蒙氏和我闲谈（他做的战史公认是第一部好的——原注），他问我：‘你回到中国干什么事？是否要把西洋文明带些回去？’我说：‘这个自然。’他叹一口气说：‘唉，可怜，西洋文明已经破产了。’我问他：‘你回到美国却干什么？’他说：‘我回去就关起大门老等，等你们把中国文明输进来救拔我们。’

---

① 罗岗、陈春艳编《梅光迪文录》，辽宁教育出版2001年版，第223页。在这一段引文中，笔者作了一处修正，原文为“像刘先生一样……”，笔者认为是译者之误，因为学衡派刘伯明先生有过西学经历，另一位重要成员柳诒徵才是“完全在中国文化的熏陶之下成长起来的”。

我初听见这种话，还当他是有心奚落我，后来到处听惯了，才知道他们许多先觉之士，着实怀抱无限隐忧，总觉得他们那些物质文明是制造社会险象的种子，倒不如这世外桃源的中国，还有办法。这就是欧洲多数人心理的一斑了。”为此他号召青年学子：“第一步，要人人存一个单重爱护本国文化的诚意；第二步，要用那西洋人研究学问的方法去研究他，得他的真相；第三步，把自己的文化综合起来，还拿别人的补助他，叫他起一种化合作用，成了一个新文化系统；第四步，把这新系统往外扩充，叫人类全体都得着他好处。……大海对岸那边有好几万万人，愁着物质文明破产，哀哀欲绝的喊救命，等着你来超拔他哩……”①

上面的引述是梁启超《欧游心影录》的中心意旨，从这段话中我们可以发现，让梁启超确信西洋文明已经破产，应当转而发扬中国文化的是一个美国著名的新闻记者。而在美国，制造并宣扬这一思想最为有力的是白璧德、穆尔、薛尔曼等人发起的人文主义运动，白璧德被认为是“20世纪前30年西方的领袖思想家”②，“当世批评界之山斗”，“每书一出，欧美各大杂志，莫不汲汲称之”。③ 在哈佛这个学生生源遍及世界的顶级学府，其思想借由课堂、讲座、文章、著作而广泛影响于美国和其他各国。因此我们虽不能说白璧德人文主义思想是影响梁启超的唯一思想，但至少可以肯定，是影响其思想的重要思

① 罗荣渠主编《从“西化”到现代化——五四以来有关中国的文化趋向和发展道路论争文选》，北京大学出版社1990年版，第40、47页。

② Ong Changwoei:“On Wu Mi’s conservatism”, Humanitas v, xii, No. 1, 1999.

③ 罗岗、陈春艳编《梅光迪文录》，辽宁教育出版2001年版，第24页。

想资源之一。毕竟在西方文化危机背景下兴盛起来的思想学说，除了白璧德的新人文主义，还有直接影响中国现代新儒家们的柏格森的生命哲学、倭伊铿的精神哲学、杜里舒的生机主义等。如德国生机主义哲学家杜里舒主张：

中国人不宜抛弃中国之学，尤不宜自忘其为中国人，假令中国人尽弃其所学而学欧洲人，或欧洲人尽弃所学而学中国人，这都不能算是正道。我们承认中国能从欧洲有所得，然欧洲人亦有其须效法中国者。……我从良心上认为欧洲人可以贡献给中国人的，第一种是严密的思想方法，以及专为学问而研究学问之实用科学无所图利之学问研究，而中国人之镇静之态度及高雅之品性，皆吾西人所应当效法的。[①]

白璧德虽然是一个思想家，但主要以文学批评为业，所以走近他身边受他直接影响的主要是一些致力于文学批评的中国学生。而白璧德及穆尔等人文主义者对自己特别注重文学批评有这样的解释："所以多从事于文学批评者，亦以人生无穷之动机与究竟，表于文学中者，较在他处更为显然。而彼等职务之实行，可常使文学本体更能自觉其为一种之人生批评也。"[②]梅光迪深得其中三昧，遂在哲学与文学批评二者之间，选文学批评为业，他说：

"文学批评与哲学，虽同为研究人生，然实有别，(一) 哲学多趋抽象，或不切近人生，文学批评重事实，而为具体之讨论。(二) 哲学多用专门文字，非个中人不

① 杜里舒《中西文化之互助》，《晨报副刊》1922年12月1日。

② 罗岗、陈春艳编《梅光迪文录》，辽宁教育出版2001年版，第25页。

能了解。文学批评用普通文字（文学创作亦然），易为人人了解。（三）哲学家思想或高，而文字未美，能为朴实之说理之文，而不能为艺术之文，若文学批评家之文，则兼说理与艺术矣。”①

可以说，白璧德对中国学生的直接影响，就是促成了现代新儒学运动在文学批评领域的兴起，并间接影响到与白璧德中国弟子关系亲密、志向相同的其他学者。而柏格森、倭伊铿、杜里舒等哲学家则为现代新儒学运动在哲学史学领域的兴起提供了直接的思想借境。

2. 儒学的现代解码：白璧德人文主义对中国弟子们的意义

学衡派和梁实秋之所以心仪白璧德，是因为白璧德为他们提供了一种从现代化立场重新阐释和发扬儒家学说的解码。也就是说，白璧德的中国弟子们对白璧德选择，是基于一种现代化的立场，而不是保守的文化立场，虽然白璧德当时在美国正被当做保守主义者而遭到批判。

在白璧德最有影响的著作《卢梭与浪漫主义》中，他开宗明义地宣布了自己的现代立场，他说：

我们年轻的激进派之所以具有那种无法表达的聪明，就是因为他们相信无论自己可以成为什么，他们都是现代性的化身。在同意他们的观点之前，人们最好先定义一下现代和现代精神这两个术语。之后就会发现，温和、年轻的激进派遇到的真正困难不是说他们太现代了，而是他们现代得还不够。因为，虽然现代这个词常常、并且无疑是

① 罗岗、陈春艳编《梅光迪文录》，辽宁教育出版2001年版，第26页。

必然地被用来描述比较近的或最近的事情，但这并不是这个词的惟一用法。歌德、圣伯夫、勒南和阿诺德这些作家也用过这个词，但并不是只用了这种意思。这些作家所谓的现代精神是指一种实证的、批判的精神，一种拒绝信赖权威对事物进行取舍的精神。例如，当勒南称彼特拉克为“文学中现代精神的创立者”时，他所说的就是这个意思；而当阿诺德解释为什么伟大的希腊人在我们看来似乎比中世纪的人更现代时，他所说的也是这个意思。我现在努力要做的就是想成为这种意义上的彻底的现代人。①

吴宓在介绍他的老师白璧德时，相当敏锐地捕捉到了白璧德思想的精要之处，他认为白氏所要建立的精确的人事之律，“如何而可以精确乎，曰绝去感情之浮说，虚词之诡辩，而本经验，重事实，以察人事，而定为人之道，不必复古，而当求真正之新，不必谨守成说，恪遵前例，但当问吾说之是否合于经验及事实，不必强立宗教，以为统一归纳之术，但当使凡人皆知为人之正道，仍可行个人主义，但当纠正之，改良之，使其完美无疵”。②

在白璧德和吴宓的这两段话中我们可以发现，与其老师标榜的现代姿态相一致，吴宓从老师那里发现的也是其思想的“真正之新”。而同样身为白璧德弟子的梁实秋也认为白氏的“人文主义的思想，固有其因指陈时弊而不合时宜处，但其精意所在绝非顽固迂阔。可惜这一套思想被《学衡》的文言主张及

① ［美］欧文·白璧德著，孙宜译《卢梭与浪漫主义》，河北教育出版社 2003 年版，第 2、3 页。

② 梁实秋编《白璧德与人文主义》，新月书店 1929 年版，第 3 页。

其特殊色彩所拖累，以至于未能发挥其应有的影响，这是很不幸的”。梁实秋自称在认识了其思想的博大精深之后，“明白其人文思想在现代的重要性”。①

白璧德所称道的“现代性”的核心就是重新证明和建立“人的法则”。白璧德深知在经历了新古典主义（他称之为“伪古典主义”）时期之后，整个社会对秩序与规范充满了厌恶的情绪，而“法则”一词无疑会给他招致“反动”或“传统主义”的罪名。但他强调：

> “现代精神的先驱应该拒绝亚里士多德以及他一直支持的传统秩序，这无疑是再自然不过的。然而如果他们更现代一些的话，他们或许会将他看成是自己的一个主要的前驱。他们或许会从他身上学会如何拥有标准，同时又不被局限于教条之中。”②“整个现代实验面临着失败的威胁，原因只是它现代得还不够。因此，人只有借助于东方和西方的世俗经验，提出一种真正现代性的观点，而与此相比，我们聪明的年轻激进派似乎是洪水以前的人，这时他才应真正满意。”③

在这段话中，白璧德显示出了建构合理的“现代性”话语的努力。

白璧德推崇亚里士多德，他称“自己正在试图发展的观点

① 梁实秋《关于白璧德先生及其思想》，《梁实秋文集》第1卷，鹭江出版社2002年版，第547页。

② [美] 欧文·白璧德著，孙宜学译《卢梭与浪漫主义》，河北教育出版社2003年版，原序第3页。

③ [美] 欧文·白璧德著，孙宜学译《卢梭与浪漫主义》，河北教育出版社2003年版，原序第10～11页。

为亚里士多德主义的”，而且他又在中西传统文化对比研究的基础上，认为“儒教与亚里士多德的教诲也是一致的，而且总的来说与自希腊以来那些宣布了礼仪和标准法则的人也是一致的。若称孔子为西方的亚里士多德也显然是对的”。[①] 正是在这个意义上，学衡派与梁实秋在现代性→白璧德人文主义→孔子（或儒教）——这样一种思维链条上，建立起了基于儒家思想，借鉴白璧德人文主义，打造中国文化与文学现代化的途径。

因此，白璧德中国弟子们的目的不在于成为中国文化现代化进程的羁绊，而是要为中国文化的现代化提供一个自认为最合理的方向。正如梅光迪在《人文主义和现代中国》一文中所说：

> “《学衡》的特别之处更在于它以各种方式告示国人，建立一个新中国唯一坚实的基础是民族传统中的精粹部分。”“只有这一类人才能担当实现中国现代化的重任，哪怕要通过仿效西方来完成这项任务；只有这一类人才知道该如何模仿西方，因为他们不会让自己成为没有民族特色的人，或者至多成为欧美的二流翻版；他们会在本质上保持自己作为中国人的特色，尽管他们都接受过现代化的训练，都持有现代派的观点。”“中国文化真正的创造力在本国的现代化进程中同样可以大有作为。”[②]

在此，我们有必要考察一下，白璧德的几个重要中国弟子走向白璧德的学术因缘。

---

① [美] 欧文·白璧德著，孙宜学译《卢梭与浪漫主义》，河北教育出版社2003年版，原序第8页。

② 罗岗、陈春艳编《梅光迪文录》，辽宁教育出版2001年版，第224、228页。

梅光迪是白璧德的第一个也是从学时间最长的中国弟子。他在成为白璧德的弟子之前，就已经是一个极度虔诚的孔教复兴者。梅光迪是在1915年慕名来到白璧德身边。而在1912年，他与胡适的通信中，我们已经可以看到他这样的思想状态：“吾人处孔教衰颓之日，须以复兴之责加诸身，善读善解尤须善行；不然，以国势之不振归咎于孔教，从而弃之，而卑辞厚颜以迎方兴之外教，有血气之男子不为也；要使枯树生花，死灰生火，乃为豪耳。”在他看来，一味地盲目效法西方是可耻的，因为“彼物质文明固尚矣，其道德文明实有不如我之处”，所以他踌躇满志地说：

> 吾人复兴孔教，有三大要事，即 new interpretation, leadership and organization（新的阐释、领袖、组织——笔者译）是也。耶教有此三者，所以能发挥光大，吾人在此邦宜于此三者留意。沪上有人发起孔教会，此亦未始非孔教复兴之见端也。①

身在美国的梅光迪，以自己对中西文化的了解，意识到中国儒家文化对中国和世界的重要性，同时也意识到，要想让儒家文化焕发生机，就必须对儒家文化进行新的阐释和发扬。所以他在给胡适的信中说：

> 惟此邦（欧洲亦然）道德退化已为其本国有心人所公认，彼辈方在大声疾呼，冀醒迷梦，非迪之过激也。足下忠厚待人，其意良佳，然我辈决不能满意于所谓 modernization civilization，必求远胜于此者，以增世界人类之福，故我辈急欲复兴孔教，使东西两文明融化，而后世界和平可

① 罗岗、陈春艳编《梅光迪文录》，辽宁教育出版2001年版，第123、124页。

期，人道始有进化之望。①

正是抱着这样的思想初衷，在美国四处择校以实现抱负的梅光迪，终于在1914、1915年间，因为一次偶然的机会，听到一位教授在一篇报告中推荐白璧德的《现代法国评论大家》，于是以一种顶礼膜拜的热忱一遍遍研读白璧德出版的所有著作，最终断然离开就读的西北大学而转到哈佛大学，投入到白璧德门下。他以朝圣般的心态跟随在白璧德身边，并且成为白璧德中国弟子中最了解白璧德的学生。他发现：

> 白璧德始终“密切地留意着真正意义上的儒家学说的复兴运动，这种运动支持历史继承性和中国国民生活的自主性，其中也融合了一定的现代西方的因素以进行合理的调整”②。

吴宓走近白璧德也是出于一种学术上的因缘。在清华学校读书时期，吴宓就是一个儒家文化的拥护者，在1915年10月5日的日记中，他已经立下志愿，要在将来办一报刊，名为“Renaissance”（文艺复兴），意在“国粹复光”。③ 吴宓在清华学校的密友，白璧德非常看重的另一个中国弟子汤用彤，在1914年时，即在《清华周刊》上发表了《理学谵言》的文章，认为“理学者，中国之良药也，中国之针砭也，中国四千年之真文化真精神也”，“理学为天人之理，万事万物之理，为形而

① 罗岗、陈春艳编《梅光迪文录》，辽宁教育出版2001年版，第146页。原信没有日期，按顺序推测应在1913年前后。

② 罗岗、陈春艳编《梅光迪文录》，辽宁教育出版2001年版，第236页。

③ 吴宓《吴宓日记》第1册，生活·读书·新知三联书店1998年版，第504页。

上之学，为关于心的。科学则仅为天然界之律例，生所之所由，驭身而不能驭心，驭躯形骸而不能驭驱精神”。[①] 也就是说，在走近白璧德之前，吴宓和汤用彤就已经怀抱着强烈的复兴儒学的愿望。

1916 年，清华学校的学生们在全国学校中领先发起成立“孔教会”，这是全国第一个由在校学生组织的“孔教会”，吴宓和学衡派的另一个重要成员汤用彤都是发起人之一。[②] 梁实秋则是清华孔教会的重要成员。他不仅是孔教会的评议员之一，还是孔教下设的“乡村教育研究所所长”，同时担任清华孔教会的会刊《国潮》周报的编辑。[③] 当清华学校中反对孔教的学生王造时发表文章责难孔教会时，梁实秋与另一同学聂鸿达当即做了一篇《驳王君造时孔教问题》予以反驳，这篇文章对维护清华孔教会的声誉起到了有力的辩护作用。[④] 从《清华孔教会宣言书》中，我们可以看出孔教会员们共同的文化立场，宣言中说：

> 我清华之设也，固将以研精西学，用补我之所缺然，亦欲使学者博采乎欧风，广询乎美俗，而有以改良吾之社会也。苟不明乎己，将何以取择诸人，苟忘其国本又何以保不见化于人，是不可不慎也。[⑤]

在笔者看来，清华孔教会虽然是康有为、陈焕章等倡导的孔教会之回应，但这一由清华学子设立的孔教会，拥有得天独

---

① 汤用彤《理学·佛学·玄学》，北京大学出版社 1991 年版，第 1 页。

②《孔教会纪事·北京清华学校孔教分会》，《经世报》第 1 卷第 2 号。

③《孔教会》，《清华周刊》1920 年第 6 期。

④ 王造时《答辩梁聂二君的〈驳孔教问题〉》，《清华周刊》1920 年第 188 期。

⑤《清华孔教会宣言》，《清华周刊》1916 年第 86 期。

厚的文化机遇，那就是清华学校（前身是庚款留美学务处）本身就是一个中西文化碰撞的文化环境，[①] 清华孔教会员良好的西学教育使他们比国内其他维护孔教的人抢先占有西学资源，尤其当他们直接进入西方亲身体验西方文化之后，对中西文化的深透了解，使他们较早探寻到了儒学现代化的有效方式。

由此可见，白璧德的中国弟子们走近白璧德的过程正如南美著名作家保罗·科埃略的小说《牧羊少年奇幻之旅》中所描写的那样：一个去埃及金字塔寻宝的少年，在金字塔旁找到的不是宝藏，而是有关宝藏的秘密——一个人告诉他：宝藏并不在神秘的埃及，而就埋在他的家乡，在他每天睡觉的废旧教堂的老榕树下面。[②] 白璧德的这些中国弟子们都是一些为国家民族外出寻宝的英雄，但他们在异域找到的不是宝藏，而是中国传统文化宝藏的解码。这一解码是美国人文主义者白璧德授予他们的。所以当他们回国之后，所要做的就是用这一解码重新认识和发扬以孔子为代表的中国传统文化。

梁实秋在与现代文坛对话时，批评者们非常清楚地看出了他是运用白璧德人文主义思想来重新阐释儒家文化。林语堂在批评梁实秋的文学批评时说，白璧德的学说："颇似宋朝的性理哲学。所以白璧德极佩服我们未知生焉知死的老师孔丘，而孔丘的门徒也极佩服白璧德。"[③] 在与梁实秋论战中，郁达夫

① 可参阅笔者《清华八年：梁实秋的学术起点》，高旭东主编《梁实秋与中西文化》，中华书局 2007 年版。

② [南美] 保罗·科埃略著，孙成敖译《牧羊少年奇幻之旅》，上海译文出版社 2001 年版。

③ 张明高、范桥主编《林语堂文选》下册，中国广播电视出版社 1990 年版，第 7 页。

也批评梁实秋是“孔子抱了白璧德主义”。[①] 向梁实秋的《文学之历史背景》一文发难的姚浊波则讽刺说：“中国的中庸主义，已是死的东西，梁教授却企图在死的东西上再创造出另一个‘王国’来。”[②] 而在批判儒家思想的五四新文化氛围中，梁实秋自己说得很明白：“儒家的伦理学说，我以为至今仍是大致不错的，可惜我们民族还没有能充分发挥儒家的伦理。”他指出：“中国旧文学的观念似乎是已经崩溃而不可收拾，然而中国的固有的文化思想仍有未可厚非者，我们若整理出一个合乎理性的中心思想，再参加一点健全的西洋批评学说，新的批评标准不是不可能的。”[③]

其实，即使不从发生学的角度探讨白璧德人文主义与现代新儒学运动之间的关系，单就白璧德人文主义与现代新儒学运动作一种比较研究，也会发现，白璧德期待的“新孔教运动”以及其中国弟子们倡导的“新孔学运动”与后者的特点非常一致。首先，二者都体现着一种文化现代化的诉求。其次，白璧德的思想核心是人性二元论，在他看来人性并不是纯善的，而是善恶二元，善恶之间的斗争，首先不是存在于社会，而是存在于人内心理性与欲望的斗争，所以他强调人的“内在制约”，并进而依据“内在制约”的程度将人生分为宗教、人文、自然三个等级或者三个境界。理性过度的境界是宗教境界，欲望过度的境界是自然境界，这二者都是他所批判的，理性与欲望中

① 郁达夫《文人手淫》，《语丝》1928年4月30日。

② 姚浊波《与梁实秋教授谈〈文学之历史背景〉》，《文艺创作月刊》第1卷第3期。

③ 梁实秋《近来中国之文艺批评》，《梁实秋文集》第6卷，鹭江出版社2002年版，第369页。

庸合度的境界即是他所赞赏的人文境界。显然，白璧德的人性二元论、内在制约以及人生三境界说与中国宋明理学尤其是心性之学极为相似，林语堂曾经说过，白璧德的学说“颇似宋朝的性理哲学”①，宋明心性之学，也被称为“人本主义的哲学”，是一种“道德本体论”，② 带有形而上学的色彩。而本体论的最重要特点就是世界划分为本体世界与现象世界的二分模式，也就是柏拉图所谓的“一”与“多”的关系，和宋明理学家们所提倡的“天人合一”、“万物一体”。“一”与“多”的问题也是白璧德著作中一个非常重要问题，他说：“如果一个人要想成为一个健全的个人主义者，一个有人性标准的个人主义者……他就必须牢牢地把握柏拉图所谓有‘一’和‘多’的问题。”③ 人性善恶二元论和性三品说一直是儒家学说的重要范畴，前者发轫于先秦，后者起于汉儒董仲舒，二者都是宋明心性之学的重要思想来源，强调内在的道德节制是其共同特点，这也是宋明心性之学被称为道德本体论的原因。

不仅如此，白璧德的中国弟子们与现代新儒家们一直保持着亲密的关系，在学术活动及日常交际中呈现出同道者姿态。

1925 年，清华大学委托吴宓筹备国学研究所，梁启超、陈寅恪、王国维、赵元任等人被聘为导师。吴宓曾将此事写信告诉了白璧德，信中说自己在这里“可以有机会与志趣相投的人相处”，所以“我请求您能够经常给我一些指导和建议，不

---

① 张明高、范桥主编《林语堂文选》下册，中国广播电视出版社 1990 年版，第 7 页。

② 蒙培元《理学的演变》，福建人民出版社 1998 年第二版，第 13 页。

③ [美] 欧文·白璧德著，孙宜学译《卢梭与浪漫主义》，河北教育出版社 2003 年版，原序第 4 页。

仅关于清华大学的国学研究院方面，还有学衡方面。您的话总能给我以巨大的鼓励和影响”。[①] 国学研究所中的陈寅恪也是亲聆过白璧德的学说，并与白璧德有过直接交谈的学衡派学者。梁启超一向被研究界认为是现代新儒学运动的始作俑者，吴宓、陈寅恪与梁启超在清华国学研究所的合作共事，也从侧面证明了白璧德思想与中国新儒学运动在思想方法上的同构性和文化立场上的契合。吴宓甚至将梁启超与学衡派的另一重要史学家柳诒徵视为“联镳并驾”的“近今吾国治国学者人师”，而“皆并识西学西理西俗西政，能融合古今折衷中外之精言名论；皆归宿于儒学，而以论道经邦内圣外王为立身之最后鹄的”是两位大师在治学上的相同之处。[②] 现代新儒家之一的钱穆在 1985 年的回忆文章中曾说：“民国二十年，余亦得进入北京大学史学系任教。但余之大体意见与《学衡》派较近。”[③] 而另一位现代新儒家方东美的学术话语更是直接生成于学衡派的大本营——国立东南大学。现代新儒家之一的贺麟是吴宓在清华大学执教时的学生，自称深受吴宓影响而确立了自己终生的“志业”。[④] 吴宓也将他视为“志同道合之友生”。[⑤] 而现代

---

① Wu Xuezhao：The Birth of a Chinese Cultural Movement：Letters Between Babbitt and Wu Mi. HUMANITAS. Volume XVII，Nos. 1 and 2，2004. 引文为笔者译。

② 吴宓《空轩诗话·第十七条》，《雨僧诗文集》，地平线出版社 1971 年版，第 443 页。

③ 钱穆《纪念张晓峰吾友》，《张其昀先生纪念文集》，中国文化大学出版社 1986 年版，第 7 页。

④ 贺麟《五十年来的中国哲学》，商务印书馆 2002 年版，第 118 页。

⑤ 吴宓《吴宓日记》第 6 册，生活·读书·新知三联书店 1998 年版，第 130 页。

新儒家之一，燕京华文学校的冯友兰，曾约吴宓到校演讲的《孔子、儒教、中国与今日世界》，其中不乏同声相应、同气相求之意。后来两人共同执教清华，在《吴宓日记》中，我们可以看出二人交往非常密切。

梁实秋与现代新儒家张君劢、张东荪的关系也是非常密切的。1928 年，张君劢在上海办《新路》杂志，《新路》的文化立场即是“昌明本国文化”，梁实秋是其中的主要撰稿人之一，1931 年又加入张君劢领军的再生社，一起创《再生》杂志。《再生》杂志是一份新儒学文化色彩鲜明的同人杂志，“再生”本身即包含了民族文化返本开新之意，其中的主要撰稿人有张君劢、牟宗三、张东荪等人。1932 年，梁实秋加入张君劢创立的中国国家社会党，1935 年与张东荪在北平主编《自由评论》，1938 年与张君劢一起赴汉口代表国社党参加国民参政会，并在重庆主编《再生》杂志，后来由牟宗三主编。（1949 年，《再生》随主要撰稿人移至台湾，1958 年元月，《再生》杂志发表了由唐君毅、牟宗三、徐复观、张君劢等几位先生联署发表的著名的新儒家宣言《中国文化与世界》。——笔者注）抗战时期，现代新儒家之一的冯友兰先生发表了《新世训》一书，梁实秋随即作书评一篇，对其思想主张大加赞赏，不仅认为其思想与自己的人性论思想同调，而且还认为冯友兰的思想“完全的合于西洋近代人文主义者的观点”，也就是白璧德的人生三境界说。①

目前，由白璧德的第一批中国弟子为中坚组成的学衡派，已经开始进入现代新儒学研究者们的视野，如柴文华先生指

① 梁实秋《新世训》，《梁实秋文集》第 7 卷，第 525 页。

出，20世纪初的国粹派、东方文化派、学衡派、现代新儒学都属文化保守主义一派，而“现代新儒学作为‘典型的文化保守主义’的代表，它的学术理念与上述文化保守主义派别有着难以割舍的内在联结，这证明了其他文化保守主义派别的学术思想是现代新儒家产生和构成的重要学术渊源”①。对白璧德的人文主义做过专门研究的旷新年先生则指出“学衡派对于中国现代文化的思考具有许多合理的因素，而且其对于传统的态度与思考也为现代新儒家开了先路”②。郭齐勇先生指出学衡派与现代新儒家“同属于一个大的文化思潮，大的文化群落，但它们之间有不小的区别。‘现代新儒家’主要研究哲学，‘学衡派’的研究对象主要是文学与史学。”③ 更有研究者直接将吴宓与冯友兰都指认为现代新儒家。④ 学衡派张歆海的文化思想也被指认为现代新儒学范畴。⑤ 可惜的是，目前学衡派与现代新儒学运动的关系只是以一笔带过的形式被这样提及，并没有人对此展开具体的研究和论证。

综上我们可以看出，白璧德的人文主义在20世纪初经由哈佛中国留学生之手登陆中国之时，是在重新阐释和发扬儒家思想的意义上被接纳的，他为中国的现代新儒学运动提供了重

---

① 柴文华《现代新儒家文化观研究》，生活·读书·新知三联书店2004年版，第42页。

② 旷新年《学衡派与新人文主义》，《北京大学学报》1994年第6期。

③ 郭齐勇《现当代新儒家的反思》，载陆挺、徐宏主编《人文通识讲演录哲学卷1》，文化艺术出版社2007年版，第177页。

④ 李喜所《中国留学生与现代新儒家——以冯友兰、吴宓为中心》，《史学月刊》2004年第11期。

⑤ 吴丹虹《张歆海与中美关系——对一个中国知识份子兼外交官的思想初探》，《美国研究》1993年第1期。

要的直接或间接的思想支援。对此，与白璧德相处时间最久的梅光迪说："在许多基本观念及见解上，美国的人文主义运动乃是中国人文主义运动的思想源泉及动力。"[①]

"人文主义"在20纪上半叶是一个屡遭批判的词语，因为它的思想核心是儒家思想，但在80年代之后的话语中已经是一个完全被肯定的褒义词，只是这时它的内涵与以前已经大不一样。它几乎被认为是代表着人类精神的唯一正确的方向，比如在20世纪的80年代，人们从"文化大革命"的文化暴力阴影中走出来后对人性问题的思考；90年代，在物欲泛滥道德滑坡的困境中，知识分子们以"人文精神"为旗，开始了一场精神自救和救人的行动。但在20世纪的二三十年代，最早使用"人文主义"来救治时弊、建设中国文化现代化的是学衡派和梁实秋，他们作为最早将人文主义引进中国的原创者，人文主义一词对他们而言就等同于儒家思想的现代化。可是我们现代文学研究界在20世纪80年代之后，在大谈人文主义之时，却疏漏了这一词在原创意义上与新儒学文化思潮的关系。80年代中期兴起的现代新儒学研究虽然对人文主义有充分的认识，[②] 但只有一两位学者偶尔一笔带过地谈及学衡派，以文学为专业的梁实秋则从未进入他们的研究视野。而且，90年代主要由文学界人士参与的人文精神讨论与80年代中期兴起的新儒学文化潮明明有着诸多的精神契合，二者却各说各话，没有形成呼应。这其中的原因，一方面是因为经历了五四和"文

---

① 罗岗、陈春艳编《梅光迪文录》，辽宁教育出版社2001年版，第26页。

② 龙佳解先生的著作《中国人文主义新论》（湖南大学出版社2001年版）就把当代新儒家对传统儒学的新诠释都涵盖在人文主义概念之下。

化大革命”两次传统文化断裂的知识分子，在知识结构上失去了与传统文化强有力的勾连；另一方面是缘于五四新文化的价值立场，已经成为现代学人的集体无意识，新儒学的兴起，使他们的学术戒备多于学术兴趣，从而出现了这样一种情景：在80年代以后，现代新儒家兴起，人文主义成为热点话题，学衡派、梁实秋被重估，鲁迅被质疑，白璧德思想学说回归，等等现象杂陈，却少有人思考这背后的文化因缘。

在20世纪80年代之后直至今天，白璧德的思想学说在美国和中国的文化保守主义思潮中正经历着一次回归。二三十年代饱受批判的白璧德思想被理论界借重和阐发，华盛顿的“国家人文机构”（National Humanities Institute）创办了《人文》（Humanitas）杂志，成为介绍和研究白璧德的思想学说的重要阵地。1983年11月18日至19日，为纪念欧文·白璧德去世50周年，在美国首都华盛顿的天主教大学召开了题为“欧文·白璧德：50年之后”的讨论会。人们看到了白璧德学说在思想领域的重要意义，“会议发言论文后来收录在由George A. Panichas和Claes G. Ryn二人合编的《欧文·白璧德在我们时代》一书中（1986）”。[①]

2000年，美国的《投资商业日报》（Investor's Business Daily）发表了一篇题为《中国共产党在被遗忘的美国保守派思想中发现了希望》的文章，[②] 文章说：“在中国，已经去世很久的美国保守主义学者欧文·白璧德正在复归，他的忠实追

① 殷怀清《挥之不去的欧文·白璧德》，《中华读书报》2001年7月4日。

② Chinese Communists Discover Hope In Forgotten American Conservative, Investor's Business Daily, July 25, 2000, By Brian Mitchell.

随者中有一些是共产党的领导人。”作者显然看到了中国正面临着如何实现现代化的抉择，也看到了中国在全盘西化和有选择地西化问题上的讨论，他说“早在80年前的中国，这同样的讨论就在哈佛大学白璧德的弟子和哥伦比亚大学杜威的弟子之间发生过了”（笔者译）。最后是以科学实证主义和反传统为导向的杜威思想战胜了白璧德的传统的、道德的甚至是有宗教色彩的学说，并且直接为反传统的马克思主义铺路。作者认为中国对白璧德的关注是因为发现前路不通，所以诉诸白璧德的学说，为的是既能实现与西方沟通，又不至于彻底被西方文化同化。他之所以认为中国正发生白璧德学说复兴的现象，是因为他看到美国“人文机构”的主席克莱斯·瑞恩，一个在当代研究和发扬白璧德学说的主要学者，被不断请到北大和清华做相关的学术报告，其学术著作也在中国出版。不仅如此，《人文》杂志上研究白璧德的文章也在中国结集为《人文主义：全盘反思》出版，白璧德的几部主要著作和他的中国弟子吴宓的日记也在中国出版。这篇文章的作者把白璧德在中国的复归与中国在20世纪末的现代化取向问题联系在一起，这种在文化意义上对白璧德的把握是基本准确的，但在大陆学者的笔下，却几乎无人对这一现象进行学理性关注。

1987年5月，梁实秋在台湾大学兼课时的学生，尊奉白璧德为“太老师”的侯健先生在《联合文学》上发表了《梁实秋先生的人文思想来源》一文，文章在开篇写道：“远在水牛城纽约州大教书的董保中教授，一月间来信说，他看台湾新党成立，‘选举过程中很多丧失理性、节制，违反民主的作风，也看到大陆近几个月学生要求民主、自由的示威运动，忽然想起——其实也一直相信——白璧德学说、思想的重要性，对中国（台湾、大陆）文化、政治的重要。所以觉得有成立一个白璧德学会的需要。’”侯健先生觉得成立一个学会并非易事，但他还是呼应董保中教授的建议，梳理了梁实秋与白璧德的学说渊源，并指出虽然梁实秋的文学行动并没有成功，却“为文艺提供了另一种选择”。[①] 在这篇文章中，道出了一些学者的见解，即白璧德的思想对 80 年代的中国政治文化有非常重要的借鉴意义，并由此而认识到梁实秋的文学思想在这方面的意义。

2003 年是白璧德去世 70 周年和梁实秋诞辰 100 周年，海峡两岸以这两件事为主题举办了一系列的纪念活动，其中《跨文化对话》推出了“纪念欧文·白璧德逝世 70 周年”专栏，在“编者按”中有这样一段话：

> 欧文·白璧德的学说与中国儒家有多方面的认同，20 年代初，他在哈佛大学培养了吴宓、梅光迪、汤用彤等一代中国学人，开启了新人文主义与儒学沟通的新阶段。我们期待：在当前，以欲望和消费主导一切的、支离破碎的现代社会，新人文主义将会为促使社会进步，复归被异化的人性提供重要的思想资源。[②]

这一段编者按非常明确地表明了白璧德的思想学说与儒学的沟通，以及在当下复归的意义。但奇怪的是，却没有人从白璧德的复归问题上思考白璧德与新儒学运动的关系，以及白璧德的中国弟子们与新儒学运动的关系。

为什么会出现这种状况？这是因为，新儒学运动在目前还

---

① 《秋之颂》，第 69、70、76 页。

② 乐黛云、［法］李比雄主编《跨文化对话》第 12 辑，上海文化出版社 2003 年版，第 77 页。

主要被视为哲学和史学的研究对象，毕竟这一运动的旗帜是被研究哲学和史学的新儒家们标举出来的。而且新儒家们通过阐释和发扬儒学为社会提供价值体系的努力，其实质就是为现代社会重建新的道统，《周易·系辞传》有言："形而上者谓之道，形而下者谓之器"，其结果就是促成儒学研究的形而上学——哲学化。正如从宋明理学"接着讲"的冯友兰创建了"新理学"体系，他自称"新理学的工作，是要经过维也纳学派的经验主义，而重建形而上学"。[①] 而这种研究不是随便一个学人所能承担的，博学如梁启超也难堪此任。

虽然白璧德的思想"主要的是哲学的"，"文艺只是他的思想的注脚"，[②] 但是在他的中国学生中，无论是学衡派还是梁实秋都难以在哲学层面上与他对话。梅光迪在反思学衡派的衰落时，即指出：

> 要研究、精选并阐明中国文化传统中所有具有重要意义的方面和问题需要大量的文献并付诸多年的努力；……从事此项工作的学者和作家们也就必须比《学衡》的编者们拥有更广泛的知识层面和更具深度的思想。[③]

梁实秋是在五四新文化运动的文化氛围中成长起来的新式知识分子，当学衡派人士与五四新文化阵营对阵的时候，他还是一个在校学生，他的学术生涯还没有真正开始。他的启蒙教育是新式教科书，虽然他的父亲一生治小学，并始终督促梁实秋补习国学上的欠缺，他自己也喜爱和向往传统文化和文学，

---

① 冯友兰《三松堂全集》第5卷，河南人民出版社2001年版，第223页。

② 梁实秋《关于白璧德先生及其思想》，《梁实秋文集》第1卷，鹭江出版社2002年版，第549页。

③ 罗岗、陈春艳编《梅光迪文录》，第225页。

但他的国学积累远不足以担负新儒家们所能担负的重任。而且他志在文学，20世纪初期的文学已经获得了独立的地位，不再是文人们“人生之余事”。在这一独立的学科领域内，也有自己的理论体系，以此为职业的人，也可以从中寻得信仰。当他在赴美前夕选择以文学批评为专业时，就注定了他对白璧德的接受必然是在文学领域内。

三、现代新儒学诗教体系寻踪

诗教是传统儒学的一个文论术语，也称“儒家诗教”或“孔门诗教”，《礼记·经解》篇里有这样一段话：“孔子曰：‘入其国，其教可知也。其为人也温柔敦厚，《诗》教也。’”①这里的诗教指的是《诗经》的教化作用，由于《诗经》既是一部诗歌总集，又是儒家经典，由此也就形成了绵延了两千多年的两个诗教范畴，一者是广义的诗教，即以“助人伦，成教化”为旨归的儒家文学和文艺理论体系；一者是狭义的诗教，指由《诗经》延续下来的诗歌的理论体系。本书借鉴广义的诗教范畴，也就是贺麟的诗教含义。而贺麟对新儒学思想开展途径的这一认识，被认为是“贺麟思想中最富有启发意义的”创见。② 之所以有此评价，是因为贺麟的这一思想不仅拓展了40年代以后新儒学自身的发展路径，也使研究新儒学的学者们关注儒学在文学和文论领域内的开展。但事实上，对新儒学诗教

① （汉）郑玄注，（唐）孔颖达等正义《礼记正义》，《十三经注疏》之六，上海古籍出版社1990年版，第843页。

② 张西平《儒家思想开展的新途径：贺麟新儒学思想简评》，《南京社会科学》1994年第9期。

体系的研究却严重滞后。

从绪论的第一部分中，我们可以看出，对新儒学诗教体系的研究应该在现代新儒学的文化视野中展开，而不是仅限于现代新儒家和他们的文本。但无论如何，目前学术界对现代新儒学诗教体系的研究却正是从对新儒家们的研究中起步的。

大陆学术界对新儒家们的研究已经有了二十年的历程，集中于哲学史学方面的成果已经颇为可观。但新儒家们的诗教文本却罕有人关注，侯敏先生于 2003 年出版的《有根的诗学——现代新儒家文化诗学》是第一部研究现代新儒家文论的学术专著，作者的选题是基于这一研究的空白而进行的。之所以会形成空白，正如作者在书中所言，对现代新儒家们来说：

> 哲学和思想史研究是其学术思想的主旋律，而诗学则是他们思想的一个组成部分，他们时隐时现于新儒家的学术著作中，为思想整体所涵盖和包容。倘若不能静下心来捕捉与梳理，我们就难以掘发新儒家学术话语中蕴涵的诗学世界。①

这种现象是对现代新儒家的诗教进行研究所要面对的必然现象，因为被称为新儒家的学者们都是从哲学史学上起步的，终身以哲学或史学为业，文学是做为文化的一个方面被论及的。在他们笔下，文学并不是文学自身，而是志道据德依仁的思想注脚。因此这一部研究现代新儒家文论的著作也只能冠之以“文化诗学”的概念，而无法形成现代意义的文学理论研究。另外还有两部著作，分别是先后出版于 2004 年的《儒家文艺美学》和《现代新儒家文化观研究》，前者将“原始儒家

① 侯敏《有根的诗学——现代新儒家文化诗学研究·导论》，第 2 页。

到现代新儒家”的上下两千多年的儒家文艺思想做了综合研究，后者则研究了20世纪出现的第一代新儒家，如梁漱溟、张君劢、冯友兰等人的文化观，并且把这些新儒家的文艺理论作为文化观的一部分来观照。这两部书的研究也面临了与侯敏先生同样的问题，作者在研究的过程中一直是很艰难地将这一批新儒家的文学思想从哲学思想中撕扯出来。

20世纪二、三、四十年代的现代新儒家群体中，较早对艺术问题作过专门论述的当推冯友兰，但他也只是在《新理学》中的一个章节《艺术》中，用不过万字的篇幅阐述了他的新儒学艺术观；在《新事论》中以《评艺文》一小节概论了新文学运动的欧化与现代化问题。这些文字根本不可能为现代新儒学撑起诗教的理论框架。而张君劢及钱穆、唐君毅、牟宗三、方东美、徐复观等人，虽然在其著作中谈及文学艺术，但他们的著作面世时已是在30年代末以后，在新文化运动之后至30年代末的这个时段，他们没有提供可以与新文化争锋的文学话语，而且他们的文学话语寄身于哲学史学文化话语之内的特点，也使这些文学话语被历史奇异地搁置了，既无法真正参与文学领域内的对话，也无法在文史哲领域内得到认可，也即没有获得学术生命，在当时没有为中国现代文学发展提供有效资源。这也是朱栋霖先生惊讶于新儒家文论研究空白的重要原因。①

在20世纪的语境中，现代新儒学的诗教体系应该意味着一套以儒学基本价值为本的现代文学理论体系，唐君毅在现代新儒家中是较早具有这种自觉意识的人，他在1943年的《中

① 侯敏《有根的诗学——现代新儒家文化诗学研究》序言。

西哲学思想之比较研究集》一书中，曾期望有献身艺术领域的专业学人能够“重建一种中国文学理论之体系”①。但他这个期待比新儒学运动发起的时间晚了二十多年。事实上有人比他更早提出这一构想，至40年代时也已经有了身体力行的成果。

在笔者看来，由于20世纪以来，文学和文艺理论都有了独立的学科地位，对新儒学诗教体系的研究就不应该只囿于新儒家们的文本，因为新儒家们主要的建树是在哲学和史学领域，在壁垒分明的学科分化中，他们中几乎没有人参与到文学领域的对话和建构中来。

为此，笔者认为应该将学衡派以及梁实秋等人纳入到现代新儒学文化研究的视野。

学衡派不乏立足于儒家学说从事文学批评的学人，胡先骕和吴宓就是比较有代表性的学者。吴宓曾写过《孔子之价值及孔教之精义》一文，提出要“坚持孔子之学说”来“复申”孔子之价值，而在“理论方面，则须融汇新旧道理，取证中西历史，以批判之态度”，然后“孔子之价值自见”。② 但是《学衡》杂志在运作期间，一方面受到胡适和鲁迅等为旗帜的新文化运动的围攻，四面楚歌，杂志和投稿人都背上了反动保守的恶名；另一方面内部成员之间难以和谐相处，不能形成有效的合作。这一群体虽然在文学批评上有所建树，发表了一些依托于儒学而完成的批评文字，但这些批评文字大多以与新文学阵营辩难为职志，没有切实进入新的文学理论建构阶段。而且其核心成员中，梅光迪“趋重宗教、伦理、历史等方面，而不以

① 唐君毅《中西哲学思想之比较研究》，正中书局1943年版，第212页。

② 吴宓《孔子之价值及孔教之精义》，《大公报》1927年9月22日。

纯粹文学家自期”；① 吴宓一生的文学行为更重要的是宣扬一种人文主义的人生观，而非建构文学理论或批评的体系；胡先骕以植物学家兼顾文学，虽有卓见，但于建构体系性的文学批评力有未逮，且其一生拒绝白话文，坚持旧体诗词写作，“返本”的激情超过了“开新”，与现代新儒学的精神违和。而文言色彩的《学衡》在白话文已经被官方制度化了的社会中日渐式微的命运，使这些人的文学批评篇章无法纳入与新文化的对话体系，更无法蔚成气候。

而在二三十年代的中国现代文学批评界，旗帜鲜明地借鉴西方学理重新阐释儒学思想体系，与五四新文学阵营不断碰撞的人中，梁实秋无疑是最具代表性的。

虽然学衡派是白璧德的第一批中国学生，但在二三十年代的中国，人们对白璧德的充分注意，是从梁实秋的话语在文坛现身的时候才真正开始的。1934 年 10 月梁实秋应《现代》杂志之邀，撰写了一篇《白璧德及其人文主义》的文章，引起了由左翼作家创办的《文学》杂志的关注和批评，以至于在《现代》第五卷的“编后记”中，编者专门作了一个“郑重声明”，说：

> 我们编辑这个专号，目的完全是在介绍，而不是有所提倡。十月号的《文学》杂志上有伍实先生摘译苏俄批评家 Sergei Dinamov 的《人文主义是什么?》一文，据译者在引言上说：“是因为梁实秋先生……据说近来还要有一篇介绍文章出来”，他因为觉得这人文主义已“活动到东

① 耿云志主编《胡适遗稿及秘藏书信》第 33 册，黄山书社 1994 年版，第 132 页。

方来了”，所以摘译了 Sergei Dinamov 的批评，说明人文主义是“跟法西斯主义完全协调”的。

王集丛的《梁实秋论》是最早对梁实秋进行专门研究的论文，作者认为：“及至梁实秋教授从海外归来之后，白璧德教授底人文主义人文学批评才算到了中国。……梁实秋教授底理论也是更接近于白璧德教授的，其在现今的中国新起的作用也与白璧德教授之在美国所起的作用有点儿类似。”作者并没有把梁实秋的文学批评当做纯粹的文学话语，而是视之为一种文化现象进行思考，他说：

“对于我们最重要的问题乃是自‘五四’文学革命以后，在中国的培根卢梭所代表的社会层底文学领域中，何以没有出现圣伯甫（Sainte Benve），台恩（Taine）那样的批评家，而却出现了白璧德教授底门徒梁实秋教授？这当然不单是因为梁教授在美国‘哈佛大学’听过白璧德教授底课，在思想上受了传染，主要的是因为中国社会的某一部分人需要白璧德教授底人文主义，需要梁实秋教授那样的批评家。”他把梁实秋的文学话语的出现看做是“白璧德主义者到了东方”。①

从这些的引证我们可以看出，白璧德与中国现代文学话语和文化流派的真正碰撞是在梁实秋手里完成的。

历来研究梁实秋文学批评话语的人很多，从鲁迅称之为“白璧德先生的门徒”②，到吴宓赞其“宣扬白璧德师之学说”③；

---

① 王集丛《梁实秋论》，《现代》第 6 卷第 2 期。

② 鲁迅《二心集·黑暗中国的文艺界的现状》，《鲁迅全集》第 4 卷，人民文学出版社 1981 年版。

③ 吴宓《浪漫的与古典的》（书评），天津《大公报》1927 年 9 月 17～19 日。

从大陆研究界对“梁实秋与新人文主义”的研究，到台湾学者侯健认为梁实秋是“承继白璧德和阿诺德的精神从事社会批评”①，梁实秋在很大程度上被看做是白璧德的弟子，而其文学行动也被看做是宣扬白璧德的思想。但梁实秋在《〈论文学〉序》中专门提到一篇题为《现代中国文艺批评之研究：第七，梁实秋与新人文主义》的文章，他说：

> 作者是 Marian Galik、Bratislava，我也不知其为何许人。外国人批评我们，时常是根据我们的文字加以分析，相当的精确，但是未必能深入了解我们中国人特有的气质，我们在多少年传统熏陶之中所培养出来的品格。……我不喜爱别人给我戴的帽子，包括“新人文主义者”这一顶帽子在内。白璧德教授是给我许多影响，主要的是因为他的若干思想和我们中国传统思想颇多暗合之处。②

这篇序文在梁实秋的作品中是非常重要的，因为《论文学》一书收集了他一生主要的文学批评文字，而这一篇序文是他评价自己文学批评的定锤之音。在梁实秋介绍白璧德的最重要的一篇文章《白璧德及其人文主义》中，梁实秋指出白璧德思想的重要意义在于“在传统思想发生动摇的时代而拥护这个传统”③。自二三十年代时，他就反对别人称他是“白璧德的门徒”，这种论调一直坚持到了晚年。在他去世的前一年，即1986 年，友人刘真应邀担任教育部人文指导委员会事务，梁实秋给他的贺词中说：“人文主义乃西洋名词，与我儒家思想

① 余光中主编《秋之颂》，九歌出版社 1988 年版，第 562 页。
② 梁实秋《〈论文学〉序》，《梁实秋文集》第 7 卷，第 740 页。
③ 梁实秋《白璧德及其人文主义》，《梁实秋文集》第 7 卷，第 288 页。

暗合，弟于五十年前即向往之”。[①] 事实上，梁实秋从白璧德这里所学来的是一种重新审视传统文化的方法和手段，而不是简单地贩卖他的思想。也就是说，儒家思想和白璧德的人文主义在梁实秋的文学话语中是以“体”与“用”的关系存在的。

作为一个文学领域的专业学者，梁实秋对自己所本的儒学基本精神，不可能做出像新儒家们那样专门的研究和阐释。因为在他看来，“文学批评的本身绝对不是哲学。……文学批评的方法是具体的，是以哲学的态度施之于文学的问题”[②]。对梁实秋而言，这种哲学的态度就是儒学的基本精神，主要是一种价值立场，而不表现为对儒家经典的引证与阐述。正是站在维护儒学基本精神的立场上，他把五四新文化运动的反孔非儒看做是一场“浪漫的混乱”，并提出了自己的看法：“据我看道家思想是中国文学不健康的症结，我以为新文学运动第一件要做的事不是攻打‘孔家店’，不是反对骈四俪六，而是严正的批评老庄思想”。他认为：“儒家的伦理学说，我以为至今仍是大致不错的，可惜我们民族还没有能充分发挥儒家的伦理。”由于传统儒家的文学和文学理论一直未脱“文以载道”或“文以贯道”的束缚，已经接受过西方专业学术训练的梁实秋，在面对传统儒家文学观念时，充满了批判意识，在《现代文学论》中，他指出：“儒家根本的就没有正经的有过文学思想”，“儒家的文学观念决不能使我们满意。我们现在惟一的出路便是参考西洋文学了”。[③] 而他所参考的西洋文学观念即是在他

① 梁实秋《致刘白如》，《梁实秋文集》第9卷，第37页。
② 梁实秋《文学批评辩》，《梁实秋文集》第1卷，第124页。
③ 梁实秋《现代文学论》，《梁实秋文集》第1卷，第398页。

看来与儒家思想“暗合”的白璧德的人文主义的古典文论。

梁实秋文学话语成长于与现代新儒家学人群联系最密切的清华学校，学生时代即是五四新文化场和文学场中的另类，被视为有学衡派的嫌疑。但他与学衡派的不同在于，他承认五四新文化和新文学的基本价值，即质疑传统、学习西方，以及提倡白话文。在美国求学期间，白璧德对孔子和儒家思想的推崇，使梁实秋从模糊的东方文化立场聚焦到了儒家学说。白璧德的人文主义虽然在美国被视为保守主义，但其实质却是一种以人之律对抗物质之律的现代性话语。梁实秋发现白璧德的话语与儒家思想暗合，于是在现代性→白璧德人文主义→孔子（或儒教）这样一种思维链条上，以儒家伦理学说为体，以白璧德人文主义的文论——古典主义文论为用，开始建构中体西用的有中国特色的文学话语。科玄论战中，新儒学文化派提倡玄学义理反对科学，这种守护意义追求价值的立场被视为现代新儒学的主要思想特征。而梁实秋的文学批评话语同样极力强调价值的意义，张扬道德理性，视文学研究中的唯物论、进化论等科学方法为科玄之争在文学领域的延伸，形成了一种典型的义理式的文学批评。这种文学批评的理论基础是人性论，主要强调人性的善恶二元论，强调以理制情的道德意义，强调人性的普遍性和永久性，强调人生三境界说，这些都是中国儒学尤其是宋明理学的题中之意。因此他与现代新儒家一样用道德理性与五四以来的新文化运动辩难，批评五四新文学的情感放纵，主张建设以理制情的文学的纪律。以人本主义的人性论批判马克思主义的唯物论，在抽象与一般、本质与现象的范畴内与左翼论战，表现出价值理性与工具理性的对峙，以及文学贵族（高雅）性和大众化的对立。在建构文学批评体系的过程中，梁实秋认为文学批评应该与伦理学相关联，也就是进乎道，反对将美学运用到文学领域，因为在他看来美学就是形式美学，不能实现价值意义，遂挑起了30年代著名的美学论争。以周扬为代表的左翼提出了“新美学”的观念，与梁实秋在关注现实和人生的问题上产生了共鸣。30年代末，梁实秋放弃了文学批评开始了雅舍小品的散文创作，其人生艺术化的审美品格和雅健的文质观使雅舍散文成为40年代中国具有传统儒学风味的散文奇葩。而放弃文学批评的原因则是他所说的“没有文学便无所谓批评”，于是在基本否定五四以来的新文学的前提下，开始了实践自己文学理念的创作。

梁实秋与鲁迅的论争是20世纪中国文坛经典学案。在吵嚷不休的文学话语背后，暗含着文化立场的重大差异。1927年之后的鲁迅，从“绅士阶级的逆子贰臣”进到了无产阶级阵营，从进化论转变到了阶级论立场，这一“转变”是自翻译马克思主义文艺理论著作开始的。被鲁迅视为“洋绅士”和“正人君子”的梁实秋，对鲁迅的批评即从此时开始。他将自己与鲁迅之间的纠葛归因于鲁迅的“转变”和自己的“不知‘转变’”。在当时的中国，在人生观价值观领域，马克思主义的唯物论思想正逐步取代儒家思想，而对阶级性和人性的看法问题，标示着这两种不同的文化立场。因此“硬译”问题只是表象，论争的真正原因是译了什么，以及翻译背后的文化立场问题。在阶级论“非此即彼”的二元对立叙事话语中，鲁迅在无产阶级的意识形态中被尊为最伟大的“战士”和“革命主将”，“鲁迅批评过的梁实秋”则被毛泽东定为“资产阶级的反动文人”。在鲁迅的光环之下，梁实秋的人性话语经历了惨淡的命运，先是在新中国成立后的教科书中被看做资产阶级的“鬼魅”，继而又在80年代后的新儒学文化潮兴起的语境中，在将鲁迅与儒学思想对立冲突的叙事框架中，被描述为以儒家道德观念抨击鲁迅的代表人物之一。对20世纪的中国而言，最深刻的变化就是马克思主义唯物论的中国取代了儒家人性论思想的中国，这种变化是20世纪文化观念中触及世人灵魂的最深最广的革命，对鲁迅和梁实秋来说，他们最根本的分歧就在这里，并形成了“战士”和“绅士”文化人格的差异。

梁实秋的文化身份是一个有待重新评定的问题。他与新月派、胡适学人群、自由主义西化派之间的关系并非如此前研究界所描述的那般亲密，他与张君劢与国社党的关系，与《新路》、《再生》等杂志的关系一直失落在此前研究者们视野之外。梁实秋是国家社会党的重要代表，这是他与共产党不相容的一个重要原因。但并不能因此而认为他反动，他是从早年的传统文化立场，走向国家主义团体大江会，是民族自救立场使他与以共产国际为背景的共产主义者始终不能相容。国家社会党是有着浓厚的新儒学文化色彩的党派，梁实秋是该党的核心成员，抗战期间与张君劢一起代表国社党出席国民参政会时，与共产党参政员发生激烈冲突。在这些政治背景下，“抗战无关论”是一个无法作纯粹学理分析的学案，论战中的对手们本来就不是站在学理立场上批判他。在共产党意识形态中，梁实秋一直是一个反动的资产阶级人性论者。其实他是一个儒家人本主义人性论者，强调善恶问题取决于个体内部的自我调适，而不是人与人之间的斗争，这是一切新儒学文化派反对革命和阶级斗争的重要原因。梁实秋也因此在马克思主义唯物论语境中，屡次陷入论争，并在新中国成立后的“反修正主义”、“人性、人情”问题讨论、“批林批孔”等运动中，屡屡被批评者们提及，认为这是梁实秋“人性论”思想在新中国“阴魂”不散。与在大陆的境况不同，赴台之后的梁实秋被称为现代孔夫子，因为他与国民党之间的冲突主要在政治观念方面，国民党的文化信仰是孔孟哲学，尽管这种官方儒学与梁实秋的儒学文化立场并不完全相同，但毕竟属同一思想体系，所以梁实秋赴台湾后放弃政论专心书斋，其文学主张文化主张与官方文化大致合拍。

当代的一些研究者也注意到了梁实秋的文学话语与儒家文化的联系，罗钢先生的《梁实秋与新人文主义》是具有里程碑意义的研究文章，作为作者的博士学位论文《历史汇流中的抉择——中国现代文艺思想家与西方文艺理论》中的一部分，他全面而深刻地阐释了白璧德的思想与儒家思想的同构关系，指出梁实秋是“力图用西方古典主义思想与传统思想对接，进一步强化和补充传统”。他把梁实秋放在20世纪初东西方文化论战的背景上，从一个现代知识分子的文化选择上，批评梁实秋是在传统儒家思想的基础上，“穿上一件现代（尤其是西方的）衣衫，重新招摇过市，这恐怕也就是梁实秋文艺思想的真实性质长期不能为人们所认识的原因吧”！遗憾的是作者的这一卓见被阶级论的视野遮蔽了，以至于对梁实秋形成了这样一个评价：“他新人文主义文学观念的鼓吹，他对五四新文学运动的批判，都无一不代表着从近代开始的封建与反封建的思想斗争以一种新的形式在现代的延伸和继续。”① 马俊山先生在《走出现代文学的“神话”》一书中，则明确指出“梁实秋企图复兴的是儒家正统的文学观念”。② 这两种观点，前一种仍未脱

① 罗钢《梁实秋与新人文主义》，《文学评论》1988年第2期。

② 马俊山《走出现代文学的“神话”》，中国社会科学出版社2002年版，第110页。

二元对立的批评模式，把与新文学阵营对立的梁实秋看做是应当批判的封建思想的新形式，后者则失之于笼统，“复兴”一词，难以准确界定梁实秋文学话语的形质，因为梁实秋根本就不承认儒家有合理的文学观念。梁实秋的文学话语所要建构的是，以儒家伦理学说为本，借鉴西方的批评学说重新打造与儒家文化相契合的文学理论体系。而这一点也正是徐静波先生的《梁实秋——传统的复归》一书所难以阐释的。他虽然对梁实秋文学话语中的儒家思想给予了充分关注，但缺憾在于作者只是就梁实秋的话语内容做出了与传统文化的静态比照和对应，而不是在动态的文化选择、文学建构、对话互动的历史情景中，充分解释梁实秋在五四新文学中屡屡碰撞的原因。“封建”思想、儒家文学观念的“复兴”、“传统的复归”都难以为梁实秋在 20 世纪的文化发展中确定一个准确的坐标。

第一章　新文学的另一种选择

一、挑战新文学场的权威法则

五四新文学在开场的时候，虽然声势夺人，但并非在开场就一统江山，而是处于与各种力量抗衡的状态中。陈独秀在《文学革命论》中打出文学革命三大主义的口号：

> 曰，推倒雕琢的、阿谀的贵族文学，建设平易的、抒情的国民文学；曰，推倒陈腐的、铺张的古典文学，建设新鲜的、立诚的写实文学；曰，推倒迂晦的、艰涩的山林文学，建设明了的、通俗的社会文学。①

这一稍嫌笼统的文学革命主张，把传统文学从内容到形式到审美趣味都推上了审判台。胡适则明确倡导："新文学的语言是白话的，新文学的文体是自由的，是不拘格律的。"② 再加上周作人《平民的文学》、《人的文学》主张的呼应，以及茅盾"进化的文学"的主张，遂使得五四新文学从形式到内容都呈现出走向民间和大众化的趋势。而且，五四新文学在为文坛

① 陈独秀《陈独秀文章选编》上册，生活·读书·新知三联书店 1984 年版，第 172 页。

② 赵家璧主编《中国新文学大系·第一集》，上海良友图书公司 1935 年版，第 295 页。

生存权而战的过程中，对旧文学阵营和各方反对者的态度是非常决绝的，一如陈独秀在《答胡适之》一文中宣称的那样："……必不容反对者有讨论之余地，必以吾辈所主张者为绝对之是，而不容他人之匡正也。"[①] 梁实秋的文学话语诞生在新文化运动的时代语境中，但他进入这个新的文学场的合法性却在进入之初就遭到了质疑。新文学在蹒跚起步的时候，是以战备状态面对文坛的，梁实秋曾以"顺之者昌，逆之者亡"来形容戒备森严的新文学场。但作为清华留美学子的优越感，使他不可能俯首臣服。他放弃了诗人的梦想而转事文学批评，这种最具话语战斗力的挑战新文学场规则的文字使他与新文学场有了第一次冲突。

梁实秋的文字最初进入公共视野是在 1919 年，这个时间点在 20 世纪的中国文化史上有着丰富的意味，从这个时间点产生直至现在，在经过了近一百年的不断阐释之后，它的意义已经远超过了它自身，而被不断追加成一个文化神话，剥离神话还原其本质是非常难的，但我们可以确知的是，在这一年，一个迥异于传统文学体制的新的"文学场"（literary field）已经初步形成。所谓文学场"就是一个遵循自身的运行和变化规律的空间"，文学场的内部结构，"就是个体或集团占据的位置之间的客观关系结构，这些个体或集团处于为合法性而竞争的形式下"[②]。在布尔迪厄的理论中，行动者、资本、位置、生存心态、权力、斗争等元素，是构成他理论的关键词，文学场

---

① 陈独秀《陈独秀文章选编》上册，生活·读书·新知三联书店 1984 年版，第 208 页。

② ［法］皮埃尔·布尔迪厄著，刘晖译《艺术的法则——文学场的生成和结构》，中央编译出版社 2001 年版，第 262 页。

是一个动态的关系结构，其内部没有卓然独立的事物，一切都处于相互关系之中，文学行动首先是个人或者群体的利益驱动下的行为，由此文学场则成为一个“诸多力量较量之场所”(the field of forces)，一个“充满了斗争的场所”(the field of struggle)。每一个行动者为在文学场中“占位（position taking)”而采取各种文学行动，并在这些行动中积累起自己的文化资本（cultural capital)，行动者的“生存心态”，也可以说是行动者的性情系统，也构成了行动者的动力系统，与行动者在文学场中的位置感形成一种互动的关系。而作为一个动态的关系结构的文学场，其最大的特点就是其不断变动的“可能性”，也就是说它的结构是处于不断变动中的，行动者文化资本的积累，可以改换其内部的强弱形势的对比。

循此概念，我们发现，在1919年初步形成的新“文学场”，是一个充满很多可能性的文学场，作家、理论家、作品、派别都是一种全新的组合，很多名不见经传的人“暴得大名”，跃居“文学场”的重要位置。这一现象对很多有文学理想的人来说，蕴含着重大的机遇也留有大片未被开垦的处女地，他们或者希望能志同道合地被整合进去，或者希望划出自己的势力范围，打出自己的江山，而更有抱负的人，会希望在这一“文学场”尚未稳固的情况下，把自己的文学旗帜插上盟主的位置。总之，这是意味着寻找自己的位置或争夺话语权的重要时刻。

1. 诗是贵族的

1921年，一个普遍的全国的文学活动开始到来。这一年，梁实秋开始了新诗创作，他的《荷花池畔》、《没留神》、《一瞬间的思潮》、《蝉》等先后在《晨报》副刊上发表。出于对新诗的共同爱好，梁实秋与在《清华周刊》上发表新诗的学兄闻一多相识。闻一多的国学根底非常深厚，他追求诗的艺术美，注意新诗的形式打造等都给梁实秋以重大影响，他一度视闻一多为“文艺上的老大哥”，认识闻一多之后发表的二十几首诗，在当时的诗坛上堪称佳作。梁实秋曾这样界定他们的诗歌主张：

> 我和闻一多都是把诗当艺术看，着重的是诗的内涵，与胡适先生所倡导的“工具革命”已经是两回事了。①

在1922年，新诗还处于草创期，诗歌创作的原则延续着胡适《谈新诗》的主张：

> 新文学的语言是白话的，新文学的文体是自由的，是不拘格律的。……新诗除了“诗体的解放”一项外，别无他种特别的做法。②

而当时的文坛法则或者说是文学批评标准，正如胡适所说：

> 简单地说来，我们的中心理论只有两个：一个是我们要建立一种“活的文学”，一个是我们要建立一种“人的文学”。前一个理论是文字工具的革新，后一种是文学内容的革新。中国新文学运动的一切理论都可以包括在这两个中心思想里面。③

---

① 梁实秋《〈论文学〉序》，《梁实秋文集》第7卷，第732页。

② 赵家璧主编《中国新文学大系·第一集》，上海良友图书公司1935年版，第295页。

③ 赵家璧主编《中国新文学大系·第一集》，上海良友图书公司1935年版，第18页。

由此，他把自己提倡的“活的文学”和周作人提倡的“人的文学”视为中国新文学的新传统，也就是当时文学场的法则，而梁实秋此时的文学观念却与这种法则相背。这就意味着在胡适与周作人所创立的文学法则之下，梁实秋很难得到文坛认可，更不必说要领袖文坛了。因此梁实秋诗歌创作之路，在他自己的眼中，是前景渺茫的。

梁实秋在这一年的诗中写道：“我感到恐怖的黑暗，便灭了我手里的纱灯；但是，到海底探珠的人们啊！往黑暗里去求光明的朋友啊！燃着你们的灯光罢！”① 其间透露出来的是放弃诗歌创作的低落情绪。闻一多写于同一时间的诗歌评论文章《冬夜评论》中，则称梁实秋为“豹隐”的诗人。闻一多对梁实秋的诗歌评价是非常高的，他称梁实秋为“红荷之神”，说：“实秋的作品于其种类中令我甘拜下风——我国现在新诗人无一人不当甘拜下风。”② 但他们创作的诗歌并没有为他们打开一条道路，因为他们两人的诗歌追求很难纳入当时新诗的创作轨道。在这种情境中，梁实秋很策略地放弃了诗歌创作的努力。虽然闻一多在美国一再呼唤：“莲蕊间酣睡着的恋人啊！不要灭了你的纱灯”，③ 梁实秋还是告诉他：“我是人间逼迫走的逃囚”，但他提出愿意“扇着诗人底火”，④ 也就是要“豹隐”，并转而走文学批评的路子。这也是为什么梁实秋始终没有把他的诗集《荷花池畔》与闻一多的诗集《红烛》一起出版的原因，既然知道不能在当时的诗坛中得到喝彩，他开始致力

① 梁实秋《送一多游美》，《梁实秋文集》第6卷，第18页。
② 闻一多《闻一多全集》第12卷，湖北人民出版社1993年版，第78页。
③ 闻一多《闻一多全集》第12卷，湖北人民出版社1993年版，第71页。
④ 梁实秋《答一多》，《梁实秋文集》第6卷，第28～29页。

于诗歌批评，致力于将自己的主张先打上诗坛。

1922年5月27日至29日，梁实秋的《读〈诗底进化的还原论〉》在《晨报副刊》上发表，这一篇文章充满了对当时文坛进行理论清算的味道，同时也树起了自己的旗帜。梁实秋在文章中旗鼓相当地提出了自己的观点："……诗是贵族的，决不能令人人了解，人人感动，更不能人人会写"，而且"诗是贵族的，要排斥那些丑的"。他所批评的是当时的诗人在诗中使用革命、军警弹压处、电灯、厕所、小便等"丑"的词语的现象。这篇论文与其说是对俞平伯诗论的批评，不如说是梁实秋对文坛的自我宣言，文中很少对俞文作针对性的批评，多是自抒己见，俞文只不过是文章的引子。周作人随后在6月2日的《晨报副刊》上发表了《丑的字句》，对梁实秋的观点作了反驳，认为梁实秋有"学衡派"的保守嫌疑，两人互有几篇文章发表，在《晨报》上也算掀起了一场小小的风波。

梁实秋在批评周作人的同时也对胡适加以批判：

> ……自白话入诗以来，诗人大半走错了路，只顾白话之为白话，遂忘了诗之所以为诗。收入了白话，放走了诗魂。尤有甚者，即是因为受了各种新思潮的影响，遂不惜把诗用做宣传主义的工具。胡适之等把奋斗、革命、手枪、炸弹、努力，作了诗的原料……诗真可以算是命途多舛了！才从脂粉堆里爬出来，又要到打铁抬轿的手里去了！诗人也真不幸啊！诗人也要服从"到民间去"的命令吗？艺术是为艺术的，诗是为诗的。平民的诗，我们应当引入诗国，以备一格；作家的诗，我们应该格外的敬礼，禁止摧残。

在梁实秋的文学话语中，"诗是贵族的"中的"贵族"，并不是阶级意义上的“贵族”，它是与大众化和通俗化相对立的一个意义范畴，意味着对诗歌“艺术”性的追求，与诗是“艺术”的意义相同。

这样一篇横扫文坛的批评文字，是梁实秋在清华八年的学生时代发表的第一篇规范的文学批评，逻辑上有破有立，旗帜鲜明，初步显示了他文学批评家的素质。这一次牛刀小试对梁实秋应该是产生了一定的影响，与周作人的直接“对话”，使他对文学批评的兴趣远超过了文学创作。在 20 年代初的文学场中，存在着一个不合学理的现象，那就是文学批评、文学理论引导文学创作，而不是从创作的积累和探索中提升出文学理论。这就使文学批评相对于创作而言更有指点江山的强势，在当时更容易获得声誉和影响力。就拿这一篇评论引发的与周作人关于“丑的字句”的论争来说，虽然周作人在文坛上的文化资本要比梁实秋大得多，甚至两人之间没有可比性，但梁实秋的观点在当时的文学场中还是产生了影响，商务印书馆主人在排印徐玉诺的新诗集时，非坚持将“小便”一类字句删去不可。

1922 年 3 月，俞平伯的《冬夜》和康白情的《草儿》诗集出版，闻一多立刻在 5 月作了《冬夜评论》投给《晨报》副刊，已经发表过鲁迅的《阿 Q 正传》、周作人的《美文》、冰心的《繁星》和《春水》的《晨报》副刊，无名之辈很难跻身其间，这篇评论投去后如石沉大海。已经在诗歌创作和研究上形成了自己的立场的梁实秋，在闻一多作了《冬夜评论》之后，于 1922 年 8 月，作了《草儿评论》一文，文中他说：“现在几乎没有一种报纸、杂志，不有几首新诗，而又几无一首是诗，其鄙陋较之《草儿》更变本加厉了；若一一引而评之，势有未能，所以溯本探源，把始作俑的《草儿》来评一过，实在又是擒贼擒王的最经济的方法了。”① 在这段话中，身为新诗创作者的梁实秋不仅是对《草儿》这一部诗集，而且对整个诗坛进行了批评，新诗“几无一首是诗”的断语后面凸显的是他确立自己的话语地位的努力。

在《〈草儿〉评论》中，梁实秋以“重新估定价值”，“领导艺术鉴赏家上正当的轨道”为旨归，提出了自己新诗创作的原则：第一强调诗是“以情感为中心”，但“人们的情感，不是全可以入诗的，要经过一番滤清的手续。这滤清的标准是以艺术的美为极则，而不是什么判定善恶的道德说所能上下左右的”；第二是要求写景诗应使用“图画化”手法；第三是要求诗里应该表现出“音乐美”；第四是要求诗必须讲求“形式的美”；第五是要求“诗人不满足于物质世界，所以诗人的思想应该是超于现实的”，也就是说要求诗人借助想象超脱于现实之上。这几条原则与胡适所开创的诗风迥然不同，而另创了优雅艺术的白话诗格。并且，我们可以看出梁实秋的这篇文章堪称为现代格律诗开了理论上的先河。在梁实秋发表这篇文章之前，虽然闻一多也对新诗的节奏、音节问题进行了研究，但却没有打造出如此系统的有概括性的新诗理论。奠定闻一多诗坛地位的《诗的格律》一文，发表于 1926 年 5 月 13 日《晨报副刊》的《诗镌》7 号，他提出了新诗“音乐的美”、“绘画的美”、“建筑的美”的三美主张，但比较之下我们会发现，梁实秋在新诗理论上的建设性贡献要早于闻一多。

但他和闻一多倾力打造的这两篇头角峥嵘、别立新宗的评

---

① 梁实秋《草儿评论》，《梁实秋文集》第 1 卷，第 5 页。

论，写出来之后却无处发表，毕竟在当时的诗坛法则中，他们俩的主张显然是另类的声音。最让他们痛心疾首的是，这一年的9月3日和10月1日，胡适在自己主编的《努力周报·读书杂志》上连续发表了《评新诗集（一）康白情的〈草儿〉》和《评新诗集（二）俞平伯的〈冬夜〉》，这两篇在闻、梁两人之后写出的新诗批评，却先于两人公开发表，怎能不让正蓄势待发的闻、梁两人焦虑。梁实秋把这些情况告知已在美国的闻一多后，闻一多在信中说：

> 最要紧我们在这一年中，可以先多作批评讨论的零星论文，以制造容纳我们的作品底空气。……感谢实秋报告我中国诗坛底现况。我看了那，几乎气得话都说不出。“始作俑者”的胡先生啊！你在创作界作俑还没有作够吗？又要在批评界作俑？唉！左道日昌，吾曹没有立足之地了！①

由于梁实秋在这一时期的书信已经遗失，我们只能根据闻一多的信对他的当时的思想做出推断，他们的行动极富策略，先要以零星的论文冲击文坛，制造一种能容纳他们的作品的空气，让人们注意并接受他们的倾向，为他们话语的现身“造势”。

在这两个长篇诗评无望在报刊上发表的情况下，最后是由梁实秋的父亲出资，于1922年11月，以《冬夜草儿评论》为题作单行本付印。这本诗评是中国现代文学史上最早的新诗评论集，因为两人的观点极其相近，所以形成了相对系统的新诗理论，成为后来的格律诗论的理论基石。这本书作为清华文学

---

①《闻一多全集》第12卷，湖北人民出版社1993年版，第97页。

社丛书第一种，书前的序言是两人互相为对方做介绍，闻一多在信中说："我想想我们很可怜，竟找不到一位有身价的人物替我们讲几句话，只好自己互相介绍了。但是我们的主张在现代的诗坛里恐怕只有我们自己懂得吧。"但这种孤独的文坛另类的感觉并没有挫败梁实秋的锐气，他仍然积极探讨"诗的音韵"问题，致力于"创造出新诗的新音韵"。①

1923年，梁实秋选择了文学批评专业赴美留学，这一选择无疑是一个大胆的举动，清末民初以来的中国留学生择业的动向大多是富国安邦，因此电光声化等"实业"是最热门的专业方向。而文学是否能够成为一个人安身立命的职业还是一个尚须探讨的问题，清华文学社曾经就"文学与人生"以及"文学是否可以做为一生的职业"等问题做过专题讨论。毕竟从事文学事业所必需的公共媒体和大学等还都处于刚刚起步的时期，当时的新文学阵营中，文学专业出身的人更是凤毛麟角。在有关20世纪初留学生的研究成果中，我们可以看到，专业化程度较高的是留欧美学生群，一方面是因为欧美等国本身就代表了当时世界文化的进步水平，这为留学生提供了一个有高度的平台；一方面是因为赴欧美，尤其是以清华学校为主体的赴美学生群在国内就接受了比较完备的基础教育，赴美后所选择的哈佛、哥伦比亚等大学是西方公认的最高学府，他们留学的过程中能够迅速融入并吸收西方文化，获得一个相对比较高的学术起点。因此可以说，在20世纪初的留学生群体中，留美学生是当之无愧的精英群体。② 而在这个精英群体中，以文

① 梁实秋《诗的音韵》，《梁实秋文集》第6卷，第200页。

② 参阅郑春《留学背景与中国现代文学》，山东教育出版社2002年版。

学为专业的更是少之又少。在清华学校历年毕业生专业统计表中我们可以看到，自1909年至1930年，清华学校毕业赴美的学生中，以“文科”为业的总共有61人，占全部赴美总人数的4.8%，这个所谓“文科”包括“文学与语言”、“普通文科”、“戏剧”和“美术音乐”，其中以“文学与语言”为业的只有19人。梁实秋是1923年从清华学校毕业，到这一年，清华赴美学生中选择“文学与语言”的只有3人，梁实秋这一届的毕业生是六七十人，其中选择“文学与语言”的只有2人，他就是其中一个。在当时大多数人心目中，文学革命虽然使文学获得了前所未有的独立自由，但是它还是常常被视为一种余业，是专业之外的涉猎，就连非常喜爱文学的闻一多也是以“美术”专业赴美求学，而后审时度势才决定要致力于文学一途。而且，在当时，新的文学观念尚未真正形成，它仍然不脱传统的“文章之学”的范畴，与西方的文学观念尚未形成真正的对话。五四时期的知识分子从传统中来，基本上都有传统文化的底蕴，“文章之学”是他们学养的一部分，几乎无人不能谈文章之道术。这就产生了一个非常独特的现象，那就是新文学是由一大批文学专业之外的知识分子发起和创造的。正如梁实秋在后来学成归国之初，所做的盘点文坛的《北京文艺界之分门别户》中所言：“胡先生先是学农的，后改习哲学，成为一个实验主义者，对于文学研究并无专攻，至于创作的天才亦甚有限。”周作人作为文坛老前辈，“也并非是专治文学的”，“鲁迅先生的杂感作品的确是很精彩。但是没有大规模的文学上的努力”。① 由此可见，梁实秋的选择虽然是非常大胆的，

① 梁实秋《北京文艺界之分门别户》，《梁实秋文集》第6卷，第352～353页。

但这一专业选择上的冷门与国内百废待举的文坛现状之间的巨大反差（虽然新文学已经有了一定的成绩，但规范性的建制尚未形成，一切仍处于运筹之中），给人以广阔天地大有作为的豪情。在知识分子们纷纷向西方求取“真经”的时代语境中，梁实秋无疑是怀着要为中国文坛求取“真经”的理想赴美的。

在美国，梁实秋与闻一多仍联系密切，他们共同组建的中华戏剧改进社要创办刊物，闻一多写信征求梁实秋的意见，他说：

> 关于杂志尚有数事当注意：一，非我辈接近之人物如鲁迅，周作人，赵元任，陈西滢或至郭沫若，徐志摩，冰心诸人宜否约其投稿。我甚不愿头数期参入此辈之大名，仿佛我们要借他们的光似的。……五，要打出招牌，非挑衅不可。故你的“批评之批评”一文非作不可。用意在将国内之文艺批评一笔抹煞而代以正当之观念与标准，上沅又将作五年来之中国新剧，本意亦在出人以下马威也。要一鸣惊人则当挑战，否则包罗各派人物亦足哄动一时。此问题与问题一乃是争点之正面与反面，孰舍孰从，请示知。①

所谓“争点之正面与反面”，是闻一多与梁实秋筹划的两种文学行动策略，要么通过约稿的形式，实现与当时文坛的融合，从正面途径进入文坛；要么是揭竿而起，以“挑衅”的“批评之批评”的方法，将“将国内之文艺批评一笔抹煞而代之以正当之观念与标准”，梁实秋的回信我们无处可查，但从他以后的行动我们可以知道他取的是后者，即要以自己的文学

① 《闻一多致实秋》，《闻一多全集》第12卷，第215页。

批评刷新文坛，重塑另一种新文学景观。

2. 早期的“唯美主义”主张辨析

我们知道，在新诗的园地里，胡适的《尝试集》功在开风气之先，具有深厚古典文学素养的郭沫若创作的《女神》才堪称白话新诗的奠基之作。他改变了新诗直白无诗味的状况，要求新诗“超越写实”、“发挥想象”、“强调内律”，从而使白话新诗进入了艺术性探索的阶段。[①] 但郭沫若等创造社成员在进军新文学场时，所遭遇的状况与梁实秋极为类似，在他们的《创造季刊》出版预告中，有这样一段话：“自新文化运动发生以后，我国新文艺为一二偶像所垄断，以致艺术的新兴气运，澌灭将尽。创造社同人奋然兴起打破社会因袭，主张艺术独立，愿与天下之无名作家，共兴起而创造中国未来之国民文学。”[②] 这样的呼声对于有着相似的艺术立场，同样身处劣势的梁实秋、闻一多来说很容易出现“同声相求”的情况。

在1922年5月，《读〈诗底进化的还原论〉》一文发表于《晨报副刊》时，郭沫若的《女神》已经出版了半年，梁实秋与闻一多对这些诗集都进行了研究，梁实秋在文章中虽然没有对《女神》作直接的肯定，却时常引用《女神》中的诗来佐证自己的批评，对《女神》的褒扬可见一斑。也正由于这一文学因缘，他和闻一多与创造社诸成员建立了友谊。1922年7月，郭沫若和郁达夫相继从日本回上海，负责编辑创办于5月份的

---

① 冯光廉主编《中国近百年文学体式流变史》上册，人民文学出版社1999年版，第369页。

② 郁达夫《郁达夫文集》第12卷，花城出版社1984年版，第230页。

《创造季刊》，梁实秋送母亲回杭州时路过上海，与郭、郁二人初次相识，从此梁实秋和闻一多都有诗文在《创造周报》上发表。但这并不意味着梁实秋、闻一多与创造社的文学主张完全投合。1922 年 8 月，梁实秋和吴景超筹办了一个文艺月刊《红荷》，闻一多在 1922 年 9 月《致梁实秋、吴景超》信中说：

我的宗旨不仅与国内文坛交换意见，径直要领袖一种之文学潮流或派别。请申其说。我们皆知我们对于文学批评的意见颇有独立价值；若有专一之出版物以发表之，则易受群众之注意——收效速而且普遍。例如我之《评冬夜》因与一般之意见多所出入，遂感依归无所之苦。《小说月报》与《诗》必不欢迎也；《创造》颇有希望，但迩来复读《三叶集》，而知郭沫若与吾人之眼光终有分别，谓彼为主张极端唯美论者终不妥也。吾人若自有机关以供发表，则困难解决矣。吾冀实秋之新著《草儿评论》定有同情之感。又吾人的创作亦有特别色彩。寄人篱下，朝秦暮楚，则此种色彩定归湮没。色彩即作者个性之表现，此而不存，作品之价值何在？再者批评的论文与创作并列则有 concentration，concentration 者事半功倍之途也。①

被梁实秋、吴景超等人称“文艺上的老大哥”的闻一多，对于如何进军文坛确实极富策略，他对出版物的强调，对坚持个性的强调，对“特别色彩”的坚持，对批评性论文的看重，可以说是都准确地把握住了文学场动作的关键，他的建议无疑给了梁实秋很重要的指导作用，尤其是对他引为知己的梁实秋的影响是非常大的，梁实秋这一时期的文学行动和策略中都有

① 闻一多《致梁实秋、吴景超》，《闻一多全集》第 12 卷，第 81 页。

闻一多的影子。

《冬夜草儿评论》出版之后，还在日本的郭沫若给梁实秋写信说："如在沉黑的夜里得见两颗明星，如在蒸热的炎天得饮两杯清水……在海外得读两君评论，如逃荒者得闻人足音之跫然。"① 但从闻一多给梁实秋的信中我们可以看出，这一部诗评的写作并不全是基于纯粹的文学观念，其中有着明确的话语策略，它的行文中有和预想敌人的交锋，也有和预想朋友的沟通。信中闻一多说：

> 今早又接到你十一月廿五日一信并《努力》之评论。实秋，我们所料得的反对同我们所料得的同情都实现了。我们应该满意了。郭沫若来函之消息使我喜如发狂。我们素日赞扬此人不遗余力，于今竟证实了他确是与我们同调者。……文学社出版计划取消也好。我们从此可以随时送点东西给《创造》也不错。……因为我们若要抵抗横流，非同别人协力不可。现在可以同我们协力的当然只有《创造》诸人了。②

这种为冲击新文学场、抵抗横流而与创造社联手的策略，使梁实秋与创造社关系的形成混杂了很多艺术之外的因素。但这种联手给了梁实秋很大的信心，这一时期的他可谓踌躇满志，闻一多在美国"运筹帷幄"（此时闻一多已赴美），他则决胜于万里之外。他在《清华周刊》上发表了《对清华文学的建议》，引了元遗山的两行诗：纵横自有凌云笔，俯仰随人亦可怜。言辞间，颇有当仁不让的争锋气象。当时新文学运动的主

---

① 余光中编《秋之颂》，九歌出版社 1988 年版，第 515 页。

② 闻一多《致梁实秋》，《闻一多全集》第 12 卷，第 128 页。

阵地是胡适、陈独秀所在的北京大学，因此“这时期是‘北大派’独霸文坛的时期，顺之者昌，逆之者亡”。① 梁实秋则针锋相对地为清华学校争夺合法权，而他与闻一多作为清华文学社的主将，正是清华学校文学观念的代言人。梁实秋说：

> 清华的历史，虽只有十一年，但是很充实；清华的学生，虽前后只有千人，但大半是优秀分子。那么清华在文学上也似乎该有她的特殊的主张；然而事实恰像是相反。清华果真是落伍者吗？不是。《清华学报》高谈易卜生、塔果尔的时候，远在什么《新潮》诞生以前。在一般混沌的时候，清华做她的领袖事业，在一般狂飙突进的时候，清华退隐潜韬，做她的自修的工夫和监督的责任——这是清华在文化运动里光荣的历史。假如清华现在对于文化运动有高超的主张和伟大的贡献，便无异于历史上添得一新纪元。清华文学的修养，深藏蕴酿，将似火山之爆裂，一发而石破天惊，将似急湍洪流，一泄而万里汪洋。据我臆测，清华将要诞生的骄子，将要贡献的牢飨，将要树植的大纛，就是文学的唯美主义、艺术的纯艺术主义。这并不是妄想，由事实证明可知是极自然的可能的。……假如我的推测是不错的，我们不久就要看见这个灿烂的旗帜，开始在中国文坛上飘扬掩映。我们欢呼吧！我们欢呼吧！②

如布尔迪厄发现的那样，争夺文学场合法性的斗争，常常表现为定义的符号斗争，在具体策略上常常是通过诸如标举什么主义这样的实践上的分类工具来制造差异，并由此获得远离

---

① 梁实秋《北京文艺界之分门别户》，《梁实秋文集》第 6 卷，第 353 页。

② 梁实秋《梁实秋文集》第 6 卷，第 196 页。

文学场现有位置的新的位置。在这一时期流行于文坛的是文学研究会的“为人生”的艺术和“平民的艺术”，新文学带有鲜明的功利色彩。梁实秋和闻一多则张起“艺术的纯艺术主义”的大旗，与创造社互相呼应，要为文学书写“新纪元”。“纯艺术主义”主张是对文学场最有冲击力的主张，因为为文学场建立权威性普遍性法则的人，都要通过证明自己的观点是最合于文学自身规律进而以维护文学“真理”的面目统摄文坛，而在所有的主张中，“纯艺术主义”的主张无疑是体现了对文学自身的最大限度的维护，比其他主张更有文学“真理”的意味。闻一多曾把胡适和周作人的理论统摄下的文坛，称为“左道日昌”，其间透露出他和梁实秋才是文学“真理”的真正维护者的自信。不仅如此，在梁实秋的文章中充满了为清华在文学运动中“正名”的努力，他要修正清华在文学运动中落伍的形象，强调其“先锋”性。梁实秋的自信也不是狂妄。他和闻一多对诗歌的探讨也确实是比胡适等人较早地从诗体解放的层面转入艺术性追求。在《诗的音韵》中，他提出要“创造出新诗的新音韵……我相信新诗的音韵问题，诚有待于几个真正的先锋诗人去解决他”。所谓“真正的先锋诗人”，是他自认为他与闻一多等人更能逼近诗的本质。这里，梁实秋与闻一多携手为新诗另辟路径的意识是非常鲜明的。

二、“学衡派的嫌疑”

1. 中西化合基础上的东方文化立场

梁实秋在评俞平伯的诗论文章中，因为强烈反对将“丑的字句”写进诗中，而与周作人发生了一场小的争论。在《丑的字句》一文中，周作人指出梁实秋这种“雅手而俗口”的规则与学衡派的主张相似。梁实秋则在回应文章中言明：

> 我很晓得我所说的话是犯着“学衡派”的嫌疑——在仲密先生促我注意以前。但是《学衡》所提倡的“国粹”与仲密先生所认为诗里可用的“小便”，我是都不敢赞同的。……我反对《学衡》的主张与态度，但是我愿提倡静的美的诗的东方文化；我不同意仲密先生的见解与论调，但是我愿把旧诗的格律范围扩充。①

1922年9月28日，周作人以仲密的笔名在《晨报副刊》上发表了《复古的反动》一文，指出“现在复古的反动可以分作两路，一是道德的，一是文学的”。在这句话里显然包含了对梁实秋文学立场的批判。

在轰轰烈烈的新文化运动中，梁实秋已经显示出了自己独特的眼光，在胡适和鲁迅估定《学衡》为新文化的反动派的声浪中，梁实秋却甘犯学衡派的嫌疑，在《清华八年》的回忆中，他说当时“对于南京一派比较守旧的思潮，我也有一点同情，并不想把他们一笔抹煞”②。在这一时期，梁实秋就读过《学衡》上有关欧文·白璧德的文章，虽然因为“里面满纸文言，使人不敢进一步探讨其内容”，结果只能“望而却步”。③但梁实秋与学衡派以及白璧德的因缘却在这时已经形成了。

1922年8月，汪静之的新诗集《蕙的风》出版。汪静之是胡适的同乡，胡适亲自为诗集作序，并联系了以出版胡适著

---

① 梁实秋《读仲密先生的〈丑的字句〉》，《梁实秋文集》第6卷，第181页。
② 梁实秋《清华八年》，《梁实秋文集》第3卷，第39页。
③ 梁实秋《关于白璧德先生及其思想》，《梁实秋文集》第1卷，第547页。

作而出名的亚东图书馆为之出版。这些举措无疑提高了诗集的地位和影响力。东南大学学衡群体的外围成员之一学生胡梦华，发表文章批评其中情诗“堕落轻薄”，有“不道德的嫌疑”，引起了周作人、鲁迅、章衣萍等人的反击。章衣萍更是把胡梦华骂作“南京蝙蝠派的文妖”。[①] 这部诗集是以爱情为主题的，梁实秋虽然先前所作的诗也大多是爱情诗，但他对《蕙的风》的反应则与胡梦华非常一致，在《闻一多致梁实秋》的信中，可以看出两人的态度与胡梦华颇有些同仇敌忾，闻一多说：“《蕙底风》只可以挂在‘一师校第二厕所’底墙上给没带草纸的人救急。实秋！便是我也要骂他诲淫。”[②]

1922 年 11 月，在梁实秋与闻一多的《冬夜草儿评论》发表之后，胡梦华发表文章大加褒扬，与此论调相反，北京胡适主办的《努力周报》和上海郑振铎主编的《时事新报》的附刊《文学旬刊》则都有抨击的文章。梁实秋与胡梦华遂由此成为文友。1923 年 4 月，梁实秋去东南大学拜访胡梦华，并有机会听了吴宓讲授的《欧洲文学史》，回到清华学校之后，梁实秋写了《南游杂感》一文，对东南大学的稳健的学风和教授们的博学大加赞扬，尤其钦佩吴宓的学识风范，主张清华学校应该延请这样的教授为学生讲课。吴宓认为清华学校此后于 1924 年底聘吴宓去清华任教即是与此文的影响有关。

作为一个呼吸着五四新文化的空气成长起来的青年学子，梁实秋另类的文学立场是由他的文化立场决定的。在 20 世纪初的东西文化碰撞中，每一个有使命感的知识分子都有自己的

① 章洪熙《不中听的闲话》，《晨报·副镌》1922 年 11 月 21 日。

② 闻一多《致梁实秋》，《闻一多全集》第 12 卷，第 127 页。

文化选择，也就是个人对于中国文化如何实现现代化的思考和抉择。而一种文化立场的形成不是一朝一夕的事，它需要一个长而大的时空背景。对梁实秋而言，这个背景就是他在晚年频频回首的“清华八年”。

清华学校（现清华大学的前身）是塑造梁实秋学养和品格的重要之所。在20世纪初期的中国，校园文化对现代知识分子的文化品格有着举足轻重的影响。如同一个人的成长有童年期一样，清华八年就是梁实秋的学术童年期。它塑造了梁实秋初始期的学术生存心态，这种学术生存心态在他的一生治学历程中，有相对的封闭性和稳定性，如同人类的童年经验在人的一生中的重要影响。布尔迪厄在他的社会学论著中将“生存心态”(habitus)① 描述为一种“持久的预设及原则”，认为它是行动者内心的制动系统，影响着行动者的行为。同时它还是一种“开放的性情倾向系统”，不断随经验而变化，但“初始经验必然是优先的，更为重要”。② 对梁实秋而言，清华八年的教育构成了梁实秋生存心态的基点，它赋予了他中西文化化合基础上眷顾东方文化的文化立场。

清华学校的成立和“清华八年”的教育体制本身暗含着中国与美国之间在留学生培养上的控制与反控制，这一发展过程本身就是一场中西文化的抗衡。美国之所以能同意退赔庚款，完全是出于从精神上征服中国的文化策略：

---

① 大陆翻译界将布氏的这一概念译为“惯习”，台湾学人高宣扬在其著作《当代社会理论》（五南图书出版公司1998年版）中将其译为“生存心态”，他曾就这一概念的翻译问题亲自请教过布氏，布氏肯定了这一词的用法。

② ［法］皮埃尔·布尔迪厄著，李猛、李康译《实践与反思——反思社会学导引》，中央编译出版社2004年版，第179页。

1906年，美国伊里诺大学（University of Illinois）校长詹姆士（Edmund J. James）给美国总统西奥多·罗斯福（Theodore Roosevelt）的《备忘录》中说：“中国正临近一次革命。……哪一个国家能够做到教育这一代青年中国人，哪一个国家就能由于这方面所支付的努力，而在精神和商业的影响上取回最大的收获。如果美国在三十年前已经做到把中国学生的潮流引向这一个国家来，并能使这个潮流继续扩大，那么，我们现在一定能够使用最圆满和巧妙的方式，控制中国的发展——这就是说，使用那从知识上与精神上支配中国的领袖的方式。”他对当时中国大批学生留学日本和欧洲表示十分着急，认为“这就意味着，当这些中国人从欧洲回去后，将要使中国效法欧洲，效法英国，德国，法国，而不效法美国，这就意味着，他们将推荐英国，法国和德国的教师到中国去担任负责的地位，而不是请美国人去。这就意味着，英国，法国和德国的商品要被买去，而不买美国的商品。各种工业上的特权将给予欧洲，而不给予美国”。①

从这段话中，我们可以清楚地看到美国为什么要在退赔庚款的谈判中，以赔款必须完全用来培养赴美留学生为条件。这虽然让当时的外务大臣袁世凯非常恼火，却也只能无条件接受。这样从1909年至1930年（美国退赔庚款付清），在美国的文化战略上，清华的庚款留学生们就是美国对中国实现文化移植的人力资源。

---

① 清华大学校史研究室编《清华大学史料选稿第一卷——清华学校时期（1911—1928）》，清华大学出版社1991年版，第72页。

而洞察美国战略的中国当然也不会坐视不顾。由于国内符合赴美留学条件生源的短缺，以及朝廷对于留学生有可能全盘西化思想激进的忧虑，外务部和学部决定筹措设立一个专门的留美培训学校，在学制的问题上，采用了八年一贯制，这是外务部与学部争议的折衷方案。他们争议的焦点就在于：

> 应选派年幼学生还是成年人？是希望学生全盘接受美式教育呢？还是坚持中体西用原则？1909 年接袁世凯任的外务部尚书梁敦彦，依据自己随容闳留学美国的经验，主张多派幼生直接留美，以便完全接受美式教育，养成现代人才，回国后分送到全国各府厅州县，进行各地之改革，推动中国之现代化。而学部则秉承张之洞的遗旨，主张应派有国学专长的成年人，以免洋化忘本。

这样经双方妥协，采取一个折衷方法，让学生在国内接受长期的养成教育，然后再赴美留学。此外，还要求在美国设立一个“游学生监督处”，就近监督留学生，以免被美国同化。①

由此可见，20 世纪初中国送向美国的大约二十批、总计近两千人的“庚款留学生”，可以说是中美两国官方意志的产物，美国要借他们实现中国的西化，中国则要借他们实现中国的现代化，而由官方制定的教学制度则是这些官方意志的直接体现。

清华校歌中也体现着这种精神：“西山苍苍，东海茫茫，吾校庄严，岿然中央。东西文化，荟萃一堂，大同爰跻，祖国以光。”校歌中所发扬的除了“岿然中央”的精英意识之外，还尤其强调了东西文化化合的治学精神。在《清华中文校歌之

① 苏云峰《从清华学堂到清华大学》，生活·读书·新知三联书店 2001 年版，第 52 页。

真义》中有这样的阐释：

> 与本校最适宜，且今世最亟须之学术，尤莫亟於融合东西之文化。故本校歌即以融合东西文化为所含之“元素”。……此吾人所以不妨一日三复白圭也。①

清华学生且后来成为现代新儒家之一的贺麟则认为：清华校歌“实儒家学说之结晶，可以表示中国文化之精神”②。

由此可见，从治学的路径上来说，清华的宗旨在最初即与作为新文化运动旗手的北大学人群体相冲突，而梁实秋与五四文坛的冲突在这里即已埋下伏笔。

由最初的游美学务处，到后来的游美肄业馆，再到清华学堂、清华学校，直至 1928 年清华大学成立，清华人走的是一条逐步摆脱西方文化的控制，走向文化学术独立的过程，在这一过程中，对传统文化的眷顾成为他们削弱西方文化控制，确立民族文化自信心的主要方法。在清华人的眼中：

> ……清华之成立，实导源于庚子之役。故谓清华为中国战败纪念碑也可；谓清华为中国民族要求解放之失败纪念碑也亦可；即进而谓清华为十余年来内讧外侮连年交迫之国耻纪念碑亦无不可。清华不幸而产生于国耻之下，更不幸而生长于国耻之中。缅怀往迹，曷禁悲伤！所可喜者，不幸之中，清华独幸而获受国耻之赐。既享特别权利，自当负特别义务。③

---

① 清华大学校史研究室编《清华大学史料选稿第一卷——清华学校时期(1911—1928)》，清华大学出版社 1991 年版，第 267 页。

② 贺麟《“清华中文校歌之真义”书后》，《清华周刊》第 24 卷第 9 期，1925 年 11 月 6 日。

③ 清华大学校史研究室编《清华大学史料选稿第一卷——清华学校时期(1911—1928)》，清华大学出版社 1991 年版，第 35 页。

这特别的义务，即是由国耻而引发的对民族传统文化的尊重与发扬。

尽管官方意志中的清华应该是东西化合的，但出于让学生适应美国学习生活的现实需要，它的办学方针几乎完全是美国式的，课程的设置、教材、课外活动等全是美国风格的，英语教学是主体，汉语教学则退为其次。这种状态使得清华学校长期处于国内文化舆论的谴责之中。因为清华的课程设置方式，使很多学生无形中蔑视本国文化，崇拜西洋，与官方的意志相左。梁实秋的心理却恰恰相反，对东方文化或者说中国传统文化表现出深深的眷顾之情。他提醒清华同学：

> “清华受了‘美国化’的影响，所以学生生活偏向物质方面发展。在真正的美国人看起来，也许还嫌我们受的‘美国化’不够程度；但根据我们东方的文化及哲学，我们染受的‘美国化’恐怕已经不可救药了。”“已经美国化的清华我们同时要把他文学化。文学化后的清华生活才是我们至可宝贵的东方生活。”①

受美国工业文明的影响，清华学子大多选择赴美学习“声、光、化、电”等现代科学，掌握了现代科学制高点的美国很容易让这些学子们产生羡慕向往之情，甚至会被美国精神同化。梁实秋对此有着清醒的认识，所以他呼吁同学警惕这种忘本的“美国化”。他自己则常常在英文课上捣乱而非常尊重国文老师，并为国文老师受到与英文老师不同待遇而不平。正是这一因缘使他在清华学校遇到了一位对他后来的散文创作影响很大的老师——徐镜澄。徐镜澄是一个笃信儒学的学者，也

① 梁实秋《清华学生生活与文学》，《梁实秋文集》第6卷，第186～188页。

是推动清华学生组织孔教会成立的主要教员之一。梁启超在清华的国学演讲，更进一步推动了梁实秋的文学步伐，使他对中国文学（而不是西方文学）产生了浓厚的兴趣。

由于清华学校中有些外国老师在学校组织圣经会，于是学校中的一批国粹派，出面提倡孔教会以为对抗。梁实秋参加了孔教会，他说：

> 对于宗教没有兴趣，不过于耶教、孔教二者，若是必须作一选择，我宁取后者，所以我当时便参加了一些孔教会的活动，例如在孔教会附设的贫民补习班和工友补习班里授课之类。不过孔子的学说根本不能构成宗教，所谓国教运动尤其讨厌。①

他还曾撰文强烈批评上海的西方化，并说："我希望我们中国也产出几个甘地，实行提倡国粹，别令侵入的文化把我们固有的民族性打得片甲不留。"他甚至呼吁即将出国留学的清华学子，说："……我愿大家——尤其是今年赴美的同学——特别注意，若是眼珠不致变绿，头发不致变黄，最好仍是打定主意做一个'东方的人'，别做一架'美国机器'！"②

梁实秋的儿子梁文骐在父亲去世后，称他父亲为"中学为体，西学为用"的"传统的中国读书人"，可见梁实秋的这种文化心态贯穿了他的一生。③

2. 与学衡派的微妙关系

我们通过学衡派这一桥梁，看到了梁实秋后来与白璧德的

---

① 梁实秋《清华八年》，《梁实秋文集》第 3 卷，第 37 页。

② 梁实秋《集稿余谭》，《梁实秋文集》第 6 卷，第 166 页。

③ 梁文骐《我所知道的父亲》，载陈子善编《回忆梁实秋》，吉林文史出版社 1992 年版，第 206 页。

关系之生成，不是一种追随，而是自然暗合。他对诗歌美感的追求是基于东方文化的优雅美学，而对中国传统文化的眷顾更使他在赴美之前就种下了与白璧德的人文主义相契合的文学因缘。而前文也提到，学衡派也是遵义理之学来做文学批评的。既然有诸多相合之处，又同禀一个师承，为什么梁实秋在1926年回国之后，进入学衡派的阵地东南大学任教却从未在《学衡》上发表过一篇文章，更没有加入这一学术团体，反而与学术路径迥异的胡适等人共同创办了《新月》。

这首先是因为当时的新文学阵营对学衡派的主张已经形成了一种误读，把他们“倡明国粹，融化新知”的主张简单化为抱残守缺的“国粹主义”。事实上他们是要以本国传统儒家文化为资源，让儒家文化在西方思想的烛照下，担负起中国走向现代化的使命。换言之，与胡适、陈独秀借西方的科学理念来打造中国新文化一样，他们的初衷是要借中国儒家文化来打造中国新文化。学衡派的核心人物吴宓、梅光迪、汤用彤、胡先骕等都曾在白璧德执教的美国哈佛大学留学，前三位还曾直接受业于白璧德。他们大都受过良好的国学教育，对中国传统文化十分谙熟和珍视。而白璧德的人文主义本来就是“兼采释迦、耶稣、孔子、亚里士多德四圣之说，而集其大成”①。他们认为“孔孟乃为人文主义之开山祖”，② 要在中国掀起人文主义运动，也就是他们认为的新文化运动。吴宓说：

> “吾惟渴望真正新文化之得以发生，故于今之新文化运动，有所訾评耳。”“新文化运动，其名甚美，然其实则

---

① 吴宓《白璧德论民治与领袖·译者识》，《学衡》第32期，1924年8月。

② 胡稷咸《批评态度的精神改造运动》，《学衡》第75期，1931年3月。

当另行研究，故今有不赞成该运动之所主张者，其人非必反对新学也，非必不欢迎欧美之文化也，若遽以反对该运动所主张者，而即斥为顽固守旧，此实率尔不察之谈。”①

1924至1925年，梁实秋在哈佛大学学习，得以聆听人文主义者白璧德的教义，而此时期，梅光迪也正在哈佛大学讲授汉学，梁实秋得以结识这位学衡派的主将之一，并对学衡派的主张有所领会。1926年7月，梁实秋学成回国，梅光迪为他书写了介绍函，让他去访问东南大学的胡先骕，并由胡引荐给文学院院长陈逸凡，梁实秋遂被聘为东南大学教授。到此时，梁实秋已经与学衡派的三个核心人物有了亲密接触，并且身处学衡派的大本营，彼此又有着共同的学术信仰，被融合进学衡派是情理之中的事。但事实却并非如此。

这是因为1926年时的学衡派已经是名存实亡，而且在学界因被看做是逆新文化而行的反对派而失去支持者。处在新文化攻击之下的《学衡》，处境一直艰难。自1922年1月至1926年12月，《学衡》以月刊形式刊行了60期。到1927年甚至被迫停刊一年。1926年11月16日，一直为《学衡》办理印刷业务的中华书局通知吴宓此后不再续办印刷业务，陷入困境的吴宓与陈寅恪商谈，陈寅恪认为《学衡》对社会无影响，理当停办。可以说，梁实秋回国之后所面对的《学衡》已经是穷途末路的《学衡》，尤其是1927年，《学衡》内部成员之间也发生龃龉，除了吴宓之外，原来的中坚者都已开始弃《学衡》而去。早在1923年，梅光迪便不再为刊物撰稿，并对

① 吴宓《论新文化运动》，《学衡》1922年第4期。

人说："《学衡》内容愈来愈坏。我与此杂志早无关系矣！"①而1927年，胡先骕也对《学衡》完全失去信心，在吴宓日记中有这样的记载：

"始吾望胡之来，以为《学衡》社友，多年睽隔，今兹重叙，志同道合，必可于事业有裨。乃结果大失所望。盖胡先骕不惟谓（一）专心生物学，不能多作文。（二）胡适对我（胡）颇好，等等。且谓（三）《学衡》缺点太多，且成为抱残守缺，为新式讲国学者所不喜。业已玷污，无可补救。（四）今可改在南京出版，由柳、汤、王易三人主编。（五）但须先将现有之《学衡》停办，完全另行改组。丝毫不用《学衡》旧名义，前后渺不相涉，以期焕然一新。而免新者为旧者所带坏云云。"②"……以《学衡》之名义为奇耻大辱，避之惟恐不遑。偶谈及印学衡社丛书事，胡君谓书可印，单本各名，而断不可冠以学衡社等字，亦不必作为丛书。"③

由此可见，至梁实秋回国之时，《学衡》中人已经避《学衡》而唯恐不急，生怕自己的声名为《学衡》所拖累，这时的梁实秋虽然挟白璧德的思想而归，却再也不可能与学衡派结盟。况且在他看来《学衡》的影响和它的初衷是背道而驰的，并没有真正宣扬白璧德的主张，反而造成了白璧德与中国思想界的隔阂，他说：

可惜的是，《学衡》是文言的，而且反对白话文，这

① 吴宓《吴宓自编年谱：1894—1925》，生活·读书·新知三联书店1995年版，第235页。

② 吴宓《吴宓日记》第3册，生活·读书·新知三联书店1998年版，第437页。

③ 吴宓《吴宓日记》第3册，生活·读书·新知三联书店1998年版，第438页。

在当时白话文盛行的时候，很容易被人视为顽固守旧。……这一套思想被《学衡》的文言主张及其特殊色彩所拖累，以至于未能发挥其应有的影响，这是很不幸的。……白壁德的思想在国内就是这样被冷淡的。①

以后的《学衡》几乎是在吴宓的独力支撑之下，惨淡经营。1928年1月复刊，以双月刊印行，至1929年11月，出版了61至72期（这两年共印行12期），1930年停刊。1931年以后，时出时断，至1933年7月，又印行了73至79期（这两年半共印行了7期）。到1933年，白璧德在美国去世，吴宓失去了最后的精神动力，最终放弃了《学衡》。

梁实秋与学衡派成员的实际交往很少，虽然他与他们的中坚成员相熟，却从未在《学衡》上发表过文章，虽然他在1926年到1927年发表的一系列文章都在显明地诠释着白璧德的理论，但他把它们发表在东南大学的《东南论衡》上，而不发表在以白璧德为思想之旗的《学衡》上。1927年，梁实秋的批评文集《浪漫的与古典的》出版，吴宓作了《浪漫的与古典的》（书评），高度评价说："议论精湛，材料充实，为现今中国文学批评界仅见之作。"这样的评价显然是站在与五四新文学相对立的价值立场上形成的。1928年，梁实秋与吴宓在北京晤面，有感于国内文学界对白璧德思想的隔膜和误读，梁实秋委托吴宓将《学衡》上发表过的有关白璧德的文字集结成书，由新月书店发行，让国人对白璧德的思想有一个全面正确的了解，书名是《白璧德与人文主义》。梁实秋在青岛大学任

① 梁实秋《关于白璧德先生及其思想》，《梁实秋文集》第1卷，第547页。

教期间，编写了《约翰孙》一书，约翰孙是梁实秋“强烈爱慕”的一个人文主义者，因为他主张：“文学是普遍的固定的人性之模仿，而人性（nature）一名词的涵义也不外就是人的理性与情感的总和。”① 而这一主张与梁实秋所钦慕的白璧德的思想如出一辙，书稿完成之后，时任国立中央大学教授的梅光迪为他作了校阅。这几件事说明，梁实秋与学衡派之间放弃的是形式上的亲近，却在精神立场上仍保持了高度亲和。

正如梁实秋在《白璧德与人文主义》一书的序言中所说：“白璧德的学说我以为是稳健严正，在如今这个混乱浪漫的时代是格外的有他的价值，而在目前的中国似乎更有研究的必要。”梁实秋与学衡诸人在向国人推介白璧德思想这一点上是默契一致的，但他决不会重蹈学衡派失败的途径，吴宓称赞梁实秋说：

> 对于宣扬白璧德师之学说，尤其在新文学家群中，用白话文作宣传，梁君之功实甚大矣。②

梁实秋与学衡派之间的关系是非常微妙的，有研究者甚至视梁实秋为“《学衡》派知识分子群”成员之一。③ 但梁实秋与学衡派之间有很大的不同。学衡派的核心成员在文学革命发生之时，都是不在场的，文学革命形成的强劲的“精神气候”，④ 没有深刻影响到他们的文学思想。他们与新文学阵营的“文言

---

① 梁实秋编《约翰孙》，国立编译馆 1934 年版，第 61 页。

② 吴宓《吴宓自编年谱》，生活·读书·新知三联书店 1995 年版，第 243 页。

③ 段怀清《新人文主义：美国与中国》，复旦大学博士学位论文。

④ ［法］法丹纳著，傅雷译《艺术哲学》，人民文学出版社 1963 年版，第 34～35 页。

与白话”之争，使他们的丰富话语都遮盖在这一论争符号之下，在白话文势不可挡的发展趋势下，这一符号像魔咒一样把他们的话语阻隔在了新文学场域之外。甚至使得其核心成员像胡先骕也不得不以与胡适亲和的方式来涂抹和改写身上保守落后的色彩，以获得在新文学场中的合法话语权。与他们不同的是，梁实秋在1915至1919这个文学革命的胎动和成熟期，都是“在场”者和参与者。他的视野中容纳了胡适的《实验主义》、《尝试集》、《短篇小说集》、《中国哲学史》，周作人的《欧洲文学史》、《域外小说集》，王星拱的《科学方法论》，潘家询译的《易卜生戏剧》、“少年中国”的丛书，共学社的丛书、《晨报》丛书等等。《新潮》、《新青年》等杂志更是每期必读的。那时他看的东西很杂，进化论与互助论，资本论与安那其主义，托尔斯泰与萧伯纳，罗素与柏格森，泰戈尔与王尔德，兼收并蓄，杂糅无章。梁实秋的父亲担心他因此而荒疏了旧文学，找了一个有名望的先生给他定时补课，可他却认为：“旧文学虽然有趣，我可以欣赏研究，却无模拟的兴致，受过五四洗礼的人是不能再回复到以前的那个境界里去了。”①

由于学衡派顽固的文言色彩，使得白璧德的新人文主义从学衡派人手里拿到的是一张旧船票，它已经无法登上文学革命之后的中国航船。一种话语的生命力是从其与其他话语的对话中产生的，学衡的保守色彩使得他们的话语成了孤芳自赏的被历史遗忘的角落。而梁实秋是在承认五四新文学的基本价值前提下，以新文学家的身份登上文坛，打造自己的话语体系。

① 梁实秋《清华八年》，《梁实秋文集》第3卷，第39页。

三、现代性的另一种体认

1. 传统的现代转化

《爱国·读书》是梁实秋1982年写的一篇文章，在这篇文章中，他说："承继传统，汲取新知，这就是孙中山先生思想之伟大之处"，而后又在介绍金耀基的《二十一世纪是中国人的世纪》一书时说：

> 中国急迫需要的是现代化，但是天下没有"没有传统的现代化"。金先生道出了中国人的"心声"。①

准确地说，就是道出了梁实秋自己的"心声"。这里他评说的是别人的文化观念，但其实是借他人酒杯浇自己之块垒，因为这也正是对他自己文化立场的最好解释。

新文化运动是以"打孔家店"和"全盘西化"为旗帜来破旧立新的，发难期的艰难使倡导者们表现出极端反传统的过激姿态，以至于五四时期被后来的研究者们称之为传统的断裂，在这种文化呼声中成长起来的青年学生，大都成为反传统的斗士，而梁实秋却成为其中的另类，他对传统文化有着自己的看法，并因此而与由这种新文化运动催生的新文学产生冲突。这也恰恰可以很好地说明他在青年时期服膺白璧德的人文主义的因缘。

在梁实秋尚未赴美之前，他对学衡派的立场和主张就持一种同情的态度。不愿意像一般人那样以保守和反动的名义将之一笔抹杀。而事实上，学衡的初衷也是五四新文化阵营中人所

① 梁实秋《爱国·读书》，《梁实秋文集》第7卷，第727页。

疏于领会的，他们的目的不在于成为中国文化现代化进程的羁绊，而是要为中国文化的现代化提供一个自认为最合理的方向。

赴美之前的梁实秋虽不能全部领会学衡派的苦心，但他是五四时代学子中极少数持东方文化立场的人士之一。

五四新文化运动当中，话语权的争夺最集中地体现在“新旧”问题之争上，其实质就是“现代化”问题的论争。能否推动中国实现现代化，这是一切问题的症结所在。在这一时期，“现代化”和“现代性”都是传统语汇中没有的，知识分子们所使用的“新”与“旧”概念，“进步”、“进化”与“落后”、“保守”等概念，就是有关中国文化现代化或现代性的论争。

《新青年》作为一个思想文化型期刊，是感应着中国走向现代化的历史要求而崛起的。陈独秀认为：

> “欧洲输入之文化与吾华固有之文化，其根本性质极端相反”，因此，“吾人倘以新输入之欧化为是，则不得不以旧有之礼教为非；倘以旧有之礼教为非，则不得不以新输入之欧化为是，新旧之间绝无调和两存之余地。”①

由此，陈独秀以全盘否定中国传统文化继而实现全盘欧化的立场，标明了文化现代性的指标。它提倡西方的“民主”与“科学”，要求“打倒孔家店”，所体现的主导价值观就是中西对立，扬西抑中。“新青年”和“新潮”中的“新”，就是以西方文化精神为价值立场的。《新青年》在当时的新文化和新文学领域是有着精神“元典”地位的，它的价值坐标代表了一个时代的标准。后来者要想在文化和文学领域“占位”，首先要

① 陈独秀《答佩剑青年》，《陈独秀文章选编》上册，第186页。

面对一个以《新青年》知识群体为准则的"合法性"的拷问。

这种以西方化为现代化内涵的标准，在当时就遭到了一部分人的反对，梁启超就是其中之一。这是一个以救国救民为理想而在中西文化中上下求索的文化先驱，他有一句非常经典的名言，就是倡导新生的中国现代文化应该是中西文化结婚而孕育的宁馨儿。

而对 20 世纪初的中国知识界而言，现代性的意义是相对单一的。他们对现代性的理解是波德莱尔式和马克斯·韦伯式的辐合。

19 世纪初，浪漫主义的旗手波德莱尔宣称：现代性就是过渡、短暂和偶然。这一界定使得现代性旗帜鲜明地站到了传统的对立面，以恒定、长久和规律性的必然为表征的传统，在波德莱尔的宣言面前第一次显得面目可憎，并就此形成了以传统与现代相对立为基本模式的现代性理论。而为这种理论推波助澜的是 1859 年达尔文发表的著名的《物种起源》，书中提出了生物在其世代相传中发生变化的进化理论。进化论在 19 世纪至 20 世纪迅速成为流行全世界的普世性学说，它甚至已经超出了理论意义而为世界创造了一个"时间神话"。也就是说，在时间的链条上，新的事物一定是旧有事物向更高更好层次的发展。事实上，进化论问世以后，它的魅力主要是靠日新月异的科学成果来打造的，科技不断帮助人类征服自身、自然和宇宙的经历，确实以量的形式向人们展示了新与旧的高下对比。这就使人们坚定地把过去舍弃在身后，跟随着时间之矢前行，以至几乎丧失了对身在其中的当下的怀疑与反思的能力。20 世纪初，中国人的求新情结是非常突出的，不仅知识分子们争相以"新"为旗帜标榜自己的现代立场，一般的受众也唯新是求，各类“新”字打头的书刊最能吸引大众的眼球。这种心理绵延了整个世纪，“新中国”、“新时期”等等都是建立在这种心理认知的基础之上。这种历史相对主义的意识，造成了人们对现代性理论接受过程中的偏颇，激烈地反传统一度被标榜为最现代性的姿态。

马克斯·韦伯的现代性理论的核心词是“理性”和“祛魅”，但这一理论主要被他用来描述西方资本主义社会的现代性。而对于发展滞后的国家，他认为，落后国家不可避免地也要经历西方国家所走过的道路，这样走在前面的西方国家，就必然会成为东方一些落后国家追随和模仿对象。也就是说发展滞后的国家在追求现代性的过程中，不可避免地会先有一个西方化的过程。然后在这一西方化的过程中，同时进行着“理性”化与“祛魅”。

尽管我们在理论上不愿意接受这样的描述，但韦伯的理论在20世纪初的中国确确实实地被认证了。“拿来主义”就是人们借鉴西方的基本策略，“德先生”、“赛先生”被热情万丈地请进国门，翻译事业鼎盛一时，“全盘西化”成为当时最激进新潮的呼声。而且与中国在整个20世纪始终“追赶”欧美的急切心态相关，反传统和西方化成为20世纪中国知识界对现代性体认的理论基点。

在缤纷的西方话语中，学衡派和梁实秋心仪白璧德，因为白璧德为他们提供了一种从现代化立场重新阐释和发扬儒家学说的解码。

梁实秋认为白璧德的人文主义是一套“积极的主张”，因为在一个充满着破坏的激情的年代里，白璧德显示出的是建构的姿态。而且在梁实秋看来：

> 只消人性不变，人文主义便永不失效。而人文主义根本只是一个做人的态度，没有什么死板的规律或戒条，亦复没有繁复的系统理论，是一切人都好适用的。……人文主义倡导的节制的精神是现代所需要的。撇开一切不论，节制的精神在任何立场上都是需要的罢。人文主义这个名词可以取消，但是它所代表的稳健思想却是人人可以接受的。在情感泛滥和物质主义过度发展的时代，主张纪律和均衡的一种主义该是一种对症的良药。[①]

中国知识界对现代性问题的反思发生于20世纪末，这时“后现代主义”思潮的兴起，对“现代性”理论形成了严峻的考验，“现代性”理论的权威性遭到了挑战，建立在时间进化链条和传统与现代二元对立模式上的“现代性”理论，产生了一个以己之矛攻己之盾的悖论。在现代性理论的规约中，“当下”比过去有着不可超越的优越性，但现代性理论话语在20世纪末不是走向更完善，而是在后现代主义的挑战中露出破绽。而且这位挑战者表现出对“现代性”所反对的传统文化的眷顾。在这场较量中，尽管有人认为“后现代主义”与现代性并不是一对相对立的概念，而是“反思现代性”的现代性，或者是“现代性的一副新面孔”，[②] 认为它仍然是现代性的理论延伸。但不可否认的是，这一概念的确是在以“现代性”为批判对象中建立起来的，它的性质就是对现代性的质疑。这场较量最直接的效果就是削弱了人们对现代性理论中时间进化一维

---

① 梁实秋《白璧德及其人文主义》，《梁实秋文集》第1卷，第296页。

② ［美］马泰·卡林内斯库著，顾爱彬、李瑞华译《现代性的五副面孔》，商务印书馆2002年版，第284页。

的坚持，并动摇了长期以来形成的现代与传统二元对立的思维模式。而这一变化的直接后果是引发了人们对传统、传统主义以及保守主义的关注，并思考传统与现代性之间有可能存在的关系。“传统”一词的拉丁文为 traditum，意思是从过去延伸到现在的事物，但在以往的现代性理论家那里，它被策略性置换成落后与守旧的意思。现代新儒学文化思潮中的知识分子，与五四新文化派的分歧就在这里，他们认为儒家的传统价值与现代性是兼容的，不仅如此，这些传统价值还将在以后的全球文化场域中发挥无可替代的重要作用。

爱因斯坦曾经说过：理论决定着我们所能观察的问题。在 20 世纪初的现代性视野中，以进化论为主导的认知体系，决定了梁实秋的话语实践一开始就会陷入重围。他被贴上“古典主义”、“保守主义”、“传统”、“白璧德教授的门徒”等标志着落后与保守的标签。虽然梁实秋和他的老师白璧德，在社会上立身、立德、立言的初衷都是一致的，都是要为现代社会提供合理的现代性准则：一是要以身垂范，成为真正现代意义上的知识分子；二是要促进合理的价值尺度的形成；三是要促成良好的学术规范，这是梁实秋和白璧德面向社会的最明确的姿态。但是他们从传统中寻找文化现代化可能性的行动被诠释为“不合时宜”。为此他的文学行动只能是一路走一路论争，论争成了他的文学行动不可或缺的一部分。

2. 西方文学话语的本土化

“古典主义”是梁实秋笔下使用频率很高的词语，梁实秋接受了白璧德的人文主义思想之后，在国内发表的第一篇文学批评文字是见于 1926 年 3 月 22 日《晨报副刊》的《长城之神

·前序》，这是为熊佛西的剧本所作的序。在这篇署真姓名的序中，他称自己“是一个守旧者”，“是明明白白尊重古典主义”。①《晨报副刊》在当时中国的地位是举足轻重的，“为国内学术界中最有势力的新闻纸，而《晨报》之《副镌》尤能转移一时之思想”②。在这样一个权威报刊上，在新文化运动隆盛的北京，在闻旧色变、闻古典色变的新文化舆论中，公然以“守旧者”自居，无异于冒天下之大不韪，而且是明确地把自己放在了新文化运动的对立面。

在现代中国的语境中，守旧就是守护传统文化的简称，以守旧者自居无疑是标示自己的传统文化立场。古典主义是一个外来的译词，梁实秋所“明明白白尊重”的古典主义是他的老师白璧德所界定的古典主义，这是一个文艺理论范畴内的概念，却与白璧德的人文主义有密切关系，梁实秋说古典主义其实就是“人文主义的文艺论”。白璧德对古典主义做过专门的界定，他认为要得到“最好的古典主义理论”，“需要返回希腊”，从亚里士多德的《诗学》中寻找资源，而亚里士多德“对限制和均衡的坚持不仅可以正确地确定为希腊精神的本质，而且也是一般意义上的古典主义精神的本质”。这种对限制和均衡的坚持是需要法则的，不同的古典主义者有不同的描述方式，或者称之为“人性法则”，或称之为“理性”，或称之为“自然”，白璧德则归之为“可能性法则”和“合乎经典法则”，认为这是获得“普遍性”的有效途径。白璧德强调：“真正的古典主义并不取决于对规则的遵守或对典范的模仿，而是取决

① 梁实秋《长城之神·前序》，《晨报副刊》1926年3月22日。

② 闻一多《致闻家骢》，《闻一多全集》第12卷，第227页。

于对普遍性的直接感悟。”这是古典主义与教条式的新古典主义相区别的重点所在，这种直接感悟主要是通过“想象”或“幻觉”来实现。而经典作品的权威性就在于很好地借助想象实现了普遍性价值的获得，也就是柏拉图所说的从“多”中察觉到了“一”。①

梁实秋不仅服膺白璧德的这些古典主义理论，而且跟着他所指点的路径把目光投向了西方自古希腊以来的古典主义文学批评传统。在《论剧》一文中，面对余上沅批评他言必称亚里士多德的批评行为，他做了这样的申辩：

> “我们从事批评，除非自己有所发明，总该祖述先贤，言有所本，然后才能有个巩定的一贯的主张。”“我近来有一个绝大的野心，想叙述亚里士多德学说而不有甚大之错误；想实用亚里士多德的学说不有甚大之矛盾。”②

至此似乎可以把梁实秋视为一个古典主义者了，但是这样一个西方话语色彩的界定并不能准确揭示梁实秋文学批评话语的实质。因为他的目的并不止于简单地把西方的古典主义理论体系搬运到中国，尽管对西方古典主义理论的系统介绍已经是他对中国文坛做出的重大贡献，但他有更重要的抱负和“野心”，那就是“实用亚里士多德的学说”，也即实用西方古典主义理论。

发表于《晨报副刊》的《现代中国文学之浪漫的趋势》是梁实秋实践古典主义文艺理论的战斗檄文，他对新文学运动“全部推翻中国文学的正统”，“全部的承受外国的影响”非常

① ［美］欧文·白璧德《卢梭与浪漫主义》，第10～11页。
② 梁实秋《论剧》，《梁实秋文集》第1卷，第190～191页。

反感，称之为“浪漫的混乱”。在这样的价值判断面前，我们不可能也不应该将梁实秋的文学话语看做是白璧德话语的简单移植。与此相对应，我们研究界对梁实秋所做的“古典主义者”、“新人文主义者”的身份界定也难以成立。而同样服膺传统文化的闻一多对这篇批评有这样的评价：“实秋之作，震聋启聩，洵新文学诞生以来第一篇批评也。”[①] 这显然是要充分说明梁实秋的文学话语与已经发展了近十年的五四新文学话语有质的不同。梁实秋同样非常看重他的《现代中国文学之浪漫的趋势》一文，明确指出这是一篇标明“我的立场”的文章。[②] 也就是说，梁实秋是以维护中国文学的正统为立场而站在了新文学运动的对立面。他看到了中国传统道家思想中的浪漫主义因素，因此认为新文学运动之所以成为“浪漫的混乱”，道家思想是中国文学不健康的症结，所以新文学运动第一件要做的事不是攻打孔家店，不是反对骈四俪六，而是严正地批评老庄思想。梁实秋并不是盲目地扬此抑彼，他虽然维护中国文学的正统，但所持的是一种批判性的建设立场。他是用从西方学来的新的理论和方法来重新审视和建构中国文学的正统。在《现代文学论》中，他指出：

> 我们在文学上批评道家思想，并没有要皈依儒家的意思。儒家的伦理学说，我以为至今仍是大致不错的，可惜我们民族还没有能充分发挥儒家的伦理；但是儒家的文学观念决不能使我们满意。我们现在惟一的出路便是参考西洋文学了。

---

① 闻一多《致梁实秋、熊佛西》，《闻一多全集》第12卷，第233页。

② 梁实秋《〈论文学〉序》，《梁实秋文集》第7卷，第734页。

在梁实秋的眼中，儒家伦理学说和儒家的文学观念是分开来看待的，他对前者不但做出了充分的肯定，而且认为还应该继续发挥儒家伦理学说；而对儒家文学观念他则不能苟同，而是建议采用西方健全的理论。他用“人本主义”这一名词来概括西洋健全的文学理论，认为：

> 人本主义者，一方面注重现实的生活，不涉玄渺神奇的境界；一方面又注重人性的修养，推崇理性与“伦理的想象”，反对过度的自然主义。中国的儒家思想极接近西洋的人本主义，孔子的哲学与亚里士多德的论理学颇多暗合之处，我们现在若采取人本主义的文学观，既可补中国晚近文学之弊，且不悖于数千年来儒家传统思想的背景。①

也就是说他之所以借鉴西方人本主义理论，主要是因为这种理论的元典——亚里士多德的论理学与孔子哲学颇多暗合，这样他就可以在维护儒家传统思想的基础上，为中国新文学打造新的理论体系。

从梁实秋的批评文集《浪漫的与古典的》、《文学的纪律》、《文艺批评论》中，我们所看到的是大量阐释西方古典主义文学批评的文章，他把上起亚里士多德下至阿诺德的西方古典主义批评家进行了系统的介绍。他的这一番作为，让研究者们注意到的是一个研究西方古典主义文学批评的梁实秋，而他在这套文字背后所做的努力却被忽略了。从《现代中国文学之浪漫的趋势》一文中，他已经表明了自己反对新文学运动“全部的承受外国的影响”，而后进一步指出：

① 梁实秋《现代文学论》，《梁实秋文集》第1卷，第399页。

> 我们尽管借助西洋文学的思想，仿效西洋文学的艺术，但是新文学的建设仍有赖于我们自己的创造。①

在梁实秋看来，“新文学运动的中心问题”是改革“文学的基本观念”，因为与西方文学相比，“我们中国文学所最缺乏的，那便是，西洋文学之整个的精到的一套文学理论”。②

那么如何为中国打造合理的文学理论呢？他指出：

> 中国旧文学的观念似乎是已经崩溃而不可收拾，然而中国的固有的文化思想仍有未可厚非者，我们若整理出一个合乎理性的中心思想，再参加一点健全的西洋批评学说，新的批评标准不是不可能的。③

因此，梁实秋的文学批评话语指向，是要以中国传统文化思想为中心，“参考西洋文学”为中国文学建构一套文学理论。说到底，是一种中体西用的治学方式。梁实秋的这一治学方式一直坚持了一生，在台湾时期的学生也多受此影响，余光中先生就是其中最突出的一位，他说：“他所提示的上承传统旁汲西洋，却是我日后遵循的综合路线。”④ 其子梁文骐称其为中学为体西学为用的传统中国读书人也是这个道理。在纷纭的西学东渐中，梁实秋站在儒家文化立场上对西方古典主义文论的借鉴，可以说是西方文学话语在中国实现本土性转化的典型个案。

---

① 梁实秋《现代文学论》，《梁实秋文集》第1卷，第399页。

② 梁实秋《文学与科学》，《梁实秋文集》第1卷，第432页。

③ 梁实秋《近来中国之文艺批评》，《梁实秋文集》第6卷，第369页。

④ 余光中《文章与前额并高》，载陈子善编《回忆梁实秋》，吉林文史出版社1992年版，第120页。

第二章　文学话语的诗教品质

一、意义的守护：义理式的文学批评

中国传统学问一向有义理之学、考据之学、辞章之学的分立。而义理之学（兴盛于宋明理学阶段）是指寻求普遍皆宜的道理或讲求经义、探究名理的学问，也就是现代学术话语中所说的追求价值体系的实现和建构。义理之学的治学途径是预设有一套先验的真理系统，即一种绝对普遍的真理，然后以此真理为标准来阐发经典或判断是非，这就使它带有一种形而上学的色彩。它的优点即在于它明确而稳定的价值标准，而其缺点则在于其专注于抽象的本体性意义的追求，而对现象界的一般事物缺乏关注的热情。19 世纪末以来蔚为大观的马克思主义哲学，将物质视为第一性的，将意识视为第二性的，从而对客观现象世界的实践赋予了更多的关注，这种哲学观念对于中国宋明以来的儒学观念的冲击是非常强烈的，而以这两种哲学观念为基础而生成的学术话语也自然互相分歧。

虽然清朝戴震有将义理之学建立在严格的考据基础之上的历史性创举，为义理之学在现代的命运注入了生机。但在 20 世纪初期，由于科学精神被认为是西方先进文化的核心，义理之学遭遇了即将被淘汰出局的命运。新文化运动的旗手们从西方引进“赛先生”——科学，从而使现代的一切学术都与科学发生了关系。1923 年，在张君劢和胡适、丁文江之间引发的“人生观论战”，是 20 世纪中国发生的具有重大影响力的论战，在当时也被胡适称为“空前的思想界大笔战”，学术界的知名人物几乎全都被卷入这场论战。为首的两员大将分别是张君劢和丁文江，而他俩所代表的则分别是梁启超和胡适的立场。张君劢面对科学喧嚣尘上的学术状况提出“科学为客观的，人生观为主观的”，人生观问题“决非科学所能为力”。[①] 所以他提倡玄学义理的研究，主张与传统宋明儒学对接。而胡适是以美国实验主义大师杜威为师，提倡实验室的考证研究方法，与传统的考据之学在方法论的层面上契合，为现代学术指示了科学治学的路径。这一场论战在一个西方化甚至是全盘西化的语境中进行，势必使张君劢等处于弱势，但他也拥有不少志同道合的人，像张东荪、瞿菊农都是他的有力支持者，遂使得 20 世纪的中国学术在科学主义的主潮之外，始终有一个行走在边缘的与传统义理之学对接的学术群体。20 世纪 20 年代崛起的现代新儒家和与新文化阵营争锋的学衡派，都是义理之学的坚持者。在义理之学的路途上，张君劢是矢志不移的，他在 60 年代依然责备胡适为“造成精神真空的人士”，[②] 认为胡适所提倡的“科学方法”实质是以考据学的真假问题取代义理之学的是非问题，不能解决价值意义问题。

而对意义世界的肯定、强调和追求，正是现代新儒家哲学

① 张君劢、丁文江等《科学与人生观》，山东人民出版社 1997 年版，第 9、35、37 页。

② 张君劢《新儒家思想史》，弘文馆出版社 1986 年版，第 599 页。

的一个突出特征，这使它表现出浓厚的理想主义色彩：

> 有的海外学者认为，可以把新儒家的思想表述为“意义的追求”，这种追求旨在克服近代以来国人所面临的“精神迷失”，这种“精神迷失”是由于新的价值系统的涌入打破了人们一向藉以安身立命的传统世界观造成的。①

梁实秋在中国现代文学批评界的正式闪亮登场，得益于《晨报副刊》的推重和介绍。1926 年，梁实秋发表于《晨报副刊》的《现代中国文学之浪漫的趋势》一文前面，有编者对他的一个简短的介绍，称他为研究“评衡学”的留美学生。就笔者目前的视野所及，“评衡学”这一词在现当代知识分子的文章中，仅见于此一处。而“评衡”一词是一个出现于近代的词语，《说文解字》和《辞源》都不见收入。在目前收录词条最全的《汉语大词典》中，有这样的解释：

> 评衡：评判衡量。清容闳《西学东渐记》，第十九章：“盖陈之为人，当未至美国以前，足迹不出国门一步，故于揣度物情，评衡事理，其心中所依据为标准者，仍完全为中国人之见解。”②

这一词在五四一代学人的笔下使用较多，俞平伯、徐志摩、林语堂都曾用这一词表达一种与“批评”类似的意思，但在 30 年代以后却很难觅踪迹，在现代学术中没有作为一个术语被沉淀固定下来而被淘汰。但在 20 世纪二三十年代，作为一个与“批评”一词并行使用的词，人们时常舍批评一词不用，而使用“评衡”一词，这至少说明，“评衡”一词与“批

---

① 郑家栋《现代新儒学概论》，广西人民出版社 1990 年版，第 45 页。

②《汉语大辞典》第 11 卷，汉语大辞典出版社 1993 年版。

评”一词是有不可完全取代的差异的。而梁实秋本人却很少用“评衡”一词，只在《文学批评的将来》中，他谈到古典派批评家时，说：“古典派的批评家，上焉者以伦理的眼光评衡一切，下焉者根据死板的规律来评衡一切。”这是因为他在自己的文学批评话语中，已经赋予了批评一词更充分的内容，在专门考订“文学批评”含义的《文学批评辩》一文中，他指出：

考希腊文“批评”一字，原是“判断”之意，并不涵有攻击破坏的意思。判断有两层步骤——判与断。判者乃分辨选择的工夫，断者乃等级价值之确定。其判断的标准乃固定的、普遍的，其判断之动机，乃为研讨真理而不计功利。①

由此可见，在梁实秋看来，批评必然包含着价值判断或者真理研讨，也就是中国传统文论所谓的义理。当初《晨报副刊》对梁实秋的介绍，也已经是注意到了他的文学批评话语中所强调的意义和价值判断取向。

与现代新儒家们追求价值意义一致，梁实秋也是一个反对以科学方法介入文学领域并强烈要求维护文学的价值意义的学者。在他的第一本文学批评文集《浪漫的与古典的》问世之时，吴宓在《大公报》上作了这样的书评：

盖今之文学批评，实即古人所谓义理之学也。其职务，在分析各种思想观念，而确定其意义。更以古今东西各国各时代之文章著作为材料，而研究彼等思想观念如何支配人生，影响事实。终乃造成一种普遍的、理想的、绝对的、客观的真善美之标准，不特为文学艺术赏鉴选择之

① 梁实秋《文学批评辩》，《梁实秋文集》第1卷，第121页。

准衡，抑且为人生道德行事立身之正轨。……是故文学批评乃以哲学之态度及方法研究人生。[①]

这一论断得到了梁实秋的认可，在《近年来中国之文艺批评》一文中，他还引吴宓的此段文字以自证。在《浪漫的与古典的》一书序言中，梁实秋所感谢的学人有两位，一位是他的教师白璧德，一位是当时正在哈佛学哲学的瞿菊农。吴宓曾将白璧德所代表的人文主义的文学研究称为“义理派”，[②] 而林语堂也曾指出白璧德的思想“颇似宋朝的性理哲学”。瞿菊农是科玄论战中张君劢的玄学义理一派的积极支持者，他与张东荪一起创办过《哲学评论》月刊，也是一位致力于将西方哲学与传统儒学相沟通的学者。据顾毓琇回忆，当年“实秋自西部来，入哈佛进修。瞿菊农自中国来，研教育。我等三人朝夕过从，引以为乐”[③]。

白璧德思想成熟的时期正是西方第一次世界大战前后，科学主义甚嚣尘上，物质文明畸形发达冲毁了社会价值体系，造成了整体性的社会危机和精神危机。在这种背景下他汲取东西方人文主义的精髓，形成了两个基本思想观念，一个是人与物有别，一个是人性二元论。他认为人与物各有其法则，而且这两套法则是根本不调和的，现代社会无限制地发展物性，大有使物的法则凌驾于人的法则之上的趋势。这势必造成人的主体地位的丧失，人性的泯灭。因此他一方面极力排斥自然科学方法论对以人为对象的文学领域的入侵，尤其是对唯物论极为排

---

① 吴宓《浪漫的与古典的》（书评），天津《大公报》1927年9月17～19日。

② 吴宓《文学研究法》，《学衡》第2期，1922年2月。

③ 顾毓琇《顾毓琇全集11卷》，辽宁教育出版社2000年版，第29页。

斥，强调人性不合于物性；另一方面他极力提高人的地位，强调人在文化与文学中的核心位置，把人类的生存困境和危机归结为人性发展的内在失衡。

与白璧德极力反对唯物论的观点一样，梁实秋反对在文学领域应用科学方法的态度是非常激烈的，他毫不讳言对“社会科学”、“假科学”入侵文学领域的厌恶，在很多文章中反复申述科学是不能入侵文学的。就文学批评而言，他认为“批评的基础永远是建设在哲学上面”。[①]“文学批评和哲学是不能分开的，但文学批评的本身绝对不是哲学。文学批评的出发点是人对人生的态度，这是一个哲学问题。”他所用来反对的武器即是“人性”。在他看来，“文学乃‘人性’的产物，而‘人性’又绝不能承受科学的实证主义的支配”[②]。

以此为基础他从两个方面排斥科学主义。首先，他极力反对科学的批评方法。泰纳的社会学批评，弗洛伊德的精神分析学批评，马克思主义历史唯物论基础上的批评，以及 Birkhoff 的“实验美学”的分析批评法，都被他统称为“科学的批评”。在他看来，泰纳和马克思主义的批评方法都是过分强调文学与社会环境的关系，强调作者的出身地位等，这种认定文学艺术发展是与时代、种族、政治、环境有密切关系的批评方法，是“在文学领域之外来研究文学”，他说：

> 文学作品一方面固是表现了当时的社会，但一方面也表现了作者的人格，并且解释社会状况，只能算是解释了作品产生的状况，不能算是评衡其内容的价值。……这种

① 梁实秋《文艺批评论·绪论》，《梁实秋文集》第 1 卷，第 227 页。

② 梁实秋《文学批评辩》，《梁实秋文集》第 1 卷，第 123～124 页。

种的研究都是有益的，但只能做批评的准备，而不能代替了判断。最好研究文学的方法是在作品里面去研究，不是到作品外面去研究。①

而另一种“分析”的批评方法也是梁实秋反对的，那就是 Birkhoff 以公式的方法估量诗里的音乐成分，这种公式以加减乘除的数学方法计算诗的音韵，以“数目”的结果评估诗的音乐性，对此梁实秋认为艺术绝不能这样拆开来计算，因为艺术给人的印象是整个的浑然不可肢解的。从创作主体即作者的梦、欲望、创作心理方面对文学作精神分析的解说亦为梁实秋所鄙弃，他认为这种对文学作品、作者的“分析”的方法，也无法成为批评。总之，这几种“科学的批评”方法，在梁实秋看来只是一种分析或研究，而不是判断，充其量只能作为批评前的“参考”或“准备”，并不产生“价值”意义，也就是说价值范围以内的事，科学是无法过问的。而且他认为批评的对象既然是以“人性”为描写内容的文学，而“人性”又是很复杂的，远不是科学的原则公式所能条分缕析明白的。

其次是文学史观问题。五四新文学运动以来，建立在科学基础上的达尔文和斯宾塞等的进化论观念被引进中国，文学革命者为了反对旧文学和旧的文学观念，提出了文学进化的理论，并以胡适为代表开创了文学进化论的文学史观。这种文学史观在五四后的中国现代文坛上一度占据着主导地位。而梁实秋认为“文学这样东西和汽车不同，不见得今年的出品比去年的强。在文学艺术里面，无所谓退步，亦无所谓进化”②。他把

① 梁实秋《文学批评论·结论》，《梁实秋文集》第 1 卷，第 302 页。

② 梁实秋《现代文学论》，《梁实秋文集》第 1 卷，第 422 页。

全部人类的文学看做了一个向心的共时系统，而否定文学是递进的线性发展的过程。由此他反对近代科学把“进步的观念”推及到文学的领域，把文学及人性都看做是可以变迁，可以不断进步的。在他看来：

假如全部有一个进步的趋向，其进步必非是堆积的，而是比较的。而就实际观察，文学并没有进步之趋势，一切伟大的文学都是倾向一个共同的至善至美的中心，距中心较远，便是第二第三流的文学，最下乘的是和中心背道而驰的。文学批评史的本身也是以至善至美的中心为中心，故其任务不在叙述文学批评全部的进步的历程，而在叙说各时代各国土的文学品味之距离中心的程度。①

以“哲学”和“人性”来回击科学的研究方法对文学领域的入侵，这无疑是“科玄论战”的余波。在《科学时代之文学心理》一文中，梁实秋说：

“科学征服了宗教，征服了玄学，现在又有人用科学的名义来征服文学。”“科学方法与文学方法的斗争，乃五十年来第一件大事”，“伊斯特曼（《科学时代之文学心理》一书的作者——笔者注）以科学的名义严厉的向文学批评家及文学教授挑衅，向整个文学传统挑衅，从事于文学的人无论如何是不能置之不理的”。②

在《文学与科学》一文中，他质问科学：“人的身体是否完全为一堆物质，人的心理是否亦完全受物质律的支配？”③

---

① 梁实秋《文学批评辩》，《梁实秋文集》第1卷，第125页。

② 梁实秋《科学时代之文学心理》，《梁实秋文集》第7卷，第385页。

③ 梁实秋《文学与科学》，《梁实秋文集》第1卷，第437页。

因为在他看来，“科学的对象是外界的自然现象，而人的精神方面的现象不属于科学范围”①。

二、“理”“欲”之辨的延续：五四新文学是“浪漫的混乱”

梁实秋的文学观是以“人性论”为基石的。与传统的义理之学一致，“人性”是他的话语中预设的价值系统，它带有玄虚的模糊性和先验性。这也是他的人性论屡遭批评的一个重要原因。他主要是借助白璧德的话语来探讨人性问题。白璧德的人性观主要由人性善恶二元论和人生三境界说组成，其理论资源主要来自古希腊的哲学和中国的儒学。在古希腊的哲学思维中，人的观念与人的存在有着无比重要的位置，从苏格拉底“认识你自己”的箴言，到亚里士多德把人定义为“理性的动物”，并要求保持理性与情感的正当关系，以求人格和谐发展，形成了西方最早的人文主义人性观，即人的本性在于理性，符合理性的“至善”的活动，就是人性最完满的表现。古希腊哲学对人性的探讨是比较含混的，而作为纯粹的人学的儒学为白璧德提供了最完备的人性论资源。中国儒家学说的中轴即可以谓之人性论，具体在于对人性、人伦、人道、人格、人之文化及其历史之存在与价值的探索与解答，在两千年的“独尊儒术”的官方倡导下，形成了远比西方人性论思想繁富的人性论体系，这也是在当今物质文明高度发达的世界范围内，有人高呼发扬中国儒学的原因。中国儒学人性论的主旨是先强调人有

---

① 梁实秋《科学时代之文学心理》，《梁实秋文集》第7卷，第387页。

别于动物，再倡导从道德理性方面培养人性的完善与自觉，促使人的感性欲望向理性升华，同时这种道德性客观化于人伦日用之间，使人与人、人与物的关系，皆成为一个“仁”的关系。

白璧德在这些理论背景下首先提出“善恶之间的斗争，首先不是存在于社会，而是存在于个人”，进而提出人性二元的说法，就是说他认为在人身上有一种能够施加控制的“自我”和另一种需要被控制的“自我”。而这两种“自我”就是通常所谓的理性与欲望。白璧德认为放纵欲望必产生恶，而理性的节制则能导恶向善。他认为人性中永远包含着理性与欲望的冲突，并称之为“窟穴里的内战”，意思是这种冲突是内在深藏的，原始的，是与生俱来至死才可能止息的，他把这种状态视为“人性的生活”。同时他又提出了人生三境界说：

> 一是自然的境界，在这境界上人与禽兽没有多大分别；二是人性的境界，在这境界上人不仅是以肉体的满足为目的，他还意识到“道德的价值”(moral value)，他有理想，他有节制；三是宗教的境界，在这境界上人是超凡入圣了。①

白璧德所向往的是第二种境界。延续着历史上几千年来“性善”、“性恶”、“性善恶二元”的无休止的争论，白璧德的二元人性论所抨击的是文艺复兴时期兴起的后经卢梭而丰富完整起来的自然人性论。自然人性论认为人的七情六欲要求，是人的本性所在，是人的自然要求，人在这种“自然状态”是自由平等的，所以人性本善。但是后来不合理的封建社会制度、

---

① 梁实秋《白璧德及其人文主义》，《梁实秋文集》第7卷，第291页。

传统的道德习俗以及虚假的文明对这种自然人性的压制和摧残产生了恶。因此人性要发展，就必须破除这些枷锁，“回归自然”，追求自由平等。这在人生观上，往往表现为一种人道主义。这种放纵张扬情感的主张，当然遭到了主张以理性控制情感的白璧德的坚决反对。对他而言，如果说科学主义是要侵噬人性的领域，自然人性论则是要造成人的精神世界的更大混乱，并最终导致社会的无序和一切规范的丧失。因此，他的一生都在不遗余力地攻击卢梭，攻击人道主义，竭力想回复古希腊的那种清明理性的社会，而他这种目的是需要通过理性对情感的节制来实现的。

这种人性善恶二元论的观念一直是儒家学说的一个重要范畴，它发轫于先秦时期。在一个政治大变革、社会动荡不安的社会环境里，一些思想家们开始从人本身来思考社会问题的根源，由此形成了以世硕为代表的人性有善有恶的人性论思想。在《论衡·本性》中，世硕提出：“人性有善有恶，举人之善性，养而致之则善长；性恶，养而致之则恶长。如此，则性各有阴阳，善恶在所养焉。”自此，人性善恶二元论在起点就伴生着对人进行道德教化的喻义。而进入汉唐时期以后，在人性二元论的基础上，又进一步发展出了董仲舒的性三品说，他发挥了孔子的“中人以上，可以语上；中人以下，不可以语上”的思想，认为人性分为三种：“圣人之性，不可以名性。斗筲之性，又不可以名性。名性者，中民之性，中民之性，如茧如卵，卵待复二十日而后能为雏，茧待缫以涫汤而后能为丝，性待渐于教训而后能为善。善，教诲之所以然也，非质朴之所能至也，故不谓性。”也就是说，一是情欲很少，不教自善的“圣人之性”；二是情欲很多，教也不能为善的“斗筲之性”；

三是有情欲，而可以为善亦可以为恶的“中民之性”。[①] 自先秦至汉唐，人性善恶二元论和性三品说的主旨就是强调一种道德自制行为，强调善之性对恶之性的节制，节制二字是这一时段的人性论思想与宋明理学的重要区别。宋明时期的人性论思想又有了进一步发展，在二程和朱熹手中形成了基于“理”与“欲”之辩的理学，（这里的“理”既相当于我们今天所说的道德理性，又因吸收了道家的宇宙自然观念，而具有形而上的哲学本体意味，“欲”相当于情欲和物欲。——笔者注）但这一历史时段的人性论思想汲纳了大量道、释两家学说，道家和佛家的禁欲主义价值观、情欲对立观对宋明理学的理欲观却起到了负面消极的影响，使得宋明理学在形成之初就逐渐背离传统儒家“以理节欲”的核心观点，走上了理、欲对立，“存天理，灭人欲”的歧途。

清朝的戴震对这一歧途进行了救正，提出“天理者，节其欲而不穷人欲也”；“欲，其物；理，其则也”；“人伦日用，其物也；曰仁，曰礼，曰义，其则也”。就是说，“欲”是人伦日用等客观存在的事物，作为仁、义、礼的“理”不过是具体事物的法则。他借用了西方哲学中的“必然”和“自然”这一对范畴来进一步论证理、欲关系，[②] 形成了最具现代意义的人性论思想。中国儒学传统中自先秦一直到晚清的人性论思想对中国文化所产生的重大意义在于，它打造了中国人尊理性、崇道德、倡节制的精神底色，晚清民初以后，由于儒学不再作为官

① 姜国柱、朱葵菊著《中国人性论史》，河南人民出版社 1997 年版，第 73、247 页。

② 戴震《孟子字义疏证·理》，《戴震全书》第 6 卷，黄山书社 1995 年版，第 154、160、203 页。

方学说推广，学校教育中也不再以儒学经典为专门课本，遂使儒学以民间思想的方式存在。20世纪早期的知识分子，尤其是在五四时期新式学堂中成长起来的知识分子，他们对儒学的接受和亲近，不再是囿于科举举士的压力，而是一些好之者和乐之者的性情投合。像梁实秋在清华学校时期，主动参加孔教会，呼吁清华学子捍卫东方文化，都是一种与儒家文化自觉认同的表现。

从这个意义上，我们可以看出梁实秋接受白璧德人文主义思想的必然性。在建构自己的文学话语世界时，他首先强调：

> 文学发于人性，基于人性，亦止于人性。人性是很复杂的，（谁能说清楚人性所包括的是几样成分？）唯因其复杂，所以才是有条理可说，情感想像都要向理性低首。在理性指导下的人生是健康的常态的普遍的；在这种状态下所表现出的人性亦是最标准的。①

他认为文学的精髓是人性的描写，人性是测量文学的唯一标准，把“人性”看做解决文学上一切问题的钥匙。但对“人性”这一概念的具体指涉，梁实秋并没有做出明确的界定，他说：

> 所谓“人性”是什么呢？一方面，人性乃所以异于兽性。……人有理性，人有较高尚的情感，人有较严肃的道德观念，这便全是我所谓的人性。在另一方面，人性乃一向所共有的，无分古今，无间中外，长久的普遍的没有变动。人的生活形式，各地各时容有不同，所呈现的问题亦容有不同，但是最基本的人性则随时到处都是一样的。②

① 梁实秋《文学的纪律》，《梁实秋文集》第1卷，第143页。

② 梁实秋《文学讲话》，《梁实秋文集》第1卷，第577页。

这种对人性的解释被很多人认为是含糊其辞的，不够明确，但人性这一概念在儒家文化中本来就是一个有先验色彩的概念。

既然梁实秋主张文学乃人性的描写，而他认定的人性又是二元的，即包含理性与情感，那么与他主张人性中理性对情感的伦理节制相一致，其文学观必然是关于如何在作品中掌握和运用理性与情感的问题。梁实秋认为理性与情感是作品中不可缺少的两种成分，但理性的位置要超于情感。因此梁实秋认为，凡是能以理性驾驭情感的作品即是健康的作品，也就是古典的作品，反之放纵情感不加节制的作品即是不健康的浪漫主义的作品。但是他所强调的理性的“节制”并不认同于新古典主义生硬的创作“规律”，他认为“新古典派所订下的许多文学的规律，……乃是‘外在权威’（outer anthority）而不是‘内在的制裁’（internalcheck）”，因此，梁实秋立于“纯正的古典的观察点”认为“文学里有超于规律的标准”，[①] 这就是他所谓的“文学的纪律”，其核心仍为理性的节制精神。

而新文化运动的改革先驱们视传统文化为敝屣，他们要冲破“黑暗的闸门”“别立新宗”，就需要迥异于传统的新的有力的思想武器。已经向他们敞开的西方世界在他们眼中呈现出缤纷的色彩。那里有西方文艺复兴以来，道德逐步脱却禁欲的修道士面孔，向自然人性回归的理论资源；有资产阶级向封建社会体制宣战的“自由、平等、博爱”的口号；而 19 世纪末的非理性主义思潮，更具体地把对人的解放之维指向了感性的肉体。尼采教导人们应该充分张扬和释放感性，“不该向理性屈

① 梁实秋《文学的纪律》，《梁实秋文集》第 1 卷，第 135、139 页。

服，不该满足于理性”，因为“理性”仇视肉体，“把反自然捧上了天”。①

在新文化运动中，陈独秀曾宣言：“伦理的觉悟，为吾人最后觉悟的觉悟”，表现出激烈反对儒家人性思想的姿态。他主张教育必须贯穿四个主义，即“现实主义”、“惟民主义”、“职业主义”、“兽性主义”。这一“兽性主义”正相当于董仲舒所贬斥的“斗筲之性”，是儒家观念中的人之下品的表现，这一呼声对几千年来形成的“温柔敦厚”的民族道德人格而言，不啻为惊世骇俗之语。他声言：

“良以人类为他种动物之进化，其本能与他动物初无异致。所不同者，吾人独有自动的发展力耳。强大之族，人性、兽性，同时发展。其他或仅保兽性，或独尊人性，而兽性全失，是皆堕落衰弱之民也。”为此他呼吁，要提倡“兽性主义”，“兽性之特长谓何？曰意志顽狠，善斗不屈也，曰体魄强健，力抗自然也，曰信赖本性，不以他性为活也，得顺性率真，不饰伪自文也。白种之人，殖民事业遍于天地，唯此兽性故。日本称霸亚洲，唯此兽性故”。②

在陈独秀的表述中，“兽性”与“人性”不具有严格的学理意义，他是在常识的层面上对立运用这一组词，“兽性”是他对人的自然本性尤其是自然本性中强大粗放一面的指称，而“人性”则是他对后天形成的人的理智因素的指称。陈独秀对

① ［德］尼采著，张念东、凌素心译《权力意志重估一切价值的尝试》，商务印书馆1991年版，第223、685页。

② 陈独秀《今日之教育方针》，《陈独秀文章选编》上册，第84～89页。

兽性的呼吁，其实就是对自然人性也即“欲”的肯定，并在此基础上提出了对新道德的要求：

我们主张的新道德，正是要彻底发达人类本能上光明方面，彻底消灭本能上黑暗方面，来救济全社会悲惨不安的状态，旧道德是我们不能满足的了。①

无独有偶，在陈独秀将自然人性极端化为“兽性”来振臂高呼的时候，同样关注封建礼教对人性的戕害的鲁迅，也认为中国人是被封建伦理道德驯化了的失去了自然本性的人，在这一点上，他与陈独秀的立场不谋而合，他们都看到了几千年的封建道德文化对人的生命本能的扼制。鲁迅的早期思想受叔本华影响很大，把生活归结为生物体保持生存和延续生存以及发展的要求，归结为食与色的欲望，认为生活就是一种生存意志。对封建礼教戕害人性深有感触的鲁迅，在《我们现在怎样做父亲?》中说：

依据生物界的现象，一，要保存生命；二，要延续这生命；三，要发展这生命（就是进化）。……食欲是保存自己，保存现在生命的事；性欲是保存后裔，保存永久生命的事。饮食并非罪恶，并非不净；性交也就并非罪恶，并非不净。②

这种对理性节制的传统“驯化”式道德的否定，对饮食男女人之大欲的充分肯定，使新文化运动具有了与传统文化壁垒分明的特征。而《狂人日记》的发表，更是以文学作品的感性

① 陈独秀《调和论与旧道德》，《陈独秀文章选编》上册，第444页。

② 鲁迅《我们现在怎样做父亲?》，《新青年》第6卷第6号，1919年11月1日。

形式，把他对传统旧礼教戕害人性的批判上升为控诉，“吃人的礼教”一语，在社会心理上引起了很强的共鸣。

如果说，陈独秀和鲁迅对“兽性”的呼唤有一定的偏执，带有激进的情绪色彩，而且对“兽性”与“人性”的概念阐释不够明确的话，那么，周作人的《人的文学》，则以平和中正的态度，讨论了人性、道德、文学的话题，并揭示了它们之间的相互关系。在人性问题上，周作人强调的是人的灵肉一致，他说：

> 人的一切生活本能，都是美的、善的，应得完全满足。凡有违反人性不自然的习惯制度，都应排斥、改正。……古人的思想，以为人性有灵肉二元，同时并存，永远冲突。肉的一面，是兽性的遗传；灵的一面，是神性的发端。人生的目的，便偏重在发展这神性。其手段，便在灭了体质以救灵魂。所以，古来宗教大都厉行禁欲主义，有种种苦行，抵制人类的本能。一方面却别有不顾灵魂的快乐派，只愿“死便埋我”。其实两者都是趋于极端，不能说是人的正当生活。到了近世，才有人看出这灵、肉本是一物的两面，并非对抗的二元。兽性与神性，合起来便只是人性。……我们所信的人类正当生活，便是这灵、肉一致的生活。①

这一段话谈的虽然是人性的问题，其真正的目标却是指向道德的。“人的一切生活本能，都是美的、善的，应得完全满足”，“凡兽性的余留，与古代礼法可以阻碍人性向上的发展者，也都应排斥、改正”，“人类正当生活，便是这灵、肉一致

① 周作人《人的文学》，《新青年》第五卷第6号，1918年12月15日。

的生活”，这三个句子从结构上是三个判断句，所进行的是确定无疑的价值判断，他要表达的就是什么是正当的，什么是不正当的，这就是道德规范确立的话语方式。在五四时期一片“打倒孔家店”的呼声中，人们“破”旧的激情远超出了“立新”的意识，知识界充斥着口号式的对旧道德喊打的声浪，真正从人类学、从社会发展史、从心理学的理论视角，为社会筹建新的道德规范的人非常少，周作人的这一篇文章在当时足以称得上是空谷足音。周作人的思想比鲁迅和陈独秀更完善的一点在于，他不仅从道德意义上肯定了自然人性，而且还意识到自然人性也需要“灵”（精神）的制约。正如朱德发先生所言：

> 人的潜在生命力即使释放出来，也在很大程度上充满了黑暗和盲目的混乱，缺乏明确的行动指向，不清楚应遵循什么现实原则或途径才能真正解决或满足人的食物、安全、性爱等基本需要。因此，这就要求“自我”意识层次选择最佳的文化意识形态给以正确的启迪和引导。①

但是面对被封建礼法束缚了几千年的国民人性状况，周作人在更多的时候是强调自然人性的满足，为此他对被中国人视为禁区的“性”观念进行了深入的研究，他借助安特路·朗（Andrew Lang，1844～1912）的人类神话学和蔼理斯（Havelock Ellis，1859～1939）的性心理学理论，向国人推介一种科学的艺术的性学观，勇敢地谈性论爱，力图真正推动中国人性的解放。正因为如此，当浪漫率真的创造社作家郁达夫发表小说《沉沦》的时候，面对舆论界封建卫道士们的狂乱轰炸，周

① 朱德发《五四文学新论》，山东文艺出版社 1995 年版，第 53 页。

作人挺身而出，对《沉沦》作出了人性立场上的解读——“非意识的展览自己，艺术地写出升华的色情”。虽然梁实秋的人性论思想与周作人的思想比较相近，两者的观点大致一致，都认为人性的自然本性一面是需要理性调控的，但是与周作人相比，梁实秋更强调人性中的理性成分。

有了陈独秀在文化思想上的倡导，有了周作人对人的本能欲望的肯定，有了鲁迅在文学上的领军，由此生成的五四新文学传统也就有了与传统文学迥然的面貌。

梁实秋的文学批评活动是从五四后开始的，但五四那种意气风发、自由不羁的时代精神，在他的心目中并没有引起相应的认同感。五四运动的本质是一场“人”的解放运动、“人性”的解放和“生命意识”的张扬，必然带来创作主体和作品情感的解放，从而使整个文坛呈现一种浪漫激越的色彩。五四运动落潮后，继起的无产阶级革命运动引发了无产阶级文学的勃兴，它的倡导者们打出“文化批判”的旗号，以强烈的斗争意识，旗帜鲜明地对旧文坛进行理论批判。他们借用列宁的“自然生长”与“目的意识”的概念，认为过去的文学都是“自然生长”的，而无产阶级的文学应当是由“自然生长”转变为“目的意识”的，即由“文艺的武器”变为“武器的艺术”，从而建立起无产阶级文学阵线。这种文学倡导和创作的强烈目的性与中国现代社会革命斗争需要相结合，推动着中国现代文坛再一次呈现出高扬蹈厉、峻急汹涌的激情态势，而梁实秋与五四新文学的对立也因此形成。

1. 批评五四文学的情感放纵

梁实秋曾说：“我们从事文学批评，除非自己有所发明，总该祖述先贤，言有所本。”[1] 由于中国儒家文学在他看来完全是一种载道的功利文学，不具备现代意义上的文学品格，所以他所本的传统是中国的儒家伦理学说，然后参考源自古希腊的西方古典学说，因为二者在推重人性、注重理性及强调伦理道德方面有着共同的精神指归。只是中国儒家的精神传统之于梁实秋是一种积淀于内心的审美需求，它构成了梁实秋文学批评的精神内核，并外化为一种先在的期待视野，但却并不表现为具体的文学理论，他的具体文学批评理论大多取自迎合了这种期待的西方古典文论。中国儒家的思想与西方的古典文学理论体系在他这里形成了一种“体”与“用”的关系。这也正是20年代的现代新儒家们在复兴儒学时所采用的相同的治学路径。

五四新文学是梁实秋文学批评的首选目标。需要注意的是，正如他说理性与情感是文学里最根本的两种质地，而“‘古典的’与‘浪漫的’两个名词不过是标明文学里最根本的两种质地”那样，[2] “古典的”与“浪漫的”经常代替了“理性”与“情感”来表示与后者相同的意思。同样，他对“古典主义”的尊崇也同样是基于自己的理性立场和强调自己的理性态度。“古典主义”这一词是一个舶来语汇，新文化的倡导者是在顽固保守的意义上来认识它，而梁实秋是在西方古典主义文学思潮推崇理性的意义上取用这个词。

梁实秋在研究西方文学批评的基础上认为古今中外的文学都可分为两个主要的派别，一是古典的，一是浪漫的。他认为

---

① 梁实秋《论剧》，《梁实秋文集》第1卷，第190页。

② 梁实秋《文学批评论·结论》，《梁实秋文集》第1卷，第297页。

整个中国现代文学都是趋向浪漫的，因为“情感的推崇”是现代中国文学的主要特点。由此看来“浪漫主义”一词在梁实秋的古典视域中有着非常宽泛的涵义，他把所有注重情感宣扬情感的文学统归到浪漫主义的门下。

当代新儒家对五四的态度也与现代新儒学文化思潮中人如出一辙，王邦雄先生的下面这段话也许是最具代表性的，他说：

> 有人说五四是理性的，我告诉各位五四完全是感情的，而且是激情的把民主科学当做是信仰，以浪漫激情，燃烧生命，去对抗传统派，这是当代中国的悲剧。……打倒孔家店就等于打倒自己的世界，中国人就没有自己的心灵世界与精神宇宙了。①

梁实秋激烈地反对浪漫主义的情感观，认为浪漫主义者在对待理性与情感的极端态度上与新古典主义者一样，只是他们走上了另一个极端，认定无情感就无文学，“情感不但是做了文学原料，简直的就是文学”，并且情感必须要自由活动绝不能受理性约束，好像一旦让理性从大门进来，文学就要从窗口飞出去一样。这种极端的文学情感观是梁实秋最不能容忍的，他说：

> 古典主义者所须要的文学是“从心所欲不逾矩”的文学，这种文学是守纪律的；浪漫主义者所须要的文学是“从心所欲”而“逾矩”的文学，这种文学是不负责任的。②

---

① 王邦雄《从中国现代化过程中看当代新儒家的道德展开》，台北《鹅湖》第100期，1983年10月。

② 梁实秋《现代中国文学之浪漫的趋势》，《梁实秋文集》第1卷，第52页。

他认为理性与情感这两种成分是永远存在的，有时在一国的文学里，在一时代的文学里，甚至在一个人的文学里，都可以看出：

“一方面是开扩的感情的主观的力量，一方面是集中的理性的客观的力量，互相激荡。纯正的古典观察点，是要在二者之间体会得一个中庸之道。”但如果把“浪漫的成分推崇过分，使成为一种主义，使情感成为文学的最高领袖的原料，这便如同一个生热病状态，以理性与情感比较而言，就是以健康与病态比较而言”。①

他对浪漫主义的激烈批驳是有其现实的指向性的，五四运动在当时极大地震动了整个中华民族的生命意识和生存观念，人们的情感在震动中以黯涩的、高昂的、扭曲的、激悦的方式放恣地流泄于文坛。但这种现象是有其历史必然性的，梁实秋也承认中国人因历来最重礼法，而于“情感方法似乎有偏枯的趋势”，因此应该使情感得到解放。但他认为五四文学的总趋势是“推崇情感”，“情感如同铁笼里猛虎一般，不但把礼教的桎梏重重的打破，把监视情感的理性也扑倒”。结果是“一、流于颓废主义，二、假理想主义”。② 他所谓的“颓废主义”主要是指新文学中描写情欲的文学。对“性的苦闷”的抒写可以说是五四文学对封建礼法的最大冲击，古近代小说及艳词中虽不乏此种描写，但是多为性行为描写，而极少触及人物的性心理，这无疑是文学创作题材方面的一个突破，但梁实秋认为这是耽于声色肉欲的颓废主义文学，以激发自己和别人的冲动

① 梁实秋《文学的纪律》，《梁实秋文集》第1卷，第135、140页。
② 梁实秋《现代中国文学之浪漫的趋势》，《梁实秋文集》第1卷，第43页。

为能事，因而是“不道德的”（不伦理的），卑下的。新诗和新小说在这里首当其冲地遭到了他的责难，他说“近年来情诗在创作的量上简直不可计算”，“青年人最容易启发的情感就是性的恋爱。所以新诗里面大概总不离恋爱的题旨。有人调查一部诗集，统计的结果，约每四首诗要‘接吻’一次。若令心理分析的学者解释，全部新诗几乎都是性欲的表现了”；[①] 对于小说他强调“道德的严重性”，并作了《文人有行》一文，把肯定人的自然欲求的卢梭称为“最无行的文人”，并把文人的纵酒、狎妓、不修边幅、放荡不羁及在作品中叙述这些行为的举动称为“文人无行”。五四文学是在自然人性论取代传统的以理制情人性论的基础上产生的，人的自然本性获得了空前的承认和解放，敏感的文学青年们放恣地在生活中和作品中抒发他们的性与情。梁实秋指责这一现象不道德固然有些迂腐和保守，有成为面目可憎的封建道德家之嫌，但也指出了当时的一种现实，有利于人们走出对自身性情体验的小圈子，而获得更广阔的人生视野。

“假理想主义”其实就是19世纪末西方流行的现代主义创作手法，以怪诞陌生化为特点，梁实秋认为这是文学家在浓烈的情感之下，精神错乱，一方面顾不得现世的事实，一方面又体会不到超物质的实在界，发为文学乃如病人的狂语，乃如梦呓，如空中楼阁。他没有认识到这一类作品与生活现实虽是违异的，但它们却写出了一种心理的真实，写出了人在现实生活中被挤压被撞击的心理状态，是人的认知能力在心理精神领域的丰富和提高的间接体现，但这却是梁实秋的传统文化视野所

---

① 梁实秋《现代中国文学之浪漫的趋势》，《梁实秋文集》第1卷，第42页。

难以接纳的。

人道主义本源于欧洲文艺复兴时期的人文主义（Humanism），是从拉丁文 Humanistas（人道精神）一词引申而来，它与人文主义有着很大程度的相同或相近的内涵。它也肯定人的尊严、人的价值，肯定现实生活，但是与儒家人性二元的人本主义思想不同，它的理论预设是认为人性本善，人生而平等，人的各种生存危机以及阶级差距是外在的社会制度造成的，而不是人自身内部善恶较量的结果，所以它在要求个性解放、人格独立、意志自由、人人平等等方面比人文主义多了几分激进色彩，并强化了人与社会之间的对立，社会中的弱势群体被认为是社会罪恶的最深刻体现。五四时期是人道主义在中国蓬勃发展的一个时期，它除了促进全社会欲望和情感的觉醒，催生了很多血泪交织的文学，还在文学领域开拓了一个“对劳动人民表示同情”的文学主题，无产阶级文学的兴起则是人道主义思想发展的必然结果。

而对人道主义观念的抨击也是梁实秋以理制情文学观的一个重要方面。他说“情感在量上不加节制，在作者的人生观上必定附带着产生‘人道主义’的色彩，也就是普遍的同情心”,① 他认为这种“普遍的同情心”起源于一个极端的假设，即“人是平等的”。为此他从强调以理制情的角度，认为平等观念的由来不是理性的，而是情感的，是无限制同情的结果，是不经理性选择的结果，并认为强调“平等的观念，在事实上是不可能的，在理论上也是不应该的”。为此，他批评新诗中的“人力车夫派”，反对他们为人力车夫抱不平和赞美他们的

① 梁实秋《现代中国文学之浪漫的趋势》，《梁实秋文集》第 1 卷，第 44 页。

劳动，在他看来人力车夫凭他的血汗赚钱糊口，也可以算是诚实的生活，既没有什么可怜恤的，更没有什么可赞美的，至于把普遍的同情心推及到农夫、石匠、打铁的、抬轿的和倚门卖笑的娼妓，则更不可取。西方古典主义大师亚里士多德曾经说过："公正在于同类同等对待之，不同类不同等对待之。"①"公正"与"平等"的观念差异就构成了人文主义者和人道主义者的重要差别。

2. 建立以理制情的文学的纪律

梁实秋因推崇以理制情的人性而推崇理性，同时也因推崇理性而强调人性必须是以理性节制情感的二元人性。人性与理性在梁实秋的文学批评中是相生相长互相阐释的，二者互存共建共同支撑着梁实秋的文学批评大厦。理性至上是梁实秋人性论的另一个重要特征。梁实秋几乎就把它等同于"古典主义"，他说："古典主义者最尊贵人的头，浪漫主义者最贵重人的心。头是理性的机关，里面藏着智慧；心是情感的源泉，里面裹着热血。"② 他认为在理性指导下的人生才是健康、常态、普遍的人生，在这种状态下表现出来的人性才是最标准的人性，而且在理性规范下所创作出来的文学才是有永久价值的文学。

在中国的儒家传统中，理性更确切地说是一种伦理理性——所谓"克己复礼"，"从心所欲而不逾矩"，体现的是一种"中庸"的精神，它的全面含义是"无过无不及"，但重点却是

① 转引自王政、杜芳琴主编《社会性别研究选译》，生活·读书·新知三联书店1998年版，第192页。

② 梁实秋《现代中国文学之浪漫的趋势》，《梁实秋文集》第1卷，第41页。

在“无过”，这种侧重于反“过”的中庸精神，在充满“狂狷”之人的现实社会当然是有强烈的针对性的。但未免因理想色彩过浓疏离于现实，难于真正实行，而在社会变革到来之际，难免因过多遏制要求进取的时代，而往往表现为一种因循保守的精神力量。梁实秋对于“理性”的认识，相当于以善为内在质素的道德理性，追求的是不偏不倚中庸守度的理想境界。由此，他标举“理性”的衡尺，从宏观的角度对文学的形式因素、现代文坛的文学运动和文学批评现状进行了批评。

首先是对文学形式的理性规范。在理性为标尺的古典主义文学法度中，规范的形式和整饬的秩序一向是不可撼动的原则，面对新文学运动对文学形式规范造成的冲击，梁实秋试图以持中合度精神努力对此进行理性规范。

梁实秋说：“所谓文学革命者，往往着力在打破文学的形式，以为文学的形式是创作的桎梏，是天才的束缚，应该一齐地打破。”对此，他极力强调形式的意义，指出：

> 形式是一个限制，唯以其能限制，所以在限制之内才有自由可言。形式的意义，不在于一首诗要做多少行，每行若干字，平仄韵律等等，这全是末节，可以遵守可以不遵守。其真正的意义乃在于使文学的思想，挟着强烈的情感丰富的想像，使其注入一个严谨的模型，使其成为有生机的整体。亚里士多德论悲剧，说悲剧必须有起有讫有中部，实在是说一切的文学都要有完整的形式。①

梁实秋的这一说法，包含有两层意思：一是要说明形式存在的必要，从而反对新文学革命者要求打破一切文学形式的主

① 梁实秋《文学的纪律》，《梁实秋文集》第1卷，第145页。

张，他认为这是浪漫主义者情感放纵的结果，正确的做法应当是“变换”单调呆滞不合用的旧形式，而不是“取消”；二是要说明他所强调的“形式”，不是新古典主义者以刻板的条律约束内容的“形式”，而是一种“顾全内容”的“形式”。

他这一方面的观点主要体现在对待“新诗”的问题上。“新诗”作为白话文运动的成果之一，要求打破“旧诗”的格律，以白话入诗，以致在语言上力求“白”，力求“俗”，在形式上力求“放”，力求“活”，形成了新诗自由化口语化的特点。新诗的创作者们一度认为诗就是要求诗人心中的情绪坦白无饰地表现出来，不需任何的雕琢与粉饰，于是便有了像俞平伯的“被窝暖暖的，人儿远远的，怎能不想起人儿远呢？……”，以及康白情的“早起，如厕是第一件大事……”这样的诗句。梁实秋认为“新诗”也必须讲究格律与形式，否则就不能称其为诗，“新诗必须与旧诗搭上线才能有发展”，[①] 像“平仄”、“节奏”等都应为新诗所采纳。对传统的注重，使梁实秋的古典主义文学批评在“新诗”的问题上显露出了其理论的某些合理性，他看到了新诗的内在生命力，应该是传统诗歌的积蕴在新时代中的一种延续，也就是说新诗应该就原有的诗的传统而探寻新的表现方法与形式。

但是这种新的表现方法和形式必须受到自身型类特点的约束，这就是梁实秋对文学形式批评的另一方面，即要求各类文学体裁应有明确的划分，反对文学的类型混杂。他说：

“我们要注意，‘型类的混杂’亦是浪漫主义者的一大

① 梁实秋《“岂有文章惊海内”——答丘彦明女士问》，《梁实秋文集》第5卷，第535页。

特点，例如散文写诗，小说抒情，就是文学内部型类的混杂。诗与图画同为表现情感，音乐奏出颜色，图画里绘出声音，就是全部艺术型类的混杂。”① 他赞同贺拉斯的“恪守型类的范围”的观点，他说：“讲到文学的型类其本质既不相同，其体裁文调自应歧异。文学型类之划分清楚，乃古典主义的一个根本原则。……绝不容相混。”②

他的这一批评是指向新文学运动中的“文体革命”，因为“文体革命”打破了中国古典的文学体式，而且催生出了新的文学体裁，这是新文学运动的必然结果。因为文学的内容与其内容的结构方式（即体裁）是紧密相关的，要创造一种新文学，就必须对旧的形式规范进行实质性的改造。否则，新文学是不能得到整体性确立的。晚清“旧瓶装新酒”的文学改良为什么收效甚微，就是因为其实践者对于形式革新的保守态度。新文学运动的拥护者们热烈地欢迎“文体革命”，从而造就了一个文体大解放的时代，成仿吾在《诗之防御战》中倡言：“我们要秉我们之天禀，自由不羁地创造些新的形式，与新的内容，不可为一切固定的形式所拘束了。”③ 茅盾把鲁迅视为“创造新形式的先锋”，因为《呐喊》里的十多篇小说几乎一篇有一篇的形式，而这些形式给了当时的文学青年以莫大的影响。这种自由创造新形式的呼声及实践，赋予了作家艺术个性充分展示和发展的余地，各种文体的特征和性能在作家们的调度下相互渗透，而使其互相间的界限由松弛而模糊。

---

① 梁实秋《现代中国文学之浪漫的趋势》，《梁实秋文集》第 1 卷，第 44 页。

② 梁实秋《何瑞思之〈诗的艺术〉》，《梁实秋文集》第 1 卷，第 151 页。

③ 成仿吾《诗之防御战》，杨匡汉、刘福春编《中国现代诗论》上编，花城出版社 1985 年版，第 77 页。

而正是这种文学规则的不确定性，带来了文学表现力的高度活跃。在诗歌领域正如胡适所倡导的那样“诗国革命何自始，要须作诗如作文”，诗歌出现了不同程度的散文化和议论化倾向。在散文领域，广义散文观念被取代，现代“美文小品”的文体形式开始发展起来，讲求行文的流畅自然，无拘无束，是公认的最富个性的文体款式，而不再讲究古代文章的精神气韵，及起承转合的文法程式。在小说领域，中国古典小说原有的故事化倾向急剧削弱，其思维容量丰富起来，审美内涵也复杂起来，比如诗和散文的某些功能渗进了小说，周作人就认为废名的小说可以当做小品散文来读。在戏剧方面，中国在1918年之后开始真正有了自己的话剧文学，其体裁方式基本上完全来自西方话剧的艺术体系，而迥异于中国戏剧的传统规范。

文学体裁的变革和新的文学体裁的形成是文学发展的必然结果，文学体裁的产生是为了规范文学，文学就是在这种规范中确立自己、扬弃自己，同时文学还必须在反规范中解脱自己，伸展自己。恪守某一规范只会带来文学表现力的贫乏，难以负载丰富多变的文学内容。韦勒克、沃伦的《文学理论》一书中把文学的种类看做是一个“公共机构”，认为“一个人可以在现存的公共机构中工作和表现自己，可以创立一些新的机构或尽可能与机构融洽相处，但不参加其政治组织或各种仪式，也可以加入某些机构，然后又去改造他们”。① 梁实秋反对“散文诗”和“抒情小说”、“印象小说”、“游记”，是坚持

① [美] 韦勒克、沃伦著，刘象愚、邢培明等译《文学理论》，生活·读书·新知三联书店1984年版，第256页。

古典主义“种类的纯净”理论的结果，他没有认识到，现实生活多向性和多重性的特点，要求文学的创作方式必须具有多维呈向性，这种由单一向复杂的转变，是内容变革这一内在要求的外化，并不是简单的“型类的混杂”问题，而是创作主体和创作客体在文学表现方面的现实需要。形式的变革无论在当时还是现在，都是有着再造民族文化的重大意义的。

其次是以理性的态度观照新文学运动。推崇道德理性的人往往反对激烈的革命，坚持一种温和的改良主义态度。梁实秋对五四新文学运动的批评是非常激烈的，新文学运动的发难者肩负着革故纳新、再造民族文化的重大使命，他们对外来思想的接受也许是急切而匆忙的，其对传统的叛离也许过于决绝，其标新立异之举也许流于稚拙，但中国新文学之源确是由他们打开的，他们为中国文学创立了新的传统，其筚路蓝缕的开路功绩是不容抹煞的。

梁实秋认为对待外来影响应该采取一种“有选择”的态度，而五四新文学运动在这一点上失之于盲目。当时，吸收所谓“西洋文化”，接受外来影响，几乎成为五四时期的风尚。凡有志于文艺的人们，莫不把输入外国文学作为自己的首要任务。五四新文学的先驱者们，可以说无一例外地是从接触外国文学开始自己的文学生涯的。五四人在对外国文艺思潮和作品的借鉴和引进上表现出一种毫无心理障碍的急切姿态，这就势必造成一时间的良莠不分，“好的影响坏的影响”被“一视同仁的兼收并纳”。梁实秋把这种现象看做是浪漫主义者任由情感的推动而自由活动，是无限制地欢迎外国影响的结果。但他并不一概地反对外国影响，而是要求承受外国的影响，须要有选择，然后才能得到外国影响的好处。在这里，梁实秋的理性和冷静是很有价值的，但他的这份理性，也只是在五四落潮后，整个文坛都开始从不同角度或立场反思五四时才获得的。年方十八九岁，身处五四狂热的求知氛围中的梁实秋，又何尝不是“看的东西很杂，……追逐时尚，惶惶然不知其所届”。

如果说梁实秋对五四新文学不加选择地接受外来影响的批评是置时代因素和普遍的社会心理于不顾的话，那么他对于新文学者“全部推翻中国文学的正统”的抨击，还是很有见地的。80年代，曾有学者指责五四切断了中国传统文化，形成了“文化断裂带”，而五四文学革命者们对传统的否定确实是显示出了一种义无返顾的决绝的精神。他们反对纲常名教，视孔子为“百世之傀儡”，反对文言文，视《昭明文选》、桐城派古文为“桐城谬种，选学妖孽”，他们激烈地要求打破旧的文学规范，颠覆旧的文学传统，希冀中国的新文学能如凤凰“涅槃”而“再生”，而且“再生”之前提即是传统的速朽。因此，正如梁实秋所说，新文学运动在最初阶段是较多破坏性的，攻击古文、旧诗、旧剧、无所不用其极。这种对传统的极端破坏，在梁实秋看来亦是浪漫主义者任性而为的结果，他认为正确的理性的做法，应当是保留传统文学中合理的成份，在传统的基础上融进新的时代内容。这一点我们可以从他作于1923年1月的《诗的音韵》中看出来，他要求新诗不能自由无体，而应该创造新诗的新音韵，要求新诗亦讲求“韵脚”、“平仄”、“双声叠韵”，及“行的长短”，但已不是传统的《诗韵合璧》中刻板的规则。梁实秋非常注重传统的连续性，这一方面使他在激烈的社会变革面前显得保守，一方面却也使他获得了一种对传统进行有选择地合理扬弃的眼光。相对于那种武断地推翻传统，奉一切“外来的”为“现代的”、“进步的”文学观念，确是有着反拨和补苴意义。

梁实秋对新文学运动中首当其冲的白话文运动也进行了批评。他认为正是对于外来影响的不加选择的态度，及对传统的颠覆，导致了白话文运动中“欧化文体”的出现。继胡适提出白话文的主张之后，钱玄同和傅斯年在语文改革方面，提出了更强烈的改革要求，主张文字与语言全盘“西化”和“欧化的国语”，提出应根据罗马字母创造拼音字母拼写汉语，做到语文合一。他们的这些主张是对于中国现代文学建设的探索性的见解，显露出大胆的文化选择意识，但又不免因完全割裂中国文字的传统而流于虚妄和不切实际。

梁实秋把这种趋于极端的主张看做是浪漫主义的一出“噩梦”。他认为对“白话文”的倡导应理性而“审慎”，应当学习中国文字之传统的技巧，可以“文白夹杂”，把文言文的词藻用典“融化”在白话文里，这才是文学语言在现代的“自然发展”。梁实秋的这一主张在当时虽不为人们所认可，但他确实说出了当时语言发展的现实，像鲁迅的杂文其实就是梁实秋这种主张的成功范例。不仅如此，他后来创作的享誉世界的“雅舍小品”也是这种新文学语言主张的实践。

在翻译的问题上，梁实秋更站在理性的立场上，指出：

> 翻译的文学无时不呈一种浪漫的状态，翻译者对于所翻译的外国作品并不取理性的研究的态度，其选择亦不是有纪律的，有目的的，而是任性纵情，凡投其所好者则尽量翻译，结果是往往把外国第三四流的作品运到中国，视为至宝，争相模拟。①

对于在西方文艺思潮激荡下而生成的中国新文学而言，外

① 梁实秋《现代中国文学之浪漫的趋势》，《梁实秋文集》第1卷，第39页。

国文学作品、文学论著对新文学者的意义是举足轻重的。但那时能自己阅读外文原作的人毕竟是少数，面对着庞大芜杂的西方文学，新文学开拓者们责无旁贷地挑起了翻译的重担，虽然难免有混乱和盲目性，但他们确实把一个缤纷的西方世界推到了读者面前。梁实秋亦把翻译看做是新文学运动中的“主要的柱石”，但他反对无目的、随意的“文学介绍”，认为这是浪漫主义者“任性纵情”的结果，只凭一己之欣赏喜欢，而不做理性的有目的的选择。他认为翻译者应当对外国文学有一个全体的“透视”，判断出有价值的作品，然后再作翻译。这样翻译到国内的作品就是经过有目的的理性选择的作品，在这样的作品影响下的文坛就不会是盲目的、无秩序的，也就不会像鲁迅先生所说的那样，文坛文艺思想的流行“操于外国书籍贩卖者之手”，以致造成被动而混乱之局面。简言之，在梁实秋看来，只有在理性研究的基础上译介外国作品，才能形成对文艺思想的主动、系统的把握。

对于翻译作品纷繁芜杂的新文学运动而言，梁实秋的批评是很有建设性的。茅盾也曾不无忧虑地指出翻译界的这种不良态势，他说：“西洋文学名著被翻译过来的，少到几乎等于零。”针对这种现状，梁实秋也身体力行地做出了积极的努力。30年代起梁实秋致力于莎士比亚戏剧的翻译，而莎士比亚就是梁实秋统观西方文学后赞为“伟大的文学家”的作家，这一举动即可作为梁实秋文学翻译观的注脚。但20年代后期到30年代初期，革命文学家对于马克思主义理论及相关的无产阶级文学理论的译介，带有强烈的理性选择后的目的性，以至于发展到马克思主义文艺理论一元独尊的局面，这可能也是梁实秋所始料未及的。

最后，作为一个致力于建构文学批评体系的学者，梁实秋推崇理性的原则也运用到了对文学批评现状的理性制衡中。对文学批评自身的研究，也体现出梁实秋推崇理性的原则。在《现代中国文学之浪漫的趋势》一文中，他说：

考西洋文学批评的方法，最根本的只有两个：一个是判断的批评，一是赏鉴的批评，凡主张判断批评者必先承认文学有一客观的固定的标准，然后根据这个标准而衡量一切。凡主张赏鉴批评者必于自己性情嗜好之外不承认有任何固定的标准，故其批评文学只根据其一己之好恶。概言之，前者是古典的，后者是浪漫的，前者是理性的，后者是感情的。

梁实秋所谓的“赏鉴的批评”其实指的就是“印象主义批评”，他认为这种批评是“浪漫的趋势的一部分，其主要原理即在推翻理性的判断力”，他把他认为合理的批评称为“理性的”、“古典的”批评，甚至断言“批评乃是纯粹的理性的活动”。而在当时的文坛上，“印象主义批评”确实占着很大的比重，周作人便是极力推崇“印象的鉴赏”的批评并深得其精神的人，他说：“我以为真的文艺批评，本身便应是一篇文艺，写出著作对于某一作品的印象与鉴赏，决不是偏于理智的论断。”① 这种批评具有不拘一格随意而谈的美文品格。我们可以从几个方面来看看梁实秋站在理性的立场上对“赏鉴的批评”的批评。

首先是批评与鉴赏的关系问题。他认为“最上乘的文学批

① 周作人《文艺批评杂话》，《周作人批评文集》，珠海出版社 1998 年版，第 114 页。

评对于作品必有深刻的鉴赏，但徒有鉴赏亦不能成为批评”，真正的批评必须于鉴赏之基础上作严谨的判断。梁实秋对待这一问题的看法应当是比较合理的。鉴赏主要是一种情感活动，它包括阅读作品时所产生的美感体验，所引起的情感净化、情感宣泄等等，它的视野往往局限于某部作品内容，或者是艺术家所提供的“虚幻”的表象之上，靠着读者的感官情绪体验来衡量作品。鉴赏虽然也是一种评价作品的方法，但却不能等同于批评，因为“批评是理性的认识，或以这样的认识为目的。它的终极目的，必然是有关文学的系统知识，是文学理论”①。而鉴赏对于批评的意义就在于批评家先对作品进行主动感受和体验，这种感受和体验有助于形成批评家的判断尺度，或帮助判断。在鉴赏的基础上再进行理性的活动，才能产生真正的文学批评。比如挖掘隐藏在作品背后的创作因素，以及考察作品在文学史上的地位、意义等，梁实秋主张的“历史的透视”法，就是要求对一个作家或一部作品的价值之衡量需要顾及他在整个历史上的地位，这一主张是相当合理的。

其次是文学批评的标准问题。梁实秋认为文学批评“一定要有标准，而且必须是客观的固定的普遍的标准”，这一标准就是“纯正之‘人性’”，② 而且这一标准是“唯一”的、“绝对的”。据此，他反对“印象主义批评”仅凭“一己之好恶”、“一时之心境”，而“否认标准的存在”的做法。梁实秋认为这是“情感横溢的时代”所造成的恶果，这种打倒标准、扰乱秩

① ［美］韦勒克著，丁泓、余徵译《批评的诸种概念》，四川文艺出版社1988年版，第11页。

② 梁实秋《文学批评辩》，《梁实秋文集》第1卷，第124页。

序的现状，必须靠理性来重建，因此他极力倡导建立文学批评的标准，而且认为只有“固定的”、“唯一的”标准才能维持文学上秩序的整肃，其稳健保守的作风由此可见一斑。其实对于文学批评应当采用什么标准的问题，应当针对具体的文学现象而定，文学现象是富有多层次多角度的，文学价值又是一个多向度的复合体，这就决定了文学批评标准的非“唯一”性，若一味强调“唯一”的标准，最终会导致文学发展一元化归趋的呆板僵滞局面，扼制文学发展的活性。真正健康合理的文学批评标准应当能对文学的各方面价值做出评价，既有相对的稳定性、准确性，又能随文学发展做出相应的变动；既有普遍性、规律性，又不致走向绝对抽象而具有具体的可操作性。梁实秋以“纯正的‘人性’”作为检视文学的恒定标准，无疑会弃置了文学的其他价值，有欠公正。但这种现象也是不可避免的，任何一种标准都是一个“圈子”，被围住的只能是一部分或某一个，而不可能是全体。

再次是批评与创作的关系问题。梁实秋认为印象主义批评的根本错误，“在于以批评为创作，以品味为天才”。他批评培特对达·芬奇的“Monalisa”的批评，认为他“只是放情的发挥这幅图画在他心里勾引起来的情感的共鸣”，而没有对画本身的好坏做出评价。法朗士以文学批评为“文学杰作中之心灵的游历”，即是以“主观印象”为批评，而这也正是“印象主义批评”的重要特点，即欣赏者可以依据自己个人的情感经验来审视作品，并从中得到千差万别的感受，目的在于获得刹那间的美感。因此他们反对建立绝对标准，也反对追求稳定的理论体系，注重个人的审美个性的表现和对作品的创造性理解与发挥，其结果是对作品进行再创作，这就违背了梁实秋推重的理性判断精神。他强调文学批评不是艺术，艺术需要的是创作力，而文学“批评”需要的是判断力，这是心灵上两种不同的活动。他认为这种凭个人印象，以创作为批评的做法，造成了文学批评上的不严肃和散乱，各种“读后感”之类的或谀颂或谩骂式批评充斥文坛，而很少有人把文学批评作为一门学问进行研究。梁实秋主张批评的态度应为“严正”的，也就是不带个人好恶、感情色彩的，理智、客观、四平八稳的批评，但文学批评与文学鉴赏一样，既是被动的，又是主动的，不可能没有批评主体的主观色彩，把文学批评完全看做“做学问”，一味追求“学术性”，将会导致忽视它的艺术要素，毕竟它是“第十位缪斯”。

还有一种批评也是梁实秋所反对的，那就是科学的批评，科学的批评是以科学的方法为中介的，而科学理性则是科学方法的核心精神。这就有必要对梁实秋所推崇的理性和科学理性作一下区分，梁实秋主张文学批评“诉诸理性”是指向“价值判断”的，而科学的批评在科学理性的主导下是指向描述性研究而回避价值规范，所以梁实秋在文学批评中所推崇的其实是一种价值理性，而价值在哲学上是具有“目的”意义和“终极”意义的。科学的批评之所以为梁实秋所排斥，是因为科学理性常常是以实用理性和工具理性为特征表现于科学的批评之中，这样的批评在梁实秋看来只具有“手段”意义，并不符合他所认可的批评。因此他说科学的文学批评，“不能成为批评的一派，只能是批评方法上的一种贡献”。①

高蹈的理性姿态一方面使梁实秋以另类身影行走于文坛，

---

① 梁实秋《文学批评的将来》，《梁实秋文集》第1卷，第448页。

对现代文学提出秩序化规范化的严苛要求，一方面也使他以理性的自觉，切中时弊地批评了人们在激情状态下对正确批评立场的偏离。

三、“人性论”与“唯物论”：对左翼文学的偏见

1. 抽象意义与一般意义：普遍的人性与阶级性

1934 年 7 月，梁实秋将他发表在《新月》及其他报刊上的一些文章结集出版，书名是《偏见集》。其内容正如作者在 60 年代的再版序言中所说：

> 那时候的所谓文坛，讲“主义”的人很多，并且讲的往往不是纯粹的文学上的主义，常牵涉到政治思想的因素，文学成了武器，是非无从谈起。……如果他们的思想是正统的或前进的，我若有所见，只能算是偏见。①

在同一年，张东荪把自 1931 年至 1934 年间有关唯物辩证法论战的文字结集，由张君劢作序，于 1934 年 10 月在北平出版。这本书的出版是中国当时思想界的一件大事，可以看做是 20 年代“科玄论战”的进一步深化发展。张东荪在“弁言”中宣称：“本书专对唯物辩证法作反对的批评，乃只限于所谓赤色哲学，而绝非对于共产主义全体而言。”而作为唯物辩证法论战的另一成果，1935 年，叶青又将反驳张东荪的文章收集编成《哲学论战》一书，从而使现代新儒学与马克思主义唯物论形成了第一次对立论战的高峰。值得注意的是，在《唯物

① 梁实秋《偏见集·序言》，《梁实秋文集》第 1 卷，第 307 页。

辩证法论战》一书中还附有编者的一则预告，张东荪说他还将继续编一本《马克思派思想论战》的书，并称：

本书乃《唯物辩证法论战》之扩大，包括各方面，如文艺（例如关于普罗文学）人类学（例如关于原始共产）社会学（例如关于阶级斗争）政治学（例如关于专政）经济学（例如关于价值论）历史观（例如关于唯物史观）以及考古学与东方学（例如关于中国社会史）。此外哲学伦理方面亦复列入，实际对于马克思派之思想全体作一重新估价，已约定专门学者多人撰稿，一俟稿齐，即付梓问世。①

张东荪、张君劢当时都是国家社会党领袖，张君劢、张东荪、牟宗三作为国家社会党的中坚同时又是新儒学的代表人物，遂使得这一党派有浓重的新儒学色彩，方克立先生总结现代新儒家有反对共产主义和反对马克思主义的特点，主要即是从这一党派的活动中得出的。梁实秋作为国家社会党的领导人之一，在30年代发表了很多批评马克思主义唯物论的文章，与张东荪和张君劢不同的是，他作为一个文学批评家，主要是从文学和文学批评的立场上来反对以唯物论方法创作和研究文学。张东荪计划编写的《马克思派思想论战》可能最终并未实现，因为目前的国内图书馆内都没有收藏，也未见有这一书目。但如果当时能够实现的话，从批判唯物论角度对“普罗文学”进行批评的事，势必非梁实秋莫属。

梁实秋批评左翼唯物论文学观的理论基础仍然是人性论。如前文所述，他的人性论思想是对儒家二元人性论的延续。林

① 谢泳《与旧书相遇的惊喜》，《南方日报》2002年7月7日。

语堂曾经说过，白璧德的学说“颇似宋朝的性理哲学”，梁实秋推崇理性的二元人性论也与宋明性理哲学也称心性之学有本质上的关联，宋明心性之学，也被称为“人本主义的哲学”，是一种“道德本体论”，① 带有形而上学的色彩。而本体论的最重要特点就是将世界划分为本体世界与现象世界的二分模式，也就是柏拉图所谓的“一”与“多”的关系，和宋明理学家们所提倡的“天人合一”、“万物一体”。“一”与“多”的问题是白璧德的著作中一个非常重要问题，他说：“如果一个人要想成为一个健全的个人主义者，一个有人性标准的个人主义者……他就必须牢牢地把握柏拉图所谓的‘一’和‘多’的问题。”② 而“一”在白璧德的笔下意味着一种“普遍性”，“多”则意味着不断变化的事物表象。他认为真正的批评家“将看到一种超越了地方性和相对性的因素；他将学会通过一切相像的流动察觉这种潜藏的因素。用柏拉图式的话说，他将在‘多’中察觉出‘一’”。③ 梁实秋的文学批评中，有关人性的普遍性、永久性、超阶级等阐释，都来自这种对“多”中的“一”的把握，是一种对现象世界向本质世界的提升和超越的要求。

而在这个问题上，从宋明理学“接着讲”而创建了“新理学”的现代新儒家冯友兰更有发言权。新中国成立之后，马克思主义哲学取代中国传统哲学之后，儒学被贴上“唯心论”的封条，“封存”为一种“文化遗产”而在现实社会中失去话语权利。面对对传统哲学过多否定的现状，冯友兰提出：

---

① 蒙培元《理学的演变》，福建人民出版社 1998 年第 2 版，第 13 页。

② [美] 欧文·白璧德《卢梭与浪漫主义》，原序第 4 页。

③ [美] 欧文·白璧德《卢梭与浪漫主义》，第 10 页。

> 在中国哲学史中，有些哲学命题，如果作全面了解，应该注意到这些命题的两方面的意义：一是抽象的意义，一是具体的意义。过去我个人，对中国哲学史中的有些哲学命题，差不多完全注意它们的抽象意义，这当然是不对的。近几年来，我们才注意这些命题的具体意义。当然，注意具体意义是对的，但是只注意具体意义就不对了。①

当时的冯友兰正开始将自己的哲学向马克思主义哲学转型，面对着这两个哲学体系，冯友兰对这两个体系的区别有着最清晰的认识，他清楚地看到马克思主义哲学的客观实践性和儒学的抽象本体性，并且看到了在传统哲学命题中，虽然有些命题的“一般意义”与马克思主义相冲突，但它们的“抽象意义”却可以跨越历史时空在当时的社会中仍然有学习的价值。他举《论语》中的“学而时习之，不亦说乎”为例，说如果孔子教人学的是封建旧文化，那当然是不可取的，这是从一般意义上来看这个命题。但“如果从这句话的抽象意义看，这句话就是说：无论学什么东西，学了之后，都要及时的、经常的温习和实习，这就是快乐的事”。在这里，冯友兰提出了一种对中国传统哲学的“抽象继承法”，但却遭到了严厉批判。因为马克思主义唯物论是建立在客观实践基础上，强调现象世界的具体的对立冲突，并为这些具体现象提供解决之道，也就是在冯友兰所说的“一般意义”上分辨是非。但这种对抽象意义或形而上本体意义的强调正是现代新儒学的重要特征。梁实秋的人性论与革命文学阵营的阶级论就是在抽象意义和一般意义的

① 冯友兰《中国哲学遗产的继承问题》，《新华半月刊》1957 年第 4 期。

不同选择中展开冲突的。在《文学的永久性》一文中梁实秋说：

> 人性是不变的，情感是没有新旧的，文学是有永性的，这是铁一般的事实。这事实与唯物论不合，与蒲列汗诺夫的体系不相合。可是我们究竟是对事实加以无视，以维持唯物论蒲列汗诺夫的体系呢？还是承认事实，以摧毁唯物论与蒲列汗诺夫的体系呢？这是一条歧路……①

在《文学与革命》中他说过："所谓阶级云云，则社会有阶级之分，乃是摆在面前的事实，谁也不曾否认，而且阶级的观念也不是马克思的发明，古典经济学者无不注意其存在，但是硬说所有文艺作品必皆有其阶级性，某一作者必是为某一阶级服务，这不是事实。"这就是说，在梁实秋看来，从经济之角度人有贫富之差别，可以把人分为几个阶级，但在人性上是没有阶级之分的，人性是普遍存在的，既然文学是以人性为表现内容的，就不会有文学上的阶级之分的。他说：

> 文学的国土是最宽泛的，在根本上和在理论上，没有国界，更没有阶级的界限。一个资本家和一个劳动者他们的不同的地方是有的，遗传不同，教育不同，经济的环境不同，因之生活状态也不同，但是他们还有同的地方。他们的人性并没有两样，他们都有生老病死的无常，他们都有爱的要求，他们都有怜悯与恐怖的情绪，他们都有伦常的观念，他们都企求身心的愉快。文学就是表现这最基本的人性的艺术。无产阶级的生活的苦痛固然值得描写，但

① 梁实秋《文学的永久性》，《梁实秋文集》第1卷，第454页。

> 是这苦痛如其真是深刻的必定不是属于一阶级的。人生现象有许多方面都是超于阶级的。①

这样以“超阶级”的“普遍”的人性来反对文学的阶级性，就成为梁实秋反对无产阶级文学的基本立足点。

梁实秋以人性的“普遍性”来反对文学的阶级性，首先表现在文学作品方面。当时的革命文学者们认为阶级社会里的文学必然是有阶级性的，李初梨在《怎样地建设革命文学》中说：“文学，与其说它是社会生活的表现，毋宁说它是反映阶级的实践的意欲。”革命文学者并不反对“文学是人性的表现”，但在他们看来：

> 在阶级社会的里面，阶级的独占性适用到生活一般的上面。言语，礼仪，衣食住，学术，技艺乃至一切的生活内容。②

因此，他们认为在阶级社会中的人性就是带阶级性的人性，梁实秋所强调的那种超阶级的普遍人性是根本不存在的。革命文学者因此要求文学创作题材必须而且也只能是反映阶级意识的，无产阶级文学就必须反映无产阶级的阶级斗争意识，否则就是不忠于现实生活。

梁实秋反对这种认为文学有阶级性并进而限定创作题材的做法，他认为文学描写的是普遍的人性，而人性在各个不同的时代里及各个不同作家的手里是通过不同的题材得以表现的，文学家们有比常人更敏锐的感觉，所以他们对人世间一切的苦

---

① 梁实秋《文学是有阶级性的吗?》,《梁实秋文集》第1卷，第322页。

② 冯乃超《评驳梁实秋的〈文学与革命〉》，载北京师范学院中文系中国现代文学教研室主编《文学运动史料选》第3卷，上海教育出版社1979年版，第35页。

恼都有深切的感触：受军阀压迫的痛苦、生老病死折磨的痛苦、受命运播弄的痛苦、自己内心犹豫的痛苦，等等这些都可成为文学创作的题材，只要题材能够描写出“固定的普遍的人性”。而“阶级斗争既已由理论而成为实际活动，那么这斗争在文学里得到反映也是自然的”，如果硬要以“文艺政策”的方式强求文学家去描写阶级斗争生活，或为了革命的功利而片面要求写“工农革命如何胜利”，那便是抛弃了“文学的立场”。因为中国的大众并未全体参加阶级斗争，而且生活是很复杂的，即使在斗争中大众的生活也并非是单纯的斗争，人在斗争中也依然有各种悲喜剧不断地上演着。为此他指出过于强调文学题材的阶级性的弊端在于容易迫使没有阶级斗争经验的人写“革命的文学”，而这样做的结果是使这些作家“只好在想象中‘积极’起来，其结果是不着边际的一派宣传而已”。[①] 梁实秋对于革命文学家限定创作题材的批评应该说起到了针砭时弊的作用。这里需要指出的是，梁实秋所反对的并不是文学描写阶级斗争，而是反对认为文学有阶级性就把阶级斗争题材定于一尊并排斥其他生活题材的做法，他认为这样创作出来的作品“必无生气，必不真挚”。

梁实秋反对文学的阶级性还表现在文学创作者这一面。他认为“文学家不接受任谁的命令，除了他自己的内心的命令”，“文学家没有任何使命，除了他自己内心对于真善美的要求使命”，因为“文学家所代表的是那普遍的人性，一切人类的情思”，所以“文学家的心目当中并不含有固定的阶级观念”，更不含有“为某一阶级谋利益的成见”。[②] 梁实秋的这些话在当

① 梁实秋《所谓“题材的积极性”》，《梁实秋文集》第1卷，第458页。

② 梁实秋《文学与革命》，《梁实秋文集》第1卷，第313页。

时是有所指的，随着“革命文学”、“无产阶级文学”口号在中国揭起，以创造社和太阳社为主力军的左翼文学工作者们以一种极其简单化的阶级分析法检视作家及作品，重新划分作家队伍。他们把大部分新文学作家划入小资产阶级的行列，而且认为小资产阶级是没有任何革命性的，必须把他们“清查”出来，再“打发”出去。而“清查”的方法，除了在意识形态上或政治立场上划分无产阶级作家和资产阶级作家之外，还要从作家的作品中分析作家是代表哪一个阶级的意识。梁实秋反对这种在文学者中划分阶级队伍的做法，在他看来文学家就是比别人情感丰富、感觉敏锐、想象发达、艺术完美的人，他们在经济上也许属于资产阶级或无产阶级，但这与作品没有关系。他以托尔斯泰出身贵族却表同情于平民，以及马克思作为无产阶级理论的创始人而自己却并非无产阶级为由，认为不能由作品来推论作家的阶级立场，二者不存在完全对应关系，估量文学作品的性质与价值时，应“只就文学作品本身立论，不能连累到作者的阶级和身份”①。在《佛洛斯特的牧诗》一文中，他专门介绍了这个乡间诗人，介绍其牧诗的优美，并得出这样的结论：

> 一个人有了诗人的眼光与品味，无论抒写什么事物，自然的就成为诗，在乡村，在城市，诗人都可以发见诗，因为构成诗的原素，不是那乡村的或城市的背景，乃是那普遍的常态的人性。②

梁实秋在1933年12月发表《人性与阶级性》一文时说：

---

① 梁实秋《文学是有阶级性的吗?》，《梁实秋文集》第1卷，第323页。

② 梁实秋《佛洛斯特的牧诗》，《秋野》1928年第1～5期。

> 阶级性只是表面现象。文学的精髓是人性的描写。人性与阶级性可以同时并存的，但是我们要认清这轻重表里之别。

也就是说，普遍的共同的人性是最基本的，阶级性只是普遍人性在一定社会的历史条件下的特殊表现形式。他坚持文学描写的重点是普遍的人性，如果作品只停留在对人的阶级性的描写上，在他看来即是流于表象的和“肤浅的”。[①] 由此，梁实秋对“革命文学”的概念也提出质疑，认为“在文学上讲，‘革命文学’这个名词根本的就不能成立。在文学上，只有‘革命时期的文学’，并无所谓‘革命文学’”。[②] 在他看来，文学只能“忠于人性”，而不能忠于某一种具体的革命理论，而且文学家只能听从自己内心对真善美的要求来创作。

2. 古典主义的文学本体观与新古典主义的文学工具观

正如梁实秋在《文学批评辩》中所言：

> 文学批评和哲学是不能分开的，……文学批评的出发点是人对人生的态度，这是一个哲学问题。[③]

梁实秋对普遍和永久的人性的追求，必然带来他对文学作出本体论思考，文学如何可以具有普遍意义、永久意义，如何能不囿于具体的时代具体的现象而有恒久的价值，这些从普遍超阶级的人性论中生成的思考使他的文学话语具有文学本体论色彩。而这种对普遍的、终极的意义的追求，也正是古典主义

---

① 梁实秋《人性与阶级性》，《梁实秋文集》第 1 卷，第 489 页。

② 梁实秋《文学与革命》，《梁实秋文集》第 1 卷，第 311 页。

③ 梁实秋《文学批评辩》，《梁实秋文集》第 1 卷，第 124 页。

与新古典主义话语相区别之处。白璧德对古典主义与新古典主义的区别作了这样的描述：

> 真正的古典主义并不取决于对规则的遵守或对典范的模仿，而是取决于对普遍性的直接感悟。①

当梁实秋面对左翼文学时，他的古典主义理论视野使他对左翼的文学政策极为反感，他指出：

> “目前国内有一件很可笑的情形，即左翼理论家之公式化，他们共同的信奉着一套法典，于是以同样的方法运用同样的尺度，千篇一律。……其实思想之僵化、态度之狭隘正不下于新古典主义者。惟一不同之处，法典不同而已。”② 甚至认为“普罗文学所载的道与韩愈所载的道，道虽不同，而为载道则一”③。

但这样的学理性批评没有被左翼文学接受，左翼文学在为政治服务的路途上一直走到了“文化大革命”期间的三个样板戏，也就是新古典主义的僵化文风的极端发展。

在《文学批评辩》一文中，梁实秋引用了阿诺德对文学批评的定义：“‘文学批评者’，乃是一种无所为而为之努力，借以学习并传播世上最优美之智能思想者也。”梁实秋肯定了其中的“无所为而为”精神的“超然”、“公允”、“客观”。④ 西方的古典主义者往往追求作品的“经典性”，即作品超越时空的终极价值，他从创作的主客体两方面来对文学进行界定，从而推断出文学作品应当追求终极价值。在《诗与诗人》一文

---

① ［美］欧文·白璧德《卢梭与浪漫主义》，第12页。

② 梁实秋《何为健全的批评》，《梁实秋文集》第7卷，第265页。

③ 梁实秋《〈中国新文学的源流〉》，《梁实秋文集》第7卷，第156页。

④ 梁实秋《文学批评辩》，《梁实秋文集》第1卷，第122页。

中，梁实秋提出，“诗人要摒弃名利观念，对人生有浓厚的兴趣，而又要胸怀淡泊”，[①] 为此“诗人要培养正义感、同情心”，在这里他所要表明的是，文学家必须要做到超越现实功利，对人生要有一种终极关怀的姿态，因为正义感是不带时代地域色彩的，是有“永久性”的，它“永远”表现为对“弱小的人们的同情”，而人类的竞争法则，注定了社会中优势群体与弱势群体的永久性对峙存在。这样，表现对象的永久存在性与表现者的终极关怀姿态，使梁实秋得出了文学作品应当具有超时空的终极价值。

为此，梁实秋反对30年代“把文学当作工具”的文学观，因为持这种文学观的文学家往往以功利心对待文学，以特定的阶级情感关注阶级社会的人生，从而妨害了作品终极价值的形成。后期创造社的重要成员李初梨在《怎样地建设革命文学》一文中提出了“重新来定义‘文学’”的主张，他引用辛克莱的名言说：“一切文学艺术都是宣传，普遍地而且不可避免地是宣传”，并主张作家应“为革命而文学”不是“为文学而革命”，作品则是“由艺术的武器”到“武器的艺术”。[②] 这种以艺术为武器的文学观，遭到了梁实秋的强烈反对。他虽然反对“为艺术而艺术”，承认文学有一定的功用，但却并不认同无产阶级文学的立场。他认为这种文学价值观只是在“利用文学”，与那种认为文学无用的观点一样，都是不尊敬文学的。

在他的文学本体观中，他认为文学本身即是目的，而不是

---

① 梁实秋《诗与诗人》，《梁实秋文集》第1卷，第602页。

② 李初梨《怎样地建设革命文学》，北京师范学院中文系中国现代文学教研室主编《文学运动史料选》第2卷，上海教育出版社1979年版，第42页。

手段。梁实秋认为以文学为工具的文学观，并没有把文学当做文学，或者说从根本上忽略了文学之为文学的价值，而是把它作为达到文学之外其他目的的手段，也就是以它的“工具”价值取代了它作为文学的独特价值。在他看来文学本身即是目的，在他的文学批评中，他还经常使用“文学的立场”、“文学的内部”等话语来强调应当从文学的自身来研究文学，并确定文学的价值。但他并不是绝对地反对这种利用文学的文学观，而是反对以这种文学观主导文坛，置文学的本身价值于不顾的“喧宾夺主”的趋向。他说我们不反对任何人利用文学来达到另外的目的，这与文学本身无害，甚至他还承认真的革命家为了借助文学来达到自己的理想，以“炽烧的热情渗入于文学里面，往往无意的形成极能感人的作品”①。但是这只是一种“借用”性质，正像“切菜刀可以杀人，不要说切菜刀专作杀人之用”，也就是说，革命家们可以拿文学作为宣传的“武器”来用，但是不能由此便说文学是“武器”，这在梁实秋看来是不符合文学自身特性的，或者说是强以“目的”为“手段”的。

无产阶级革命文学兴起以后，文学与政治、文学与革命的关系被推到了理论的前沿，文学仍然是文学，还是文学不再是文学，而应是政治与革命的手段，成为人们普遍关注的焦点。但是，由于遭逢着一个充满了血与火的苦痛时代，人们丰盈的战斗激情替代了平和的理性思考，在创作主体们投身革命的行动中，文学和文学批评也不可避免地担当起冲锋陷阵的战斗角色，这是特殊时代产生的特殊文化景观。我们没有理由大肆攻击他们的浮躁与不冷静，只是立足于今天回首百年的文学历

---

① 梁实秋《文学与革命》，《梁实秋文集》第1卷，第317页。

程，文学的手段功能曾被畸形纯化到极致并最终导致了文学的面目全非，由此可见梁实秋早年维护文学自身特性的可贵之处。

站在维护文学本体性的立场上，他清醒地指出了以文学为手段给文学带来的负面性。他特别指出强调文学的“工具”价值，容易忽视文学的艺术性。梁实秋在《文学是有阶级性的吗?》一文中说“我们不要看广告，我们要看货色”。他认为一味追求文学的“工具”价值，会导致作家根据作品的社会效果来创作，创作出来的作品则多对社会或民众具有宣传鼓动性，而缺乏“文学意味”。对此鲁迅也曾深有感触，在《文艺与革命》中他强调：“革命之所以于口号，标语，布告，电报，教科书……之外，要用文艺者，就因为它是文艺。”而当时在“工具论”指导下创作的革命文学，“作品虽然有些发表了，但往往拙劣到连报章记事都不如”。① 其次他还指出，强调文学的“工具”价值会使文学追求时效性而缺失“固定的永久的价值”。梁实秋认为文学是永远存在的，而革命运动则是人类历史上暂时的变态的现象，这样如果以文学为革命的工具，那么当革命终结之时，也就是文学失却存在价值之时。其实革命文学家们在以自己的作品作为宣传鼓动的“工具”之时，追求的就是时效性，他们热切希望作品能够即时起到一呼百应的社会效果，希望自己充满战斗意识的作品能够同战斗的对手一起速朽，而并不致力于追求作品具有永久存在的价值。因此他们的作品大都充满强烈的时代精神，负载着敏感的社会内容，并带

① 鲁迅《文艺与革命》，北京师范学院中文系中国现代文学教研室主编《文学运动史料选》第 2 卷，上海教育出版社 1979 年版，第 96 页。

有鲜明的时代情绪和社会心理的印记。

梁实秋作为一个本体论的人性论者，对“恒常之道”情有独钟，他追求的是作品的永恒价值，并以作品能否传世来衡定优劣。这种追求文学的永久价值和永久生命力的主张是积极而合理的，有利于培养作家的精品意识，杜绝粗制滥造的应时之作。但是由于他充分注意到了时间对文学的淘汰作用，即带有鲜明时代色彩的文学在时过境迁之后价值的衰微，因此他反对文学把反映时代精神作为主要任务，在他看来文学的时代精神只是文学的一种附属色彩，文学受时代影响还是影响到时代对于文学的价值不发生关系，普遍固定的“人性的描写”才是文学的精髓。这种观点无疑是以文学的“永久价值”抹煞了文学的“当代价值”和时效性。具有鲜明时代色彩的文学往往能及时而集中具体地传达本时代的社会、政治内容和文化、审美、心理内容，从而成为本时代文坛上最先锋最富活力的一部分。每一时代的文学家都是为本时代的人写作而不是为未来时代的人写作，作为批评家如果只追求作品的永久价值，将会扼杀文学的创新活力。蒂博代就曾经说过：

> 如果有一位超人的批评家出现，他现在就能完成后人所做的分类，显然我们不能让他活下去，否则他将毁灭文学。①

3. 文学的贵族（高雅）性与文学的大众化

大众文学几乎是20世纪中国文学的核心话题，从五四文

---

①［法］阿尔贝·蒂博代著，赵坚译《六说文学批评》，生活·读书·新知三联书店1989年版，第24页。

学革命时的“平民文学”、“为人生的文学”，到30年代的“无产阶级革命文学”，再到新中国成立后的“工农兵文学”，以及90年代的通俗文学，如何使文学从少数人的手中走向大多数人一直是历次文学运动所关注的重要问题。而促使这一趋势形成的重要因素，是贯穿了20世纪的民主与平等观念，以及由此而产生的人道主义精神。

梁实秋极力反对将民主平等的观念运用到文学领域，因为在他眼中：

> 一切的文明都是极少数天才的创造。……天才也是基于人性的。天才之所以成为天才不过是因为他的天赋特别的厚些，眼光特别的远些，理智特别的强些，感觉特别的敏些，一般民众所不能感觉，所不能透视，所不能思解，所不能领悟的，天才偏偏的能。[①]

他对“天才”的理解，是建立在天才对“普遍性”意义的独特把握能力上，也即白璧德所言：“天才可以被定义为是对普遍性的富于想像的认识。”也就是能把握世界真理，看到现象的本质的人。而这样的人无疑是少数的，因此，无产阶级革命文学的倡导者主张让工农大众掌握国家机器，而梁实秋则主张实现“亚里士多克拉西”，即“以最优秀的国民统治国家”。[②] 革命文学家提倡大众文学，梁实秋则强调文学的贵族性，但这个容易引起歧义的词其实指向的是文学的高雅性。

梁实秋有着典型的文化贵族的心态。还在清华学校读书时期，他就以“诗是贵族的”来批评“为人生的文学”和“平民

---

① 梁实秋《文学与革命》，《梁实秋文集》第1卷，第309页。

② 梁实秋《亚里士多克拉西》，《梁实秋文集》第6卷，第393页。

的文学”观念。他所谓的“贵族”是指诗歌有独立不依、不为外物所用的尊严和高超的艺术品格。虽然周作人也认为文学应该有“贵族的精神”，“文艺当以平民的精神为基调，再加以贵族的洗礼，这才能够造成真正的人的文学”。[①] 但相比之下，周作人所谓的以“平民的精神为基调”难免会导致“为人生”的功利化倾向，正如他自己所担心的那样。不过在对文学“贵族”化的理解上，他与梁实秋是非常一致的，即是指对文学艺术性的维护和追求。《读〈诗底进化的还原论〉》一文是梁实秋去美国之前的1922年发表的，他的文化贵族的立场已经非常鲜明了，虽然他也同情社会下层人们的生活苦难，也有关怀平民阶层的社会思想，但在文学领域内，他的贵族立场是非常坚定的。他强调：“诗是贵族的，决不能令人人了解，人人感动，更不能人人会写。”如果文学以大众能欣赏为标准的话，那么：

> 大多数人所赏鉴的必非最完美高尚的作品。“曲高和寡”是当然的事；“对牛弹琴”那又何必呢？诗真可以算是命途多舛了！才从脂粉堆里爬出来，又要到打铁抬轿的手里去了！诗人也真不幸啊！诗人也要服从“到民间去”的命令吗？[②]

这种在文学上当仁不让又居高临下的姿态始终是梁实秋最执著的态度。而后来对他影响很大的同学潘光旦和老师欧文·白璧德也都是文化立场上不折不扣的贵族主义者。梁实秋曾谈到研究优生学的同学潘光旦对自己影响“甚巨”。他们一起在

① 周作人《贵族的与平民的》，载高瑞全编《理性与人道——周作人文选》，上海远东出版社1994年版，第75页。

② 梁实秋《读〈诗底进化的还原论〉》，《梁实秋文集》第6卷，第169、170页。

美国读书时，潘光旦主张人种改良，提倡管制生育，认为“让优秀的人多生子女，让庸劣的大众少生子女，种族才得健全”。这样的想法和梁实秋当时所倾慕的卡莱尔的英雄崇拜说正相符合，他“对于所谓‘普罗’的看法似乎找到了理论的根据”。而且潘光旦还告诉梁实秋，当时国内所流行的“民为贵”的平民主义思想是孟子所创，与孔子的理想并不合拍，因为“孔子的理想是贵族政治”。梁实秋自承：“我听他的议论久了，不自觉的深受他的影响，反映在我的文学观上。”① 不仅如此，推崇古希腊人文精神和孔子儒学的白璧德也同样“不依赖群众统治（mob rule），他的倾向是宁可说偏向于‘知识的贵族主义’”。②

在《论民治与领袖》一文中，他认为中国旧学“其所以可贵者，以能见得文化非赖群众所维持，又不能倚卢梭之所谓公意，及所谓全体之平均点，而必托命之少数超群之领袖。此等人笃信天命而能克己，凭修养之功，成为伟大之人格”。所以白璧德公开主张人与人之间是不能取得完全平等的，并进而抨击具有广泛同情心的人道主义。③

1927 年之后，无产阶级革命文学迅速发展，文学的“大众化”逐渐变成文学发展的主潮。1928 年 9 月，郁达夫借日本流行的“大众小说”的概念创办了《大众文艺》，他此时对“大众”一词的界定是：“文艺是为大众的，文艺也是关于大众的。

① 梁实秋《“岂有文章惊海内”——答丘彦明女士》，《梁实秋文集》第 5 卷，第 529 页。

② 梁实秋《关于白璧德先生及其思想》，《梁实秋文集》第 1 卷，第 551 页。

③ ［美］欧文·白璧德《中西人文教育谈》，载徐震堮、吴宓、胡先骕编译《白璧德与人文主义》，新月书店 1929 年版，第 15 页。

西洋人所说的‘by the people，for the people，of the people’这句话，我们到现在也承认是真的。”① 在这里，郁达夫所谓的“大众”还是指大多数的人，不带有阶级色彩，基本与五四时的“平民”概念相当。但随着无产阶级文学声势的壮大，“大众”一词有了新的明确的定义，郭沫若认为“大众是无产大众，是全中国的工农大众，是全世界的工农大众”。② 30 年代，左翼作家学习列宁的“艺术是属于人民”的思想，开展了三次文学大众化的讨论会，至此，文学大众化也就以“无产阶级工农大众”的内涵与五四文学的平民大众有了正式分野。

但是革命文学家们以文学为启迪民众之工具，却面临着民众的知识水平低下的问题。始终以启蒙者的姿态站立于文坛的鲁迅先生也是积极推动文艺“大众化”的，他认为“应该多有为大众设想的作家，竭力来做浅显易解的作品，使大家能懂，爱看”，但同时他也很忧虑地看到，迎合和媚悦大众的作品，“是不会于大众有益的”，而且这样的作品的质量，“恐怕也只能到唱本那样”。③ 而郭沫若在这一问题上就比鲁迅欠缺理性，他以诗人的热情欢迎大众文艺，并主张“大众文艺的标语应该是无产文艺的通俗化，通俗到不成文艺都可以，你不要丢开大众，你不要丢开无产大众”。④ 这就是只追求文学的社会功利

① 郁达夫《〈大众文艺〉释名》，《郁达夫文论集》，浙江文艺出版社 1985 年版，第 424 页。

② 郭沫若《新兴大众文艺的认识》，北京师范学院中文系中国现代文学教研室主编《文学运动史料选》第 2 卷，上海教育出版社 1979 年版，第 365 页。

③ 鲁迅《文艺的大众化》，载北京师范学院中文系中国现代文学教研室主编《文学运动史料选》第 2 卷，上海教育出版社 1979 年版，第 362 页。

④ 郭沫若《新兴大众文艺的认识》，载北京师范学院中文系中国现代文学教研室主编《文学运动史料选》第 2 卷，上海教育出版社 1979 年版，第 366 页。

目的而不顾其艺术性的偏激做法。

在这种语境中，梁实秋再一次标举他的文化贵族的立场，在《文学与革命》中他批评说：

> 近代德谟克拉西的思想发达了，所以我们很容易把民众的地位看得太高。……其实“大多数的文学”这个名词，本身就是一个名词的矛盾，——大多数就没有文学，文学就不是大多数的。

他认为大众化的立场会导致文学家以作品的社会效果来判断作品的价值，也就是说作品的读者越多则作品越好，这势必推动文学家为大众而创作，其结果就是使“文学的质地降低了来俯就大多数的人”。而“好的作品永远是少数人的专利品，大多数永远是蠢的永远是与文学无缘的”，所以“为大多数人读的文学必是逢迎群众的，必是俯就的，必是浅薄的”。需要注意的是，梁实秋所谓的“少数人”并不是我们过去所理解的经济意义上的贵族阶级，而是一种“知识贵族”，或者说是资产阶级和无产阶级中有文学素养的那一部分人。与此相对应，他指出“大多数人”或“大众”，“并不专指无产大众。有产的人也尽有与文学无缘的。我所谓的‘大众’与多数人，是以他们的文学品味之有无而分，并不是以他们的经济地位而分”。①此时，梁实秋笔下的“天才”与“大众”概念与左翼阵营的“贵族”与“大众”概念根本不在同一范畴，人生观的不同，使他们的对话只能在冲突中进行。

实际上，即使在今天看来，我们也不得不承认，在任何社会中占多数的人肯定不是文化水平最高的那一部分，梁实秋说

---

① 梁实秋《文学与大众》，《梁实秋文集》第1卷，第480页。

“最高的艺术，多少总带有一点贵族性”，[①] 这在今天看来也不为过。而为多数人作文学还是为文学自身而作文学，就关涉到作通俗文学还是高雅文学的问题，本书不展开探讨。

四、文学批评的皈依：伦理学还是美学?

美学在中国起步较晚，至 30 年代尚未成为一门独立的学科。但自文学革命以来，文学从载道的束缚中解脱出来，其独立地位已经被广泛接受，“为艺术而艺术”、“唯美主义”的主张在文坛上一直占有一席之地。而 30 年代，以朱光潜为主要代表的一些研究美学的学者，把西方美学方面的著作陆续翻译到中国，遂使美学问题进入了人们的视野。美学是在承认艺术（包括文学、音乐、美术等）有独立地位的前提下，探索艺术的一般原理。它最大的特点就是为艺术提供独立的标准和价值体系，以与其他社会学科相区别。与梁实秋致力于建立中国文学理论体系一致，朱光潜的理想是为中国文学建构美学体系，从事于对国人的“审美启蒙”。在朱光潜看来，美学就是艺术哲学，是包括文学在内的所有艺术的原理，而这一原理是建立在美感经验的基础上，所以他强调文学中的美感和艺术享受，反对因过分关注人生而陷入功利的实用一途。在《文艺心理学》一书中，他提出：

> 艺术是一种精神的活动，要拿人的力量来弥补自然的缺陷，要替人生造出一个避风息凉的处所。它和实际人生之中应该有一种“距离”。[②]

---

① 梁实秋《“五四”与文艺》，《梁实秋文集》第 1 卷，第 626 页。

② 朱光潜《朱光潜全集》第 1 卷，安徽教育出版社 1993 年版，第 29 页。

他在“心理距离说”的基础上树起了“美学”旗帜，他所谓的距离其实就是对现实人生的一种超脱，这让他的话语有了逃避人生的唯美的嫌疑。

梁实秋在建立中国文学理论体系的过程中，也充分注意到了文学批评的价值标准问题，并由此而意识到文学批评与哲学是有密切联系的，但他认为文学批评的价值体系应诉诸于伦理学，而不是美学。这就使他与朱光潜之间的美学论争不可避免地发生了。

因为以伦理学为文学批评的价值皈依之所，梁实秋在自己的话语中体现出了重善轻美的价值取向，也就是强调文学的道德性，以及由此而强调文学应关注人生，因为在他看来人生万象都是有道德意味的，文学的道德意义就是在关注人生中产生的。虽然梁实秋极力反对文学的功利化倾向，但他的这两种价值取向却给他的话语涂上了现实性和功利性色彩，在与朱光潜的美学论争中，由于反对文学脱离人生的美感作用，他话语中的这两种色彩更为突出。

由于梁实秋于 1937 年所挑起的这场美学论争是中国现代文坛上的第一次美学论争，所以也引起了左翼文学阵营的关注。已经在文坛上获得主流地位的左翼阵营，也开始思考如何建构自己的美学体系的问题。周扬是左翼文坛的重要文艺理论家，他在研究了梁实秋与朱光潜的论争观点之后，提出了建构“新美学”的主张。周扬的新美学观念与左翼文学理论一致，有着鲜明的经世致用色彩，这就使他与梁实秋的伦理学价值观产生了共鸣。这也是新儒学文化与马克思主义文化之间可以对话沟通的一个例证。

1. 善与美：进乎道与止于技

梁实秋将文学批评与伦理学相连首先是来自他对儒家伦理学说的肯定和推重，其次是由于他所借鉴的西方古典主义文论也有着明显的伦理学要素。在西方，古典主义的文学价值观基本上是在亚里士多德的“净化说”以及贺拉斯的“寓教于乐”的基础上形成的，二者异曲同工，都认为艺术的价值包含“教育”和“精神享受”两方面，但亚氏更注重艺术的伦理道德的教化作用，这就为后世的古典主义者强化文学的道德价值提供了可供借鉴的依据。

亚里士多德有一个关于悲剧的经典定义，定义说：“悲剧者，乃动作之模仿也，而其动作必为严重的，必有起有迄，必有一定之长度。其文字则于全剧之各部分中经数种艺术的点缀品之装饰。其体乃动作而非叙述，其用在激发人之哀怜恐怖之心，以使此种情感得正当之排泄涤净。”①这一定义一向被视为西方文艺理论的元典，后人多在祖述和阐释这一元典中建构自己的话语。梁实秋认为后世学者对亚氏这一学说的两种经典解释是不确切的，一是“伦理的解释”，一是“艺术的解释”。前者太褊狭，以为文学能改变“意志”，容易陷入“教训主义”；后者以为文学的功效在于使人愉快和情感舒畅，易流为“艺术的享乐主义”。他总结亚氏的“排泄涤净”说的真义为“使人愉快，但其愉快必有伦理的制裁”，概言之就是兼有“伦理的与艺术的原素”，而“伦理的”的原素居于首要位置。

依据亚氏的学说，他阐述了自己的观点：

① 梁实秋《亚里士多德的〈诗学〉》，《梁实秋文集》第1卷，第84页。

> ……文学与道德有密切关系，因为文学是以人生为题材而以表现人性为目的的。人生是道德的，是有道德意味的，所以文学若不离人生，便不离道德，便有道德的价值。①

但他强调自己的文学道德观与“教训主义”的区别，他说：

> 我并不同情于“教训主义”。“教训主义”与“唯美主义”都是极端，一个是太不理会人生与艺术的关系，一个是太着重于道德的实效。文学是美的，但不仅仅是美；文学是道德的，但不注重宣传道德。凡是伟大的文学必是美的，而同时也必是道德的。②

由此我们可以看出，作为一个具有文学本体意识的现代文学批评家，梁实秋承认文学应该拥有它之所以成为艺术的必要的美感因素，但他对文学的道德性给予了更多的关注。

1937 年，梁实秋在《东方杂志》上发表了《文学的美》一文，此时他与朱光潜同为北京大学西洋文学系教授。梁实秋对美学（主要是指文艺美学）持一种否定的态度，认为美学的原理可以应用在文学上面“是一个绝大的误解”。在他看来，美在文学里只占一个次要的位置，即“他随时能给人一点‘美感’，给人一点满足，但并不能令读者至此而止”。欣赏音乐或图画时，可以以得到美感为满足，但“若是读文学作品而亦同样的停留在美感经验的阶段，不去探讨其道德的意义，虽然像是很‘雅’，其实是‘探龙颔而遗骊珠’”！③ 从上述观点中我

---

① 梁实秋《文学批评论·结论》，《梁实秋文集》第 1 卷，第 300 页。

② 梁实秋《文学的美》，《梁实秋文集》第 1 卷，第 510 页。

③ 梁实秋《文学的美》，《梁实秋文集》第 1 卷，第 497、509 页。

们可以看出，梁实秋对美学的排斥，并不是一种截然的否定，而是认为美学所强调的“美感经验”只是文学批评的一个阶段，是过程而不是终极之地。他承认“文学是美的”，因为只有有了美感，才能称得上是属于艺术门类，但他认为文学的美仅仅是形式的美，他重提自己在学生时代提出的诗歌三美主张，不同的是此时他把其中的“图画美”与“音乐美”泛化为不分文体的“文学的美”。

1937年2月22日，在看到梁实秋的文章一个月之后，朱光潜在《北平晨报》上发表了一封致梁实秋的公开信——《与梁实秋先生论“文学的美”》。文中，他反对梁实秋将文学的美视为形式的美，提出“何以情感经验，人生社会现象，以至于道德意识不能成为美感经验的对象呢?”朱光潜反对梁实秋将作品的形式和内容进行美与道德的二元对立式批评，他认为形式和内容都应该成为美感观照的对象。他同意梁实秋所说的“文学家不能没有人生观，不能没有思想的体系，因此文学作品不能与道德无关”的基本观点，但他认为道德意义无须刻意去领会和分析，这将流于教训主义或功利主义。

梁实秋作为一个致力于文学批评的学者，同样对文学的独立性有着充分的肯定，也致力于建构与传统文以载道不同的文学理论。这里需要指出的是，梁实秋并不严格区分文学批评和文学理论，他的文学批评包含了文学理论和具体的作品批评。作为一个以儒家伦理学说为话语背景的批评家，梁实秋对文学批评有着“原道”的追求。传统儒家文论的大家刘勰在《文心雕龙·原道》中称：

> 玄圣创典，素王述训，莫不原道心以敷章，研神理而

> 设教……故知道沿圣以垂文，圣因文而明道。[1]

“道心”可说是传统儒家文论的终极目标，梁实秋虽然要把文学从载道之途中救拔出来，还其文学本位，但他对儒家伦理学说的体认，使他对文学产生了难以避免的道德性要求。只是如前文所说，他的这种道德性要求是以文学立场为前提，把道德视为文学的“无所为而为”的终极目的，从而使这一追求带有道德形而上的“道”的色彩。正是在这个意义上，梁实秋郑重指出：

> 文学批评和哲学是不能分开的，但文学批评的本身绝对不是哲学。文学批评的出发点是人对人生的态度，这是一个哲学问题。可是文学批评的方法是具体的，是以哲学的态度施之于文学的问题。……文学批评与哲学之关系，以对伦理学为最密切。[2]

新儒家之一唐君毅也曾期待中国式文学理论体系的建立，他说：

> 如能了解这个文学中所表现的中国式的美感种类，中国文学表现美感之方式，中国文学特殊之哲学的意义体裁，中国文学特殊象征法之哲学的意义……就可重建一种中国文学理论之体系。[3]

在这段话中，他充分注意到了文学理论中的“中国式的美感”和“哲学的意义”，这一“哲学的意义”也是指儒家思想的“道心”，他说：

---

① 郭晋稀《文心雕龙注译》，甘肃人民出版社1982年版，第9页。

② 梁实秋《文学批评辩》，《梁实秋文集》第1卷，第124～125页。

③ 唐君毅《中西哲学思想之比较研究集》，正中书局1943年版，第212页。

中国未来文学艺术之天才，宜亦保持中国过去文人，重各方面人文陶养以养气之精神，并辅之以一高明之智能与敦厚之德量。然又不当如古人之视文艺为小道。当转而学西方文学家、艺术家献身于一专门之文学艺术，而务求表现其心灵于作品。……然后中国文学艺术之世界之文章，乃皆为性与天道之流行。①

冯友兰在《新理学·艺术》中则认为艺术乃“技也”，应“进乎道”。② 由此可见，梁实秋和这些新儒家们由于有着共同的儒家伦理学说信仰，所以对承载着人生情理的文学都有着“进乎道”的要求。

与新儒家们不同的是，梁实秋作为一个文学专业者，他也强调文学本身的地位和特点，也就是他所说的“文学批评的本身绝对不是哲学”。梁实秋一向认为先有文学后有文学理论，文学理论是对文学的提升，这样他对文学、文学理论、哲学（儒家所谓道统）是放在一个逐步提升的结构关系中来看待的，文学提升出文学理论，文学理论又提升进于哲学之“道”，这哲学之道即是伦理学。

梁实秋把文学的美等同于形式之美，把美学等同于研究文学形式之美的哲学，是西方美学中固有的流弊和他对现代美学的隔膜造成的。美学在西方兴起之时，就因为要将文学从宗教的婢女地位中解救出来而强烈反抗道德意识，以至于产生了“唯美主义”和“为艺术而艺术”的偏执的形式美学，这就使

① 唐君毅《中国文化之精神价值》，载黄克剑、钟小霖编《当代新儒家八大家集·唐君毅集》1993年版，第320～321页。

② 冯友兰《贞元六书》华东师范大学出版社1996年版，第167页。

一些有道德感的作家和学者都对美学抱有偏见，托尔斯泰就是一个视美学为形式美学的作家，以至于强烈批评美学，强调文学中“善”的道德意义。

在《文学的美》中，梁实秋并不是绝对排斥美学，而是认为美学不能为文学提供终极价值，以美学为价值尺度，即是让文学停留在“技”的层面上，而不能进于“道”。这种对“道”的追求，使他的批评话语形成了重善轻美的特点。这种观念在他文学批评中是随处可见的，但它不是一种笼统的观念表述，而是常常通过一些具体的范畴来表现他的主张。在他的文学批评中，常常出现一些对立的文学范畴，如“内容”与“形式”、“思想”与“情感”、“叙事诗”与“抒情诗”、“明白”与“晦涩”等等。这些对立的范畴的前者，往往是实现作品的“善”的重要载体或途径，而后者则往往是蕴含更多的“美”的质素。

梁实秋对文学“美”的贬抑是因为他认为“美”是“形式的”，不能产生“意义”，“不能决定作品的终极价值”。他将文学中的艺术美理解为文字的音乐美、图画美，他所谓的“文学的音乐美”，主要指阅读作品时节奏的顿挫、音韵的和谐给读者带来的听觉上的快感；“文学的图画美”是指文字在读者心中唤起的“诗中有画”的感觉。但他认为文学的“音乐美”和“图画美”都是极其有限的。因为文字不是表现音乐美和图画美的完美工具，过于注重对文学“美”的追求，会牺牲文学的“意义”。

这种将文学的“美”等同于形式之美，认为其与文学作品的“意义”对立的观点是梁实秋文学批评的一个明显的偏误。从“美”这一方面来讲，文学的“美”应当是多方面的，它不仅来自形式，也来自文学的内容方面，如果把形式作为一个积极的美学因素，而把内容看做一个与美学无关的因素，势必会造成内容与形式的割裂。他认为文学的美只来自于文学的形式，而文学的意义只来自于文学的内容，这一方面否定了文学内容的美的因素，一方面否定了文学形式的意义。事实上形式是产生意义的先决条件，或者说形式本身也蕴含了意义。由于梁实秋追求文学的道德意义，而内容无疑是承担这种责任的最直接的因素，在他看来“文学作品的内容是人性的描写，最根本最深刻的情感在文学里表现出来，我们的整个心要钻进作品里面去，才能尝到这作品的美妙，那里还有功夫顾得到这一句写得俏皮，那一个字用得生动”！他认为注重文学的美就会导致重技巧而不注重思想，相反“粗糙的字句包涵着有力量的思想，比绮丽的字句而没有重要意义，还要好些”。① 由此，他也反对文坛上的“名士”做派，认为这种人谈起艺术来眉飞色舞，写篇文章也漂亮无疵，作首诗也玲珑流利，但是却不注重作品的思想内容及意义，这在他看来就是犯了重“美”轻“善”的错误。

与此相照应，在“思想”与“情感”这一对范畴中，梁实秋亦表现出对思想的倚重，他认为文学作品必须以思想为主体，情感则必须依思想而生，附丽于思想。因为作品的道德意味是通过思想得以传达的。而在诗歌创作上，梁实秋提倡创作叙事长诗，他根据亚里士多德的“悲剧之有相当之长度”一说，认为叙事长诗才能负载相当之内容，才能有对人性的根本深刻的描写，才能有浓厚的道德意义。当然他并不是排斥抒情

① 梁实秋《文学的严重性》，《梁实秋文集》第1卷，第345页。

诗，而是用“伟岸的松柏”和“芬芳的玫瑰”作比，来说明叙事长诗的重要性与意义。同时由于梁实秋追求文学醒世明心的道德价值，而这一价值又必须在文学的接受者这一方面得到体现，所以他要求作品的道德意义必须能传达给读者，必须能使读者懂得。因此他要求文学作品必须是“明白”的而不是“晦涩”的，“晦涩”只是作者求“美”的动机使然。

在重“善”轻“美”的观念的驱动下，梁实秋还批评了前期创造社的文学观，创造社成员主张“文学是自我的表现”，把艺术视点从现实社会转向内心世界，不承认客观世界的真实性，推崇文学创作的“直觉”与“灵感”，比较重视文学的美感作用，而排斥文艺的功利主义。但在梁实秋的文学批评中，他从来没有把创造社这一时期的主张当做某一种独具特色的思潮看待，而是把它和受西方颓废主义、象征主义、表现主义、唯美主义等影响而产生的文学流派一齐划入“缺乏严重人生意味的东西”这个大圈子中，也就是从文学价值观上把它们混同为一类。在他看来，这类文学在价值取向上表现为“把文学当作纯粹的艺术”，受这种文学价值观影响：

> 许多抱游戏态度的人（Dilettante）把文学当作了娱乐消闲之用，更有些人从而钻进“美学”的歧途，误认为在那里可以建起文艺的哲学或心理学。①

梁实秋重“善”轻“美”的批评观暴露出了其儒家道德本位的偏颇。文学作为人学，应该以“真善美”为永恒追求，梁实秋把“真”界定为“忠于人性”，把“善”界定为“道德的”，把“美”界定为“形式的”，从而把能直接产生道德意义

---

① 梁实秋《文学讲话》，《梁实秋文集》第1卷，第575页。

的“善”视为文学追求的最高目标。其实梁实秋的文学批评具有和他同时代人同样的局限性，往往把文学作为一种社会意识形态来对待，而不是从审美意识形态的角度来考察。

2. 与左翼“新美学”的一种共鸣：人文化成与经世致用

梁实秋和朱光潜的美学论争引起了周扬的注意，1937 年 6 月 15 日，周扬在《认识月刊》创刊号上发表了《我们需要新的美学——对于梁实秋和朱光潜两先生关于“文学的美”的论辩的一个看法和感想》。文章中，左翼阵营第一次表示了与梁实秋之间的共鸣之处。

周扬认为，梁实秋虽然在将文学的美等同于形式之美的问题上失之于偏颇，但他充分肯定了梁实秋对文学与人生之关系的强调，认为梁实秋所说的“文学应该取材于实际人生”是“现实主义的文学见解”，并且这种见解是“最不容我们忽视的有价值的地方”。他对梁实秋的文学道德观也予以充分肯定，认为：

> 文学有它自身以外的目的，这是一个铁的事实，不管那目的是“为大众”还是“为自己”。……就是教训主义也不是可以一概抹杀的，也还得辨别那具体的内容如何。……在主张文学的现实性和功利性一点，我们和梁实秋先生的意见大致是相同的，我以为这是一种健全的主张……

但他认为梁实秋没有对朱光潜的观念论旧美学做出批判，并提出要建立“新美学”的主张。这种新美学是一种科学的艺术理论，要沿着唯物论的线索，在现实的基础上建立，“现实的历史的运动和斗争是新的美学的基础。文学‘为大众’，‘为革命'，对于这种美学并不是外来的思想"①。

作为一个追求文学道德性的批评家，梁实秋非常注重作家自身的行品和创作的态度，因为在他看来这是保证作品具有道德性的前提。为此他发表过几篇谈论"文人有行"的文章，并与浪漫不羁的郁达夫产生争论和龃龉。梁实秋虽然对左翼文学抱有偏见，认为他们的理论是不健全的，作品也不成功，但并非是全部抹杀。在《文学的严重性》一文中，他对左翼文学者的创作态度给予了充分肯定，认为："'普罗文学家'凡有所作，必是聚精会神的、剑拔弩张的，其精神是十分的严重。"在30年代"为艺术的艺术"的主张"嚣张"的情况下，梁实秋非常赞成左翼文学对这一现象的批判态度，只是表明自己并非也站到了普罗立场上。不仅如此，由于文学的道德性是与文学内容紧密相关的，而文学又是以人生为主要内容的，因此梁实秋虽然批评左翼文学的"公式化"创作倾向，认为这是一种文以载道的新古典主义的创作方法，但却对左翼文学关注人生的写实主义大加赞扬。在评论一篇题为《萌芽》的左翼作品时，他指出：

> 从《萌芽》我们可以看出，所谓"普罗文学"已经离开了标语口号的阶段进而踏上了写实的路上，这是可喜的现象。今后文学的方向，无疑的是向着写实主义走的。②

梁实秋以伦理学为文学批评的皈依，强调文学应关注人生，这使他的话语与30年代左翼的革命现实主义文学观念有类似的现实性和功利性倾向。但他的话语与周扬的新美学是有

---

① 周扬《周扬文集》第1卷，人民文学出版社1984年版，第212～225页。

② 梁实秋《〈萌芽〉》，《梁实秋文集》第7卷，第203页。

本质的不同的。这一不同来自于他的本体论的人性论，即超越具体现象而追求抽象意义。正如他对左翼的写实主义的评价中所言：

> 文艺的目的在于描写普遍、固定的人性，此人性当于常态的人生中去领会。写实主义作品描写的是一时一地的实际人生现象，并没有把握到基本的人性。①

左翼的新美学在唯物论思想的指导下，服务于“现实的历史的运动和斗争”，其价值指向是具体的政治需要。而梁实秋的道德性要求虽然也具有功利色彩，但这种道德性是具有普世意义的形而上道德价值，并不局限于具体的社会现实。而在主张文学要描写人生的这方面，梁实秋也肯定了作为人生一部分的“阶级斗争”应该在文学中得到反映，但他反对所谓的“文艺政策”和“题材的积极性”一说，认为这种对文学题材类型和性质的具体限定将严重束缚文学的表现力，只能表现某一阶级的道德情感或政治目的，而不能表现人生中的普遍道德价值。

在批评左翼之前，梁实秋曾批评过中国的传统文学，在他看来，与西洋文学的“古典的”与“浪漫的”两大文学潮流相对应，中国文学也有儒道两大潮流，所不同的是西洋文学以古典主义为正统，中国文学里以“极端浪漫”的道家思想影响最大，儒家思想只是陪衬。梁实秋认为，中国的以道家思想为本的文学是应摒弃的文学。因为道家思想即是“出世的思想”与“皈返自然的思想”，反映在文学创作中则是表现神仙鬼怪的诗与传奇、酒的颂歌，及写景为主的山水诗等，这些在梁实秋看

① 梁实秋《白璧德及其人文主义》，《梁实秋文集》第7卷，第294页。

来都是以消极隐逸脱离人生为主旨的文学，是“极度浪漫的”，同时也缺乏道德意味的文学。儒家的文学思想在他看来也根本不适于文学发展，因为它把文学当了贯道载道之技艺，把文学当做了实用的东西。梁实秋指出这两种旧的文学观念应当予以彻底的纠正，但他认为“道家思想是中国文学不健康的症结”，因为道家思想主张脱离人生，这就从根本上与梁实秋的文学观念抵牾，儒家的文学观念是注重人生的，错只错在对伦理的尺度把握不准确，但这种文学观念与梁实秋比较贴近，所以他认为应当把道家思想作为新文学运动的首要批判对象。

面对五四以来的中国新文坛，梁实秋认为，中国的新文学观念和以往的文学观念有些脱节，大多是转而采用西方近代的文学观念，但是这些文学观念虽然从名称上有别于中国传统的文学观，其实质却仍延续着传统文学观中的不合理因素。那种以文学为“工具”、“武器”的文学观，其实是又一次走回到“文以载道”的老路上，而“把文学当作纯粹艺术的看法”，仍然是脱离现实的，缺乏人生意味的。他的这种分析是很有见地的，显示出一个理性的文学批评家的深刻透析力。而五四时期影响较大的文学研究会的“为人生”的文学观也遭到了梁实秋的批评。“为人生”的文学观主张“文学是人生的表现和批评”，注重文学的教育和认识功用，批判“文以载道”的传统文学观，也批判以游戏和消遣为目的的文学观，认为这两种文学观有害于社会人生和新文学的发展。这种文学观和梁实秋的文学观很相近，他也说过文学是“对人生的批评”，但他认为以“为人生”来标榜文学是很无谓的，因为文学之“为人生”是一件无须争辩的事实，没有讨论的必要。再者，“为人生”的文学观的倡导者，都自以为肩负着“改造”人们的“思想”

或“意志”的责任，这在梁实秋看来就是超出了文学所能负载的重量。他的这种看法或者说担忧与周作人对“为人生”文学观的担忧如出一辙。事实上，文学研究会的主将茅盾等人也正是从“为人生”的立场走向了文学的革命功利主义一途。

正是因为梁实秋对“脱离人生”和“为人生”的态度都进行了批评，所以他把自己的话语建立在了这两种态度之间，以“道中庸”的方式，求得一种兼顾文学审美性和功利性的文学话语。他特别反对左翼文学把本阵营以外的文学划为“为艺术的艺术”的非此即彼的二分法，认为文学可以既关注人生，又能脱离“教训主义”、“功利主义”的窠臼，既能保证文学艺术性又不会脱离人生，从而实现一种非功利主义的道德价值。

梁实秋关怀人生，追求非功利主义的道德价值是有着相当大的积极意义的，因为文学是人学，对人生的关注是文学创作的永久动力，非功利主义的道德价值的追求又尊重了文学自身的特性，不至于使文学成为他者的附庸。他对文学的“道德价值”有较为具体明确的阐释，在《现代文学论》中他指出：

> 文学不能救国，更不能御侮，惟健全的文学能陶冶健全的性格，使人养成正视生活之态度，使人对人之间得同情谅解之联系。①

这种阐释与《易经》中的“人文化成”非常契合，所谓“化成”即是一种陶冶、养成作用。我们相信文学有用于世道人心，也相信文学中可以寄寓社会理想，但不能相信文学可以扭转乾坤的神话。文学之于社会只能是一种“潜默”的浸润作用，梁实秋的“道德价值”一说还是有其合理成分的。当代文

---

① 梁实秋《现代文学论》，《梁实秋文集》第1卷，第401页。

学自20世纪80年代中后期至90年代初期，文坛上出现的非道德、反理想、躲避崇高的价值取向，导致了文化和文学的人文精神内涵和道德理想价值的全面解构，社会的文化道德审美水准急剧下滑的现象，这就足以说明文学的“道德价值”是文学价值中不可或缺的一个重要方面。只是我们须把握好尺度，不能重蹈“工具论”的旧辙。

五、“尚雅”的雅舍文风：退而结网的守望

梁实秋一生的文学活动经历过两次重要转型，第一次是由诗人而“豹隐”，成为文学批评家，第二次是放弃文学批评从事散文创作。第一次转型是因为他发现自己的文学话语无法取得新文学场的合法入场券，必须要通过文学批评根本性地改变新文学法则，并由此而致力于将五四新文学场的法则全部推翻，重新标举自己的话语规则。第二次则是在从事文学批评的十几年之后，也就是1940年，这时的中国内忧外患，文学被捆绑在政治和革命的战车上，成为新的载道工具，他的文学批评话语在这种语境中完全失势，他后来解释自己的转型时说：“我热衷过一阵文学批评，但是不久我就发现，没有文学便无所谓批评。”一句“没有文学”可以说是梁实秋对五四以来新文学的最强烈的否定。到1940年，梁实秋已经与新文学阵营有过数度论争，但从来没有像1938年的“抗战无关论”那样让他陷入四面楚歌，他的一篇反对用“抗战”来限制创作题材的《编者的话》，使他站在了“中华全国文艺界抗敌协会”的对立面，这是一个全国性的文艺界联盟，他的文学主张被问罪之后，遂由积极的挑战转入消极的抵抗，他要用自己的文学创

作证实自己的文学主张的合法性，为他带来巨大声誉的《雅舍小品》系列即在此时开始创作。

《雅舍小品》中的“雅舍”，指的是梁实秋在重庆北碚与友人合住的六间陋室。在论战中梁实秋说：

> 我相信人生中有许多材料可以写，而那些材料不必限于“与抗战有关的”。譬如说吧，在重庆住房子的问题，像是与抗战有关了，然而也不尽然，真感到成问题的只是像我们这不贫不富的人而已……讲到我自己原来住的是什么房子，现在住的是什么样的房子，这是我个人的私事。不过也很有趣，不日我要写一篇文章专写这一件事。①

这段文字写于1938年12月6日，实际上宣告了梁实秋要在战火纷飞中为人们打造一个“雅舍”世界，作为他对论争的沉默的辩驳。文中提到的准备要写的那篇文章，就是后来成为《雅舍小品》开篇之作的《雅舍》。

“雅舍”这一名称的由来看似偶然，是在梁实秋与友人吴景超合买住所后，为邮寄信件方便，需要为住所取名，梁实秋随手拈来吴景超夫人龚业雅名字中的雅字，名曰“雅舍”。但偶然中有必然，“雅”其实也构成了梁实秋雅舍系列散文的精神主旨。1933年10月1日，鲁迅曾在《现代》上发表了《小品文的危机》一文，针对林语堂和周作人等人提倡的闲适小品和幽默小品提出批评，认为：

> “小品文的生存，也只仗着挣扎和战斗的。”“何况在风沙扑面，狼虎成群的时候，谁还有这许多闲工夫，来赏玩琥珀扇坠，翡翠戒指呢。他们即使要悦目，所要的也是

① 梁实秋《“与抗战无关”》，《梁实秋文集》第7卷，第493页。

耸立于风沙中的大建筑，要坚固而伟大，不必怎样精；即使要满意，所要的也是匕首和投枪，要锋利而切实，用不着什么雅。”

鲁迅的战斗风格的杂文是艰难时世的产物，用他的话说这种风格形成的原因是因为“萌芽于‘文学革命’以至‘思想革命’的”。这种杂文与晚明小品文风格迥异，代表着一种与传统士大夫“风雅”立场的叛离，重新标立了一种“粗暴”美学。梁实秋则在1933年10月21日发表的《小品文》中，也指出了当时的小品文作家有态度不严肃的趋势，并认为“鲁迅先生的打击是该受欢迎的”，但他又指出“文无定律”，不能强求不擅长讽刺的作家来写讽刺的小品文。他认为“文学的范围是很广大的，不见得容不下一些美丽的散文”，并且认为“除了作为武器的革命文学和麻痹青年的‘小摆设’文学，似乎还有第三种文学的存在吧”?①

也就是说，在梁实秋看来，小品文除了作为革命武器和玩物丧志的小摆设之外，还有一条于人生健康有益的“雅”的路子可行，由此他创作了以“尚雅”为主旨的雅舍小品世界。朱光潜看了梁实秋发表在《星期评论》上的雅舍小品之后，于给他的信中写道：“大作《雅舍小品》对于文学的贡献在翻译莎士比亚之上。”② 综观《雅舍小品》的143篇文章，虽非字字珠玑，但它以“尚雅”为主旨，无论对人生还是对艺术而言，都标举了一种健康的姿态。只是在社会动荡所造成的文学功利

---

① 梁实秋《小品文》，《梁实秋文集》第7卷，第216～217页。

② 吴奚真《十一月的悲伤》，载陈子善编《回忆梁实秋》，吉林文史出版社1992年版，第59页。

化的环境中，这种“尚雅”显得过于“理想主义”。

梁实秋非常认同“散文是作家的身份证”的说法，[1] 在所有的文类中，也许散文是可以最直接地体现他的文学主张的形式。在其雅舍小品世界中，尚雅的精神主旨主要表现为：人生的艺术化和雅健的文质观。

1. 人生的艺术化

人生的艺术化既表现为作者对人生的态度，又表现为作者处理其文本世界与现实人生之关系的方式。

就作者对人生的态度而言，这种人生的艺术化态度主要是因为梁实秋对“理性”的推崇，在他看来，“在理性指导下的人生是健康的常态的普遍的，在这种状态下表现出的人性亦是最标准的。”而人生的艺术化本身也是传统儒家文化的一个主要特色。它的精神内核即为“礼”。《礼记》中说：“礼也者，理也”；“夫礼者，因人之情而为之节文”。这里所说的“礼”的本质即相当于梁实秋所说的“以理制情”。但这种理性的节制又并不是强硬的严苛的，正如《礼记》中所阐释的“无声之乐，无体之礼”，是一种温润无形的节制，而这一节制就表现为人生的艺术化而非规训化态度。[2]

将人生艺术化的态度并不始自雅舍系列，而是在《骂人的艺术》一书中即已彰明。梁实秋将骂人的艺术开列出十种方式：“知己知彼，无骂不如己者，适可而止，旁敲侧击，态度镇静，出言典雅，以退为进，预设埋伏，小题大做，远交近

① 余光中编《秋之颂》，第 442 页。

② 张文修编《礼记》，燕山出版社 1995 年版，第 354、361、358 页。

攻”等，骂人无疑是人生中恶举，但骂人都可以艺术化，那还有什么生活不能艺术化处之。在《新月》的广告上，对《骂人的艺术》一书有这样的评价：

> 他的笔锋，他的幽默，他的人生批评，却早已替所谓之小品文开了一个新纪元了。《骂人的艺术》虽是一集小品，但是它有它的大贡献。①

也就是说，早在林语堂提倡幽默小品之前，梁实秋就已经在实践着一种嬉笑怒骂皆成文章的小品文创作，在序言中他说：“这集里面没有‘文学’，没有‘艺术’，也没有‘同情’，也没有‘爱’，更没有‘美’。里面有的，只是‘闲话’、‘絮语’、‘怨怒’、‘讥讽’、‘丑陋’和各式各样的‘笑声’。”《骂人的艺术》一书的特质正如书名所揭示的那样，是一种将生活“风雅”化、“艺术”化的书写方式。而这一点也正是梁实秋所追求和向往的生活方式。在《悼齐如山先生》一文中，他非常推崇这位与父亲同班同学的“哲人”，梁实秋曾和他一起创办“中国国剧学会”，他盛赞齐先生是“是一个真知道生活艺术的人”，是“把生活当作艺术来享受”。② 而梁实秋自《骂人的艺术》始，直至后来脍炙人口的《雅舍小品》系列，都在实践着一种将生活艺术化的优雅美学，与晚明小品遥相呼应，勾连起了现代小品文与传统文人精神的传承。比较有代表性的是《雅舍》一文，作者所住的本来是一所地处山腰的陋室，用火烧过的砖，“孤零零的砌起四根砖柱，上面盖上一个木头架子，看上去瘦骨嶙嶙，单薄得可怜；但是顶上铺了瓦，四面编了竹篦

① 《新月》第2卷第2号，1929年4月10日。

② 梁实秋《悼齐如山先生》，《梁实秋文集》第2卷，第462页。

墙，墙上敷了泥灰，远远的看过去，没有人能说不像是座房子”。他处此陋室，却自得雅趣：

> “雅舍”最宜月夜——地势较高，得月较先。看山头吐月，红盘乍涌，一霎间，清光四射，天空皎洁，四野无声，微闻犬吠，坐客无不悄然！舍前有两株梨树，等到月升中天，清光从树间筛洒而下，地上阴影斑斓，此时尤为幽绝。直到兴阑人散，归房就寝，月光仍然逼进窗来，助我凄凉。细雨濛濛之际，“雅舍”亦复有趣。推窗展望，俨然米氏章法，若云若雾，一片弥漫。①

《雅舍》是梁实秋在战乱频仍、物价飞涨、流离贫病的动荡生活中写出来的，虽然文中也写到了其“陋”，但颇有斯是陋室惟吾德馨的雅慧。

作者在处理文本世界与现实人生的关系上，使用了独特的艺术化手法——“想象”。想象是梁实秋文学话语中的一个重要概念，它是文学与人生之间的桥梁，“想象是由平凡走到深奥的一条桥梁”。② 梁实秋首先肯定了文学必须以实际人生为对象，他说：

> “文学该注重现实生活，我的意思是说文学家对于实际人生应做到深刻之观察、具体之描写、优美的表现。”“文学的任务即在于表现人性，使读者能以深刻的了解人生之意义。文学作品以一时间一地点之特殊生活为对象者，其感动人之力量便有时间地点之限制；文学作品以基本的普遍的人性为对象者，其感动人的力量，便是永久的

① 梁实秋《雅舍》，《梁实秋文集》第2卷，第207页。

② 梁实秋《文学的纪律》，《梁实秋文集》第1卷，第143页。

普遍的。"①"诗人怎样才能于森罗万象的宇宙人生中体会到这个普遍的精髓，这就有赖于想象。并且这想象还必须是纪律的、有标准的、有节制的，然后才能为文学创造的正当工具。"②

实际上，在梁实秋的笔下，"想象"所担负的是俗中见雅的重任，它要从平凡世相中优化和提纯出人性的真谛。因此他才说：

诗，一切文学，是真实的，并且比世界上发生的零零碎碎的事实还要真实得多。文学是较高的真实之实际的写照。③

钱穆先生在《中国文学论丛》中曾经总结说：

"中国文学可谓有两大特点。一是普遍性，指其感被之广。二传统性，言其持续之久。其不受时地之限隔，即是中国文化之特点所在。"他进一步又指出："文学之特富于普遍性者遂亦称为雅。俗则指其限于地域性而言。又自此引申，凡文学之特富传统性者亦称雅。俗则指其限于时间性而言。孰不期望其文学作品之流传之广与持续之久，故中国文学尚雅一观念，实乃绝无可以非难。"④

他对"尚雅"文风的概括正与雅舍小品的文风一致。梁实秋的雅舍小品取材广泛，世态万相悉收笔下，在这 143 篇作品中，作者所写皆非时事，举凡孩子、女人、男人、信、音乐、

① 梁实秋《现代文学论》，《梁实秋文集》第 1 卷，第 400 页。

②③ 梁实秋《文学的纪律》，《梁实秋文集》第 1 卷，第 143 页。

④ 钱穆《中国文学论丛》，生活·读书·新知三联书店 2002 年版，第 30～31 页。

衣裳、中年等题材，都是古今中外人所共有的人生现象。而且作者并不是简单地描摹现象，而是透过这些现象抒发思与情，阐发人生意义。

2. 雅健的文质观

“雅健”是中国传统文论中，经常出现的一个词，早在《新唐书》中就载有韩愈对柳宗元散文的评论：“雄深雅健”，而近代国学大师章太炎也在评论唐宋以至晚清的散文时，指出：“雅健者，文章入门之要诀，不仅散文之须雅健，骈文亦须雅健，派别可以不论。”①

梁实秋在论及散文时，也标举“雅健”一说，认为“文章的基本道理即是求其雅健”②。这一词可以从散文的形式和内容两方面来理解，雅在这个语境里即相当于传统文论中的“文”，指辞采等形式方面，健则在这里相当于传统文论中的“质”，是指向内容的。

梁实秋对散文辞采的“雅”的追求主要表现在对文言和白话文问题的认识上。他虽然承认白话文的价值，但认为现代散文过于白话，口语中连篇累牍的叹词语气词都夹杂在文章中，使得文章失了简净而显得絮絮叨叨令人生厌。更可怕的是，由于白话文缺少规范，没有形成自己的语法和句法，徒然模仿西方文学语法，以至于使散文语言过分西化，“失掉了我们自己的国文的味道”。他认为现代散文语文的合理之道是向文言学习：

---

① 章太炎《国学讲演录》，华东师范大学出版社 1995 年版，第 253 页。

② 余光中编《秋之颂》，第 363 页。

"散文发展的途径应该是尽量保存文言的艺术，掺入一些白话的语气与风格。"① 因为："文言没有死。最诘屈聱牙的书经，里面也有不少目前尚在使用的词句。文学的生机贵创造。文言文是我们几千年来一直使用的文字，和语体文是有差别，但是其基本的词法、文法、句法、字法，根本并无大变。文言文搞不通，休想能写好语体文。我想现代青年纵不能读'唐宋八大家'、《古文辞类纂》，至少应该熟读《古文观止》或《古文释义》之类。文学里没有革命，只有渐进。文言文需要语体化，以求其明白易晓；而语体文亦需要沿用若干文言的词句语法，以求其雅洁。"②

梁实秋是最早对鲁迅的杂文进行学理性批评的人，在《〈华盖集续编〉》一文，文中对鲁迅的讽刺文风给予了充分肯定，认为"我们中国的麻木的社会，真须要这样的讽刺的文学。"在分析鲁迅的讽刺艺术时，他指出：

鲁迅先生最用力的讽刺的字句，全是出以文言。其实鲁迅先生的文章，一向是文言白话，夹杂并用的。而用文言的地方最为隽永深刻。这也一半由于古文的本身是典雅有味，一半由于鲁迅先生引用得灵活巧妙。……鲁迅先生喜在极平庸的记述里，出人意外的硬写几句古文，一唱三叹，摇曳生姿。③

这里，梁实秋对鲁迅杂文语言的赞佩之处，也正是他自己

① 梁实秋《〈新月散文选〉序》，《梁实秋文集》第7卷，第743页。

② 余光中编《秋之颂》，第363页。

③ 梁实秋《〈华盖集续编〉》，《梁实秋文集》第6卷，第358页。

后来在雅舍小品中所实践的语言模式，“隽永深刻”、“典雅有味”的文言，如果能在白话文中运用得“灵活巧妙”，自然就能创造出“一唱三叹”的节奏和“摇曳生姿”的韵致。

在语言方面，雅舍小品非常成功地实现了文言与白话相结合的语言形态，既有白话文的明亮通透，又有文言的含蓄丰蕴，行文有光影陆离、柳暗花明的参差错落、疏密有致之感，避免了文言文的艰涩和白话文的一览无余。这种文白夹杂的语言境界，在他的笔下随处可见，如《下棋》一文中有这样的描写：“我有两个朋友下棋，警报作，不动声色。俄而弹落，棋子被震得在盘上跳荡，屋瓦乱飞。”这样的语句读起来舒卷自如，张弛有致，句子富有节奏感。相声作为传统语言艺术的精粹，以善能形声、传神、会意见长，靠的就是语言的功力，讲究“平、爆、帅、脆”的效果。梁实秋的雅舍小品中，白话文是“平”的路，文言是“爆”起的峰，夹杂运用就有了起伏跌宕和峰回路转的韵味，也就是语言的艺术之境。而在句法上，梁实秋也借鉴了文言对仗的特点，运用一些对仗的语句，使文章看上去整饰典雅，如在《树》一文中，他对槐树有这样的描写：“槐荫满庭，槐影临窗”；在《客》一文中，更有这样的长句：“如果素质好，则未来时想他来，既来了想他不走，既走想他再来；如果素质不好，未来时怕他来，既来了怕他不走，既走怕他再来。”

在文章的内容方面，梁实秋在《文学的纪律》中提出“文学是男性的，强健的；不是女性的，轻柔的。”而要“强健”就必须使文章有“思想”有“力量”，“文学里面是要有思想的骨干，然后才能有意义；要有道德性的描写，然后才有力量”。[①] 梁实秋是一个非常明了人情世故的人，人生诸事的尺短寸长在他的笔下俯拾皆是，让人读来亲切自然，有类似观感者常不免会心一笑。但他的形人状物并不是仅仅让人一笑了之，而是常常以发人深省的彰明题旨的句子，让读者收束住心神，敛容深思。比如《握手》，在列举了握手的几种情形，讽刺了一些握手者形形色色的不雅甚至是可憎的行止之后，作者言简意赅地送给读者一句话：“我们是要爱惜我们的手掌。”也就是爱惜自己的人格，不轻易迁就随俗。文章的行文风格虽然是轻松幽默的，但这种在看透世态万相之后的智慧之语，是文章的定海神针，使文章有了强健的涵养人心的力量。

雅舍小品在语言上的“健”还体现在梁实秋在文章中对古今中外名人雅士之典章词句的旁征博引。梁实秋的雅舍小品取材几乎没有一篇是关乎“宇宙之大”的，而是篇篇取自身边小事，但每一篇文章写出来都有孟子所主张的“充实之为美”。这种充实主要是来自作者丰富的古今中外的知识储备。即使如“牙签”这样一件微不足道的小物件，他也能博古通今纵横中外地做成一盘文化大餐。从施耐庵的《水浒传》到莎士比亚的《无事自扰》，从中国古代的“嚼杨木”到西洋的“牙签”，从故乡北平的致美斋牙签到台湾当时流行使用的牙签，他游思运笔自有周章。但他的文章并不是简单的知识讲谈，并不仅要读者了解牙签的典故，而是通过这一个小的物件传达出他对人生的道德观感。如在文章的最后，他所要郑重其事地言明的是这样一个道理：“有些事是人人都做的，但不可当着人的面前公

---

① 梁实秋《文学与科学》，《梁实秋文集》第1卷，第438页。

然做之。”毕竟牙签的使用，“其状不雅”。这样一种健康的尊严的人生观始终贯穿在雅舍小品中，使“健”成为雅舍小品最主要的思想品格。

但正如《论语·颜渊第十二》中所言：“文犹质也，质犹文也。”梁实秋对散文语言的文言传统的要求，也使散文简净而“挺拔”，赋予作品以力量，同样他对散文内容在思想和力量上的道德性要求，也保证了散文雅的品质。

梁实秋的雅舍系列散文，以“雅”为最本质特点，这不仅体现为创作主体的一种文学创作理念，也同时体现为对读者“文学品味”的要求，这种文学品味与读者的经济地位无关，主要是来自于读者的文化身份。在经历了文化荒芜的“文化大革命”之后，经过十几年教学和高考的正常化，中国已经形成了颇具规模的知识群体，他们作为最大的文化消费群体，其优雅化的趣味主导了90年代的文化时尚。林语堂、周作人、梁实秋等人的散文都具备这种雅致的格调。中国广播电视出版社在1989年之后，先后出版了四卷本的《梁实秋散文》，以及《梁实秋读书札记》、《梁实秋怀人丛录》等；广州花城出版社1991年出版了《雅致人生：梁实秋小品》；上海书店出版社1996年出版了《喝茶·饮酒：梁实秋小品精萃》；中国青年出版社1994年出版了“名人谈人生丛书”，其中有《梁实秋谈人生》，这些作品在各大书店热销，形成了一个优雅文化的热潮。

第三章　文化认同危机时代的文坛经典学案

在二三十年代，经过了反传统的新文化运动和1923年的科玄论战之后，支撑了中国两千多年的儒家思想体系经历了巨大的颠覆危机，这一传统的价值哲学开始逐渐被西方的分析哲学所取代，但西方的分析哲学不能解决人们的价值观问题，社会面临着一种精神信仰的危机。在这种背景下，左翼以一种建立在历史唯物主义基础上的共产主义思想，为人们提供了一种新的精神信仰。可以说马克思主义唯物论的中国取代儒家人性论思想的中国，是20世纪文化观念中触及世人灵魂的最深最广的革命。马克思关于历史唯物主义的发现，曾被称为"人类改造的科学"，① 改写了中西方的传统人本主义思想。人本主义思想的主要特征是把一切善恶的根源归之于人自身内部的协调与斗争，而且这种内部的斗争是与生俱来的，是不变的人性特征，而唯物史论则把人类一切善恶的根源归结为人与人之间、人与外部世界之间的斗争，且认为人性是不断发展变化的。这就势必使持不同立场的人在文学观和政治观上势同水

① [美] 窦宗仪著，王宏维译《马克思主义和儒家人性论及其实践》，《哲学译丛》1981年第2期。

火。对这一分歧，梁实秋有着非常清醒的认识。《文学的永久性》一文是他对左翼刊物《文学》创刊号上一篇文章的驳难，这篇文章是陈望道的《关于文学的诸问题》，陈文是在进化论和唯物论思想基础上写成的，否定文学有永久性，否定有亘古常新的情感。梁实秋的回答是：

> 人性是不变的，情感是没有新旧的，文学是有永性的，这是铁一般的事实。这事实与唯物论不合，与蒲列汗诺夫的体系不相合。可是我们究竟是对事实加以无视，以维持唯物论蒲列汗诺夫的体系呢？还是承认事实，以摧毁唯物论与蒲列汗诺夫的体系呢？这是一条歧路，陈望道先生显然是采取了一条与我们不同的道路。①

而且梁实秋对自己与鲁迅的论争有这样一个评价："事后想想，那一场笔墨官司也许不是全无意义，只是当时很少人体会到那场笔墨官司些微的象征了以后国家大事之严重的发展。"②

马克思主义唯物论的高扬是中国20世纪二三十年代的重大思想事件，先有20年代末《文化批判》等左翼刊物的鲜明倡导，随之有30年代初的"唯物辩证法论战"，继而是30年代中期倡立马克思主义哲学的"新启蒙运动"。这一系列思想事件都在争论一件事情，就是儒家思想是否还有资格作为国民的精神信仰。

在儒家人性论思想的视域中，世界只有本体和现象的区分，本体也就是形而上的"道"，《论语·里仁》里，孔子有

① 梁实秋《文学的永久性》，《梁实秋文集》第1卷，第454页。

② 梁实秋《〈论文学〉序》，《梁实秋文集》第7卷，第735页。

"吾道一以贯之"之语，后代儒家们从中阐释出了具有普遍性和永久性的道统。朱熹的理学和冯友兰的新理学都非常注重对"一以贯之"的"道"的研究，延续宋明理学道统的现代新儒学文化思潮最大的特点就是对人生"普遍性"价值的追求。这种追求使他们不能接受对人的阶级划分，更不承认不同的阶级有各自不同的"道"，因为在他们看来，人生万象是万物合一的。

在张君劢、张东荪、梁实秋、罗隆基等人1932年共同创办的《再生》月刊中，创刊号上《我们所要说的话》是标示刊物立场的一篇长文，文中说：

"我们以为中国所以糟到今天完全是由于士大夫阶级的道德破产。……自欧风东渐以后，把士大夫讲气节讲理学的优点完全丧失了，这真是一件最可痛心的事。我们相信民族观念是人类中最强的。阶级观念决不能与之相抗。""凡以阶级立场为立场的必是以争斗为目的。以流行的时髦话来说，这是以'恨的哲学'为出发点。"①

这篇文章最直接地反映了现代新儒学文化派以天人合一的理学观念与马克思主义阶级理念相抗衡，以士大夫的文化人格与无产阶级战士人格的对立。

在我们的文学史描述当中，20世纪的中国现代文学已经确立了以鲁迅的话语为中轴和价值坐标的叙事模式，而且鲁迅文化道路和文化人格也成为我们进行价值判断的坐标。比鲁迅小20岁的梁实秋则因各种文字和思想的"因缘"，与鲁迅屡有

① 记者《我们所要说的话》，《再生》创刊号，第1卷第1期，1932年5月20日。

龃龉，在鲁迅彪炳史册的过程中，梁实秋则经历着另一种被“书写”的命运（指大陆文化领域）。两人的对话发端于20世纪20年代末，当时鲁迅正在从“绅士阶级的逆子贰臣”走进无产阶级阵营，而且这一“转变”是从翻译马克思主义文艺理论著作开始的。被鲁迅视为“洋绅士”和“正人君子”的梁实秋，在鲁迅去世后，将自己与鲁迅之间的纠葛归因于鲁迅向无产阶级阵营的“转变”和自己的“不知‘转变’”，对鲁迅和梁实秋来说，他们最根本的分歧就在这里，并各自形成了具有这两种文化话语特色的人格模式：“战士”和“绅士”。他们之间经典的阶级性和人性论争，其实正标示着两种不同的文化立场冲突。“硬译”的翻译问题只是表象，论争的真正原因是鲁迅译了什么，以及翻译背后的文化立场问题。之后，鲁迅在马克思主义的意识形态中被尊为最伟大的“战士”和“革命主将”，“鲁迅批评过的梁实秋”则被毛泽东定为“资产阶级的反动文人”。在鲁迅的光环之下，梁实秋的人性论话语经历了惨淡的命运，先是在新中国成立后的教科书中被看做资产阶级的“鬼魅”，继而又在80年代后新儒学文化潮兴起的语境中，在将鲁迅与儒学思想对立的叙事框架中，被描述为以儒家道德观念抨击鲁迅的代表人物之一。

一、文化认同差异：鲁迅的“转变”与梁实秋的“不知‘转变’”

鲁迅笔锋犀利的杂感中，被批评得最狠的人当属梁实秋了，而在梁实秋行走文坛的历程中，鲁迅也是他遇到的最强有力的论争者。在鲁迅去世之前，两人之间论争和互相批评的相关文章可达一百二十多篇,[1] 除了两三篇正面论争的文章以外，采取的多是“游击战”(梁实秋语)，在一些文章中做一笔带过式的讥评。1934年5月24日，鲁迅的好友杨霁云致信鲁迅，将当时批评鲁迅较多的梁实秋和杨邨人、张若谷一起称为围攻鲁迅的“三凶”。鲁迅肯定了他的说法，但对杨邨人和张若谷是很不以为然的，觉得他们“太渺小”,[2] 甚至“浅陋得很”，言外之意则是颇以梁实秋为劲敌。1936年10月19日鲁迅刚刚病逝，在北平报纸尚未公开这一消息的时候，新闻记者就对梁实秋进行采访，请他谈感想，并将采访文章刊登在20日的《世界日报·教育栏》，由此可见梁实秋与鲁迅之间的论争在当时舆论界影响之大。

在鲁梁两人的一生中，虽然有几十次的文字往还，但直接见面却只有一次。当梁实秋还是清华学校的学生时，请名人到校演讲颇为风行。梁实秋代表清华文学社登门邀请的名人，有胡适、梁启超、徐志摩、周作人、张君劢等人，却没有邀请鲁迅。在《鲁迅与我》一文中，他写到：

> 在二十一二年前，为了邀请周作人先生到清华演讲(那次讲的是“日本的小诗”)，我到八道湾去过一次。我和看门的说要见周先生，立刻被引到两明一暗的坐南的书房。……等不大功夫，一位高颧骨黑黑矮矮的人捏着一根纸烟走了进来，向我点头让座，我道明来意之后，他愣然的问：“你是要会我的老弟罢?”我才知道错认了人。从他

① 参照黎照编《鲁迅梁实秋论战实录》，华龄出版社1997年版。

② 鲁迅《致杨霁云》,《鲁迅书信集》上卷，人民文学出版社1976年版，第554页。

的老弟口里，我已得知这人便是鲁迅先生。我和鲁迅先生之会面，只此一次。①

梁实秋的这篇文章发表于1942年，他所说的二十一二年前大约就是1921年前后。这时的鲁迅在文坛上已经是颇有声名，《狂人日记》的发表使他成为青年学生崇拜的偶像，北京大学的学生要求国文系请鲁迅到校上课，鲁迅的讲课很受欢迎，校外的学生也来旁听。而在清华小说研究社基础上成立的清华文学社对以小说名世的鲁迅却没有同样的兴趣。

梁实秋与鲁迅之间的论争虽然被视为文学论争，但这些论争几乎没有真正进入到学理层面，而是在人生观的层面上展开，如梁实秋所说："由于鲁迅先生的'转变'及我的不知'转变'，以后竟发生不少纠葛。"② 他所说的"转变"是什么转变呢？

在梁实秋的文学行动中，第一次主动对鲁迅进行评论是在1927年6月4日，以徐丹甫为笔名发表于《时事新报·学灯》上的《北京文艺界之分门别户》，在这篇文章中，主要是分析了北京文坛上的派系渊源，认为最早是以胡适为中心的"北大派"，而后崛兴的是"二周"，也就是鲁迅和周作人。再往后由于一些人事纠葛，形成了陈西滢为代表的"现代派"和二周为代表的"语丝派"，并且两派之间由"抗衡"而"交恶"。梁实秋认为周氏兄弟之所以能为"文坛盟主"，一大半由于《晨报副刊》，因为主编孙伏园请二人为"特约的撰述员"。梁实秋称鲁迅为"小说家及'杂感家'"，并认为他的特长"即在他的尖

① 梁实秋《鲁迅与我》，《梁实秋文集》，第533页。

② 梁实秋《鲁迅与我》，《梁实秋文集》第7卷，第533页。

锐的笔调，除此别无可称”，而且“没有大规模的文学上的努力”。此外，梁实秋还指出1927年北京文艺界已经很消沉了，原因是作家云散，“鲁迅到了汉口，志摩隐居上海，闻一多到处云游”。最后他希望北京文艺界能泯除成见，协力合作，因为他“细考两派文章思想，初无什么大别”。① 这篇文章一周后即被香港的《循环日报》转载，身在广州的鲁迅看到之后，并不知道徐丹甫是谁，因为这时的梁实秋在文坛上还没有相当的知名度，鲁迅只能从立意上揣测是旧敌“现代派”。② 于是在给《循环日报》发信纠正未果之后，又于1927年8月13日《语丝》周刊第144期上发表了《略谈香港》一文，说：“《循环日报》上，以讲文学为名，提起我的事，说我原是‘《晨报副刊》特约撰述员’，现在则‘到了汉口’。我知道这种宣传有点危险，意在说我先是研究系的好友，现是共产党的同道，虽不至于‘枪终路寝’，益处大概总不会有的，晦气点还可以因此被关起来。”这是鲁梁两人论争的第一个回合，只是鲁迅到去世都不确知自己的对手是谁。在梁实秋的文章中，虽然对鲁迅有批评，但并没有产生道不同的“异己”感，他当时与陈西滢、徐志摩等现代派人士来往密切，与被称为研究系的梁启超、张君劢等人也多有来往，在这种情况下，他提议鲁迅为主将的语丝派与现代派合作，并认为两派“初无什么大别”，显然是视鲁迅为同一立场的。这篇文章发表之后，梁实秋在第二天的《时事新报·学灯》上又发表了《〈华盖集续编〉》，这是现

---

① 梁实秋《北京文艺界之分门别户》，《梁实秋文集》第6卷，第354、356页。

② 鲁迅《致章廷谦》，《鲁迅书信集》上卷，人民文学出版社1976年版，第142页。

代文坛上最早研究鲁迅杂文的一篇文章，他充分肯定了鲁迅杂文的讽刺艺术，认为这对中国麻木的社会是非常必要的，又指出“鲁迅先生最用力的讽刺的字句，全是出以文言。其实鲁迅先生的文章，一向是文言白话，夹杂并用的”。并且指出鲁迅使用文言“巧妙奇特”，文白夹杂中有“一唱三叹，摇曳生姿”的效果。① 鲁迅可能从未注意到这篇文章，在他的文字中从未提及。但梁实秋对鲁迅的这种评价，显然强调了鲁迅的杂文与传统文言链接，而这也正是梁实秋本人的语言观念。

这两篇文章发表于 1927 年 6 月，正是革命文学阵营呼吁资产阶级和小资产阶级知识分子“奥伏赫变”转变方向之时，鲁迅也正处于一生最彷徨的时期。1927 年 6 月是中国现代史上有特殊意义的一个时间点，清华大学的国学大师王国维自沉昆明湖，被学界阐释为“殉清”和“殉道”。鲁迅在《论所谓“大内档案”》中，认为王国维“在水中将遗老生活结束”，而最了解王国维的陈寅恪则认为：

> 凡一种文化值衰落之时，为此文化所化之人必感苦痛，其表现此文化之程量愈宏，则其所受之苦痛亦愈甚；迨既达极深之度，殆非出于自杀无以求一己之心安而义尽也。②

王国维的研究者们也大都在激变之时代“足以形成一种认同混乱的彷徨困惑”的意义上，③ 强调当时知识界人士的文化认同危机。徐志摩则在这一年 4 月 1 日致友人的信中，将马克

---

① 梁实秋《〈华盖集续编〉》，《梁实秋文集》第 6 卷，第 358 页。

② 罗继祖主编《王国维之死》，广东教育出版社 1999 年版，第 42 页。

③ 叶嘉莹《王国维及其文学批评》，广东人民出版社 1982 年版，第 10 页。

思主义阶级论在中国的宣扬和发展视为“理性死灭”的“可怕的恶梦”，并认为中国的无产阶级革命将如苏联一样“根绝贵族和资产阶级”。[①] 这些行为和思想大致可以描画出从传统中来的知识分子们在当时的惶惑。

1928 年 1 月，以宣扬马克思主义唯物论为目的的左翼刊物《文化批判》创刊，在《祝词》中，成仿吾以激越的语气宣称：“这是一种伟大的启蒙”，彭康在《哲学的任务是什么?》中又撰文阐释为什么要用一种新的哲学思想取代旧的儒家思想，他说：

“在这时候，社会需要一种全面的自己批判，建设一种适合于新社会形态的理论，这种理论同时又是推翻旧社会的精神的武器。这就是所谓意识形态的方向转变，就是思想革命。——完成这种工作正是哲学底使命。”“哲学的任务就是把这世界变更。”

“编辑初记”中又将这一马克思主义“启蒙运动”定义为“无产阶级的五四”。

在这种呼声中，“方向改变”成为马克思主义者向当时文化界敲响的警钟，杨东莼的《思想之方向转变》[②] 一文指出：

这一思想界之方向转变，是合理的，所以是现实的，是现实的所以是合理的。……所以，在今日而回溯于孔子思想，这不仅是不达时务，而且是反动。在今日而高唱“东方文化”，这不仅是羡慕过去，而且是窒息将来。……

① 赵遐秋等编《徐志摩全集》第 5 卷，广西民族出版社 1991 年版，第 263 页。

② 杨东莼《思想之方向转变》，《民铎杂志》1929 年第 4 期。

> 这一切的一切，都“值得死灭”，都因这一社会的转变而不得不被“扬弃”。……什么是指南针？什么是武器，这或者只有辩证的唯物论。只有它才可以确立我们的世界观，只有他才可以确立我们的人生观，……这便是思想界之方向转变之关键。……扬弃过去的一切的新时代，正展现在我们前面。

在这种文化冲击下，一些不满于国民党统治现状的文化人士，开始把信心和希望转向马克思主义文化。鲁迅、茅盾、郁达夫等人都是如此。但梁实秋却对传统文化表现出了守望的姿态，且明确地排斥马克思主义文化。梁实秋这种“不变”的文化立场，在当时遭到左翼文坛的联合围歼。1930 年，由《文艺讲座》、《拓荒者》、《萌芽月刊》、《现代小说》、《新文艺》、《社会科学讲座》、《新思潮》、《环球旬刊》、《巴尔底山》、《南国月刊》、《艺术月刊》、《大众文艺》、《新妇女杂志》等十三家左翼刊物联合发行的《五一特刊》（仅发行一期——笔者注）上，发表了一篇署名“灵声”的《五一纪念中两只“狗的跳舞”——王独清与梁实秋》，毫不客气地指责“梁实秋们在一九二七年的反动中落了伍”。这一断语让我们感受到的是，1927 年对于中国文化界是举足轻重的一年，因为对于知识分子们而言，他们被迫面临着“方向转变”或“不变”的历史性的文化抉择。对这一现象，台湾学者侯健也有这样的分析：“民国十六年清党，使维护中国文化遗产与破坏蔑弃传统的双方泾渭分明。”①

---

① 侯健《从文学革命到革命文学》，载梁实秋、侯健《关于白璧德大师》，巨浪出版社 1977 年，第 41 页。

在这样文化认同混乱的时代背景下，所有的文学论争，尤其是与左翼文学之间的文学论争无一不受文化立场的支配，或者说无一不关乎文化立场冲突、文化权力的争夺问题。正如蒋光慈所言：

> 在我们文坛上，一股激进的文学青年，为着要执行文学对于时代的任务，为着要转变文学的方向，所以也不得不提出革命文学的要求，而向表现旧社会生活的作家加以攻击，这一种现象，在表面上观之，似乎只是文坛上的论争，似乎只是新旧作家的个人问题，其实这种现象自有其很深沉的社会的背景，若抛开社会的背景于不问，而空谈什么革命文学，那是毫无意义的事情。①

有意味的是，在那样一个文化转化和更迭的时代，起初鲁迅和梁实秋都被革命文学阵营骂做资本家的"狗"，只是表述方式不同。在李初梨的《请看我们中国的 Don Quixote 的乱舞》一文中，他把鲁迅描写成：

> "一方面积极地抹杀并拒抗普罗列塔利亚特的意识争斗，他方面，消极地，固执着构成有产者社会之一部分的上部构造的现状维持，为布尔乔亚汜（即资产阶级——笔者注）当了一条忠实的看家狗！"而且"鲁迅，对于布尔乔亚汜是一个最良的代言人"②。

冯乃超则在《文艺理论讲座（第二回）·阶级社会的艺术》一文中送给梁实秋一个"资本家的走狗"的称号。也就是

① 蒋光慈《关于革命文学》，《太阳月报》1936 年第 2 期。

② 李初梨《请看我们中国的 Don Quixote 的乱舞》，《文学运动史料选》第 2 卷，第 88 页。

说，对于新生的无产阶级阵营来说，鲁迅、梁实秋都是对立阵营中的重要角色。在当时的中国，并没有产生真正意义上的资产阶级，在获得无产阶级意识的知识分子们眼中，尚未实现文化意识转换的知识分子们即是资产阶级阵营的成员。

而在鲁迅方面，他第一次明确地主动地以梁实秋为批评对象所做文章是《卢梭和胃口》和《文学和出汗》，分别发表于1928 年 1 月 7 日和 14 日的《语丝》上。针对的是梁实秋的《卢梭论女子教育》和《文学批评辩》，批评梁实秋的女性观和人性论。这两篇文章都是梁实秋 1926 年在北京《晨报副刊》发表的旧文，其中的《卢梭论女子教育》一文，重刊于 1927 年 10 月 11 日上海《复旦旬刊》创刊号。鲁迅批评了梁实秋的人性论文学观，认为不可能有永久不变的人性，因为“弱不禁风”的小姐出的是香汗，“蠢笨如牛”的工人出的是臭汗。这种论辩思维与革命文学家们的阶级论话语基本同调，以至于此后成为阶级论话语中经常被引用的经典名句。当时梁实秋正忙于与郁达夫论争卢梭的问题（表面是在谈文化人的品行道德问题，其实质则是不满于郁达夫的左翼立场），并没有明确意识到鲁迅的文化立场转变，所以对鲁迅的这两篇文章，梁实秋并没有做出回应。①

1928 年至 1929 年间，鲁迅在困惑中着手翻译了一些苏联的马克思主义文艺理论著作，于是舆论界纷纷发出鲁迅向革命文学阵营“转变”的评论。对当时的知识分子而言，翻译内容

---

① 郁达夫先后做了《卢梭传》、《翻译说明就算答辩》、《关于卢梭》、《文人手淫》四篇文章来批评梁实秋的《卢梭论女子教育》，而梁实秋也做了《读郁达夫先生的〈卢梭传〉》和《关于卢梭》来反驳。

的取向往往也代表了翻译者自身的文化取向。与鲁迅翻译马克思主义文论殊途，梁实秋在1929年7月的《新月》上发表了他翻译的《资产与法律》，在译文后面附有梁实秋的一段短言："如今时髦的是共产的理论，动听的是什么普罗列塔利亚的文明，我译的这篇文章也许触犯许多人的忌讳吧？然而我译出来了。"从这段话中可以看出，他的态度以及这篇译文是与共产主义的理念相对立的，因为文章中所主张的是"资产是文明的基础"，而且也反对暴力革命，主张社会的法律秩序。① 梁实秋对这篇文章非常看重，在他去世前的一两年，有研究者写信询问他在《新月》上发表的文章主要有哪些，他的回答是：

> 我在新月上发表的文字，主要的有《资产与法律》（译 More 教授作），因为我同意他的看法，私有财产是文明的基础，不可废。还有一篇《文学与革命》，又《文学是有阶级性的吗?》，是针对当时"革命文学""普罗文学"之反驳。②

由此可见，这篇文章是他在那个文化认同混乱的年代对自己文化立场的一种明确表示。在另一篇回忆文章中，他对自己在这一时期的思想活动有这样一个概括："'废除私有财产'乃是共产党的基本信仰，绝对不可做任何形式的附和。"③ 从这一时期的翻译取向上可以看出，这时的梁实秋与鲁迅面对声势高涨的马克思主义文化已经做出了不同的选择。

1929年9月，梁实秋担任了《新月》主编，他在上面发

---

① 梁实秋《资产与法律》，《新月》第2卷第5号，1929年7月10日。

② 梁实秋《致方仁念》，《梁实秋文集》第9卷，1985或1986年10月17日，第96页。

③ 梁实秋《悼念左舜生先生》，《梁实秋文集》第3卷，第200页。

表了《文学是有阶级性的吗?》和《论鲁迅先生的硬译》两篇文章。这两篇文章之间看起来似乎并没有内容上的关联，但随后鲁迅在《萌芽》月刊第二期，发表了长文《“硬译”与“文学的阶级性”》，梁实秋认为这是两人“纠葛之开始”，而且两人之间的“主要的论争只这一次，以后的都是些小接触”。梁实秋的这两篇文章中前一篇是批评革命文学的，后一篇是批评鲁迅的翻译，但从前面的分析中可以看出，这并不是纯粹为批评鲁迅的翻译风格而做的文章，文字背后的真正原因是他发现了鲁迅向革命文学阵营的转向，也就是他后来所说的鲁迅的“转变”。在《论鲁迅先生的硬译》一文，他说：“鲁迅先生前些年翻译的文字，例如厨川白村的《苦闷的象征》，还不是令人看不懂的东西，但是最近翻译的书似乎改变风格了。”在梁实秋看来，标志着鲁迅“转变”的事件就是他翻译了卢那卡尔斯基的《艺术论》和《文艺与批评》，当时文坛上的一般人也多把鲁迅对这些马克思主义文论的翻译看做是鲁迅转变的标志。在《所谓“普罗文学运动”》一文中，梁实秋说：

> 鲁迅译《文艺政策》是普罗文学运动的一件大事。所谓“文艺政策”乃是“俄国共产党中央委员会”议决的，译成中文之后是为了要中国普罗运动家来奉行的。①

梁实秋去台湾后曾写过一篇论鲁迅的文章《关于鲁迅》，他说：

> 这一本《文艺政策》的翻译，在鲁迅是一件重要事情，这很明显的表明他是倾向于共产党了。可是我至今还有一点疑心，这一本书是否鲁迅的亲笔翻译，因为实在译

① 梁实秋《所谓“普罗文学运动”》，《梁实秋文集》第3卷，第153页。

得太坏，鲁迅似不至此，很可能的这是共产党的文件硬要他具名而他又无法推卸。[1]

由此可见，梁实秋对鲁迅的翻译的批评，并不仅是停留在翻译问题的层面上，而鲁迅的回应也就不可能仅是翻译层面上的回应，表面上是由翻译问题而起的风浪，牵涉到的却是不同的文化选择问题。

鲁迅在当时的处境是非常窘困的，文坛上既有“死去了的鲁迅”、“死去了的阿Q时代”一类呵斥他落伍、堕落的文章，也有苦劝他“为崇拜你的青年们设想，……为着自己的新生再振作一次”的文章。他在文坛上积累起来的声誉名望等象征资本，使得他成为刚刚崛起的左翼阵营征服的对象，他们要求他表明立场、转变立场，而鲁迅的转变也确实是由翻译卢那卡尔斯基的革命文学理论开始的。梁实秋对革命文学持批判立场，他对鲁迅的批判正是建立在他对鲁迅转变方向的批判之上。而鲁迅对梁实秋的回击，也有非常鲜明的意识形态的批判，他说：

文学不借人，也无以表示“性”，一用人，而且还在阶级社会里，即断不能免掉所属的阶级性，无需加以“束缚”，实乃出于必然。自然，“喜怒哀乐，人之情也”，然而穷人决无开交易所折本的懊恼，煤油大王那会知道北京捡煤渣老婆子身受的酸辛，饥区的灾民，大约总不去种兰花，像阔人的老太爷一样，贾府上的焦大，也不爱林妹妹的。……梁先生的这篇文章，原意是在取消文学上的阶级性，张扬真理的。但以资产为文明的祖宗，指穷人为劣败

---

① 梁实秋《关于鲁迅》，《梁实秋文集》第1卷，第617页。

的渣滓，只要一瞥，就知道是资产家的斗争的“武器”，——不，“文章”了。①

从文章中可以看出，鲁迅已经熟练运用了阶级论话语，其批评文字中有着鲜明的马克思主义阶级论的色彩。他本人虽然从来不承认自己的转变，但正如他在《二心集·序言》中所言：

只是原先是憎恶这熟识的本阶级，毫不可惜它的溃灭，后来又由于事实的教训，以为惟新兴的无产者才有将来，却是的确的。②

在回击梁实秋对自己翻译的批评问题上，鲁迅说：“这些东西，梁实秋先生是不译的，称人为‘阿狗阿猫’的伟人也不译。”这一句话清楚地点明了翻译背后隐藏的不同文化选择问题。

这篇近两万字的长文是鲁迅的作品少有的重头文章，《萌芽月刊》在编辑后记中有这样一段话：

梁实秋……思想虽荒谬虽奇特，在现在却有很大的社会意义。所以我们由鲁迅先生的手加以详细的反驳了。③

梁实秋当然是不甘示弱的，在随后做的《答鲁迅先生》一文中他说：

鲁迅先生是不是以为文学是有阶级性的？如其是的，鲁迅先生自己究竟是站在哪一边，还是蝙蝠式的两边都站？④

---

① 鲁迅《“硬译”与“文学的阶级性”》，《鲁迅全集》第 4 卷，人民文学出版社 1981 年版，第 204、206 页。

② 鲁迅《二心集·序言》，《鲁迅全集》第 4 卷，人民文学出版社，第 191 页。

③《编辑后记》，上海《萌芽月刊》第 1 卷第 3 期，1930 年 3 月。

④ 梁实秋《答鲁迅先生》，《梁实秋文集》第 6 卷，第 479 页。

这篇文章显然是让鲁迅表态，在 20 年代末的特殊时代语境中，文化观念难免政党化或政治化，文艺立场也就常常成为政治立场的表征，正如国民党中央宣传部在 1941 年的文件中所描写的那样，“中共之肇始为一学术团体（马克思主义研究会）而非革命团体”①，文艺主张成了政治主张的风向标，像梁实秋这样提倡超阶级人性论的人不可能赞同建立在阶级论立场上的共产党的主张，而信奉阶级论也几乎就是信仰共产党的代名词。

1930 年 2 月，《拓荒者》第 2 期刊载了冯乃超《文艺理论讲座（第二回）·阶级社会的艺术》，文中说：

> 无产阶级既然从其斗争经验中已经意识到自己阶级的存在，更进一步意识其历史的使命。然而，梁实秋却来说教——所谓“正当的生活斗争手段”。“一个无产者假如他是有出息的，只消辛辛苦苦诚诚实实的工作一生，（！）多少必定可以得到相当的资产。”那末，这样一来，资本家更能够安稳的加紧其榨取的手段，天下便太平。对于这样的说教人，我们要送“资本家的走狗”这样的称号的。

梁实秋随后在《“资本家的走狗”》一文中，反驳说：

> 《拓荒者》说我是资本家的走狗，是哪一个资本家，还是所有的资本家？我还不知道我的主子是谁，我若知道，我一定要带着几份杂志去到主子面前表功，或者还许得到几个金镑或卢布的赏赉呢。……至于如何可以做走狗，如何可以到资本家的账房去领金镑，如何可以到××党去领卢布，这一套的本领，我可怎么能知道呢？②

① 中国第二历史档案馆编《中华民国史档案资料汇编第五辑第二编文化（一）》，江苏古籍出版社 1998 年版，第 6 页。

② 梁实秋《“资本家的走狗”》，《梁实秋文集》第 6 卷，第 487 页。

鲁迅看了冯乃超和梁实秋的这两篇文章之后，愉快地对冯雪峰说："有趣！还没有怎样打中了他的命脉就这么叫了起来，可见是一只没有什么用的走狗！"他觉得"乃超这人真是忠厚"，决定"帮乃超一手，以助他之不足"。[①] 随即发表了被左翼阵营称为"奇文"的《"丧家的""资本家的乏走狗"》，文中说资本家的走狗的特点是：

"它遇见所有的阔人都驯良，遇见所有的穷人都狂吠。""在梁先生，也许以为给主子嗅出匪类（'学匪'），也就是一种'批评'，然而这职业，比起'刽子手'来，也就更加下贱了。"因为这几乎就是"指示着凡主张'文学有阶级性'，得罪了梁先生的人，都是在做'拥护苏联'，或'去领卢布'的勾当。"[②]

这时的鲁迅已经真正走进了左翼阵营，而他的真正转变正是在对梁实秋的批判中完成的，《"硬译"与"文学的阶级性"》和《"丧家的""资本家的乏走狗"》是他运用阶级论话语的最经典文本。

梁实秋发表的应战文章是《鲁迅与牛》，他引了鲁迅《阿Q正传的成因》中的一段话，文中鲁迅说：

我没有什么话要说，也没有什么文章要做，但有一种自害的脾气，是有时不免呐喊几声，想给人们去添点热闹。譬如一匹疲牛罢，明知不堪大用的了，但废物何妨利用呢，所以张家要我耕一弓地，可以的；李家要我挨一转

① 李何林主编《鲁迅年谱》第3卷，人民文学出版社1981年版，第209页。

② 鲁迅《"丧家的""资本家的乏走狗"》，《鲁迅全集》第4卷，人民文学出版社，第247页。

磨，也可以的；赵家要我站在他店前站一刻，在我背上帖出广告道：敝店备有肥牛，出售上等消毒滋养牛乳。我虽然深知道自己是怎样瘦，又是公的，并没有乳；然而想到他们为张罗生意起见，情有可原，只要出售不是什么毒药，也就不说什么了。但倘若用得我太苦，是不行的，我还要自己觅草吃，要喘气的功夫；要专指我为某家的牛，将我关在他的牛牢内，也不行的，我有时也许还要给别家挨几转磨。如果连肉都要出卖，那自然更不行，理由自明，无须细说……

梁实秋说："这真是鲁迅先生的活写真。仔细看过这段描写的自白，也许有人以为我以前太多事，人家已经说得这样明白清楚，何必还问什么对于文艺思想的积极意见？鲁迅先生一生做人处世的道理都在这一匹疲牛的譬喻里很巧妙的叙述了。……一个人，在军阀政府里可以做佥事，在思想界可以做权威，在文学界里可以做左翼作家。这譬喻来得确切。"①

在青岛大学任教期间，梁实秋与鲁迅的论战还硝烟未散，学生在课堂上问及两人论战的问题时，梁实秋并不做解释，而是在黑板上写下"鲁迅与牛"，让学生自己分析。从这一点可以看出，梁实秋是以传统儒士"君子不器"来指责鲁迅"听将令"于左翼阵营。

此后鲁迅对梁实秋的批评基本都是在阶级论话语中进行，而梁实秋对鲁迅的批评也是直接指向其身后的左翼阵营。1932年鲁迅在北京做了《帮忙文学与帮闲文学》的演讲，说："中国文学从我看起来，可以分为两大类：（一）廊庙文学，这就

---

① 梁实秋《鲁迅与牛》，《梁实秋文集》第6卷，第510页。

是已经走进主人家中，非帮主人的忙，就得帮主人的闲；与这相对的是（二）山林文学。唐诗即有此二种。如果用现代话讲起来，是‘在朝’和‘下野’。后面这一种虽然暂时无忙可帮，无闲可帮，但身在山林，而‘心存魏阙’。”

梁实秋在鲁迅的眼中即属于“帮闲”文人，在致朋友的信中鲁迅说：

> “帮闲文学”实在是一种紧要的研究，那时繁忙，原想回上海后再记一遍的，不料回沪后也一直没有做，现在是情随事迁，做的意思都不起来了，所以那《五讲三嘘集》也许将永远不过一个名目。①

这里所说的“三嘘”指的是要将张若谷、杨邨人、梁实秋三个向他发难的人“一嘘了之”。在鲁迅的眼中，梁实秋以及他所属的“新月派”都是“走进主人家中”的帮闲文人，尤其是在新月积极议政之后。1929年，梁实秋主编《新月》之后，连续发表了《论思想统一》、《论批评的态度》、《“不满于现状”便怎样呢?》等政论文章，他的政论思想与胡适一致，都要求对政府进行“尽情的批评”的权利，要求政府保障人们的思想和言论自由，遭到政府的严厉警告。鲁迅遂于1930年1月1日《萌芽月刊》1卷1期上，发表了《新月社批评家的任务》一文，指出梁实秋等人的政论是帮助政府“挥泪以维持治安”。梁实秋随即发表了《“帮忙文学与帮闲文学”质疑》，认为：

> “文学中亦尽有抒写自己性灵的作品，并不见得全是帮他人之忙或帮他人之闲的。”“现在无产革命尚未成功，

① 鲁迅《致杨霁云》，《鲁迅书信集》下卷，人民文学出版社1976年版，第692页。

故一般普罗文学家帮帮忙做宣言做批判做演讲做所谓皇皇大文，等到将来无产阶级专政的时候到来，天下太平，大家无事，普罗文学家自然也就要谈谈女人，谈谈酒。'无产阶级文学'现在正是帮忙文学，将来也有成为帮闲文学的可能。"①

已经接受马克思主义的唯物论思想的鲁迅，不承认有超阶级的立场，在与苏汶、胡秋源等人的"第三种人"和"自由人"问题的论争中，他说：

生在有阶级的社会里而要做超阶级的作家，生在战斗的时代而要离开战斗而独立，生在现在而要做给予将来的作品，这样的人，实在也是一个心造的幻影，在现实世界上是没有的。要做这样的人，恰如用自己的手拔着头发，要离开地球一样，他离不开，焦躁着，然而并非因为有人摇了摇头，使他不敢拔了的缘故。②

梁实秋则在《论"第三种人"》中反驳说：

"强分作家为两个阶级，或左右二翼，这对于文学的发展并没有什么利益。这也许是一种策略罢，大约是逼迫一般较易接受宣传的作家向左转的策略。如此，则第三种人之被否认，亦正是此项策略之一部，使此种自称为'第三种人'者感觉惶惑不安，然后左转，以免于'没落'，而加厚无产阶级之势力。""非赤即白，非友即敌，非左即右，非普罗阶级即资产阶级，非革命即反革命，——这一

---

① 梁实秋《"帮忙文学与帮闲文学"质疑》，《梁实秋文集》第 7 卷，第 58 页。

② 鲁迅《论"第三种人"》，《鲁迅全集》第 4 卷，人民文学出版社，第 440 页。

套的逻辑，我们是已经听过了不少了，鲁迅先生之根本否认‘第三种人’，亦不过是此种逻辑运用到文学上来的一例而已。”①

由此可见，文化立场的对立，使他们之间几乎不可能形成真正的文学对话。在喧哗的话语背后，是文化信仰的铿锵对决。

1936年10月19日，鲁迅在上海病逝。第二日的《世界日报》教育界专栏发表了对梁实秋的采访纪录。梁实秋回顾了与鲁迅的文字因缘，说：

余至上海创办新月杂志，先生即在平沪办萌芽、语丝等刊物，此时以各见地之稍异，即时常在作批评文字。后来先生转变，与余等之笔墨战争则更多。余等素以争取自由言论，反对当时政府之无理压迫为意旨，而鲁迅则责我们不能为劳苦大众着想，只保守小资产阶级之意识。先生在文学方面，为中国文坛上最有力之作家，余与其立场虽稍有不同，而其文笔之卓绝，则实令余钦服。现先生逝世，为中国文坛之最大损失，盖后人恐无能补其缺者。再前阅报载海上文学家联名宣言，对时局有所陈述，并希全国作家一致联合为国家着想，内有星期六派之作家等；而先生亦签名其中，或较前又有转变，而放弃极端之阶级主义，奔向国民立场，是以此正合吾人意见。望其能发扬光大，不料竟尔弃世矣。平地教育界其生前友好甚多，对彼之死，当深具同情，此后，或将由北大同仁发起追悼会，追悼此一代之文豪也。②

---

① 梁实秋《论“第三种人”》，《梁实秋文集》第1卷，第359页。

② 梁实秋《“教育界”专栏对梁实秋的采访，——“最初不信真有此噩耗”》，《世界日报》1936年10月20日。

梁实秋的这一篇访谈录对鲁迅有肯有否，肯定的是鲁迅的文学成就，否定的是鲁迅向左翼阵营的“转变”。他所说的鲁迅逝世前的“又有转变”，指的是1936年9月20日鲁迅与巴金、王统照、林语堂、周瘦鹃、茅盾、郭沫若、傅东华等人联名发表《文艺界同人为团结御侮与言论自由宣言》，宣言中说：

> 我们是文学者，因此亦主张全国文学界同人亦应不分新旧派别，为抗日救国而联合。文学是生活的反映，而生活是复杂多方面的，各阶层的；其在作家个人或集团，平时对文学之见解，趣味，与作风，新派与旧派不同，左派与右派亦各异，然而无论新旧左右，其为中国人则一，其不愿为亡国奴则一；各人抗日之动机，或有不同，抗日的立场亦许各异，然而同为抗日则一，同为抗日的力量则一。

鲁迅的这一行动，在梁实秋看来即是后期的又一转变，是“放弃极端之阶级主义，奔向国民立场，是以此正合吾人意见”。这篇访谈发表后，引起了左翼阵营极大的反感，这种描述无疑改写了鲁迅真实的文化道路，意味着鲁迅晚年对马克思主义文化立场的放弃，这种描述是对马克思主义阶级观念的最强烈的批判，左翼人士认为这是“歪曲先生的过去，诬蔑先生的现在”①。

鲁迅去世以后，梁实秋又做过几篇评论鲁迅的文章，分别是1941年11月27日发表于《中央日报·平明》的《鲁迅与我》，和去台湾之后发表的《关于鲁迅》。这两篇文章的内容大

① 李何林《鲁迅逝世时梁实秋的论调及其他》，《李何林论文选》，人民文学出版社1986年版，第19页。

致相同，后一篇文章中作者明确表明是重复前一篇文章里曾经说过的话。《鲁迅与我》一文其实是对当时共产党尊崇鲁迅的批判，梁实秋写道："对于死者照例是应该一味颂扬，如有另外动机还不妨奉为偶像。"在《关于鲁迅》中，则更明确地指出，鲁迅本来是反对"左倾"的，"和共产党本没有关系，他是走投无路，最后逼上梁山"。

自 20 世纪 30 年代起，直至 80 年代，鲁迅在大陆一直经历着一个被偶像化的过程。1937 年在鲁迅逝世一周年纪念会上，毛泽东作了《鲁迅论》的演讲，誉鲁迅为"中国第一等的圣人"，1940 年 1 月，毛泽东又在《新民主主义论》一文中，对鲁迅作出了崇高的评价：

> 鲁迅是中国文化革命的主将，他不但是伟大的文学家，而且是伟大的思想家和伟大的革命家。鲁迅的骨头是最硬的，他没有丝毫的奴颜和媚骨，这是殖民地半殖民地人民最可宝贵的性格。鲁迅是在文化战线上，代表全民族的大多数，向着敌人冲锋陷阵的最正确、最勇敢、最坚决、最忠实、最热忱的空前的民族英雄。鲁迅的方向，就是中华民族新文化的方向。

毛泽东对鲁迅的评价在三四十年代的中国有着与国民党争夺文化资本的意义，在将鲁迅奉为精神旗帜的策略下，鲁迅影响下的大批进步青年也跟随着这一旗帜走进了左翼阵营。梁实秋在鲁迅去世后的三次发言，也正是看到了鲁迅的文化选择对马克思主义文化在中国开展的意义。鲁迅的文坛地位和声望，使他的文化选择成了马克思主义文化在中国获得合法性的最权威证明，这也是一种典型的"卡里斯玛"效应。梁实秋显然也注意到了这一点，所以他拒不承认鲁迅的文坛权威，甚至认为有人视鲁迅为中国的萧伯纳是不嫌“寒伧”。①

二、反比效应：鲁迅光环之下的反面书写

1. 文化偶像与文化“鬼魅”：鲁迅作品教学中的梁实秋

新中国成立前，与左翼的论争，与鲁迅的论争，“与抗战无关论”的论争，这一系列的文坛大事，已经使得梁实秋在青年学生中形成了一种反面形象。由于左翼的思想理论在中国最早是以现代和先锋的形象现身的，随着共产党力量的发展壮大，共产党的政策和行动也赢得了青年学生的广泛认可。在这种情形下，梁实秋在青岛大学、北京大学和战时北碚的复旦大学中，都曾因此而遭到学生的非议。

梁实秋在重庆复旦大学教书时，因常乘坐滑竿，而让学生感觉有“土著老爷的味道”。林斤澜先生曾回忆说：

“这样抬着来上课的，只有梁实秋一位。……青年学生或多或少读过鲁迅的书，没有读过也总听说这两位在三十年代曾经论战，但在口头上一般只说做‘叫鲁迅骂过的’。简化之中带有倾向。”学生们对“论战的性质内涵，一般不大清楚。也有的学生大体记得些名句，梁实秋方面的有：无产阶级是只会生孩子的阶级等等。鲁迅方面的有：贾府上的焦大，不会爱林妹妹的。还有：要是无阶级的人性高明，那么动物性更高明等等。……记得这些大意的，倾向性更明白了。”②

---

① 梁实秋《萧伯纳去后》，《梁实秋文集》第7卷，第114页。

② 林斤澜《滑竿教授——梁实秋先生印象》，载陈子善编《回忆梁实秋》，吉林文史出版社1992年版，第26页。

1948年，郭沫若在香港发表了《斥反动文艺》一文，这篇文章是一枚重型炸弹，将国内惶惑不安的自由主义知识分子们打得不知所措，如果说当时共产党正以军事力量宣告蒋介石政府的破灭，这一篇文字则宣告了一大批知识分子的末路。文中将梁实秋与朱光潜、沈从文等人归入“地主大资产阶级的帮凶和帮闲文艺”一派，① 这种身份符号经由北大等一些高校大学生的大字报形式的传播，使得梁实秋的处境更为艰难，尽管当时的他已经绝少议政或发表批评文章。

新中国成立之后，在批判修正主义和文艺黑线专政的政策引导下，作为培养社会主义事业接班人的重要领域——中学教育界，也对教科书内容作了相应的调整。由于语文课在当时被看做是以对青少年进行思想教育为主要任务，所以语文课文的选订，实际上担当了意识形态教育的重任。1962年的中共八届十中全会开过之后，思想意识形态的两条路线的斗争愈演愈烈，文学领域中对资产阶级文艺思想的批判成为核心问题，几乎以鲁迅为唯一合法读物的语文教材也进行了相应的调整，1963后出版的中学语文课本中，《文学和出汗》和《“丧家的”“资本家的乏走狗”》被第一次选进中学语文课本，担负起了批判资产阶级文艺思想的重任。1966年的《部队文艺座谈会纪要》发表之后，这两篇课文又成为批判文艺黑线的投枪和匕首。虽然“文化大革命”中，各地自编教材内容各各不一，但鲁迅作品始终是中学语文课本中的重点。“文化大革命”结束后直至80年代前期，中学语文教材的选材基本上还延续着

① 郭沫若《斥反动文艺》，中国人民大学新闻系文学教研室编《中国现代文学史参考资料》第2卷，中国人民大学出版社1959年版，第531页。

1963年的版本，注重课本的思想性和工具性。

在中学语文教学中，从教师的教学参考书中可以清楚地看到，在以鲁迅为文化偶像的鲁迅作品教学中，梁实秋是如何被塑造为罪恶昭著的“鬼魅”。

在很多教学参考书中，对《文学与出汗》一文的分析，总有毛泽东在《新民主主义论》中对1927年进行社会分析的一段话：

> 这一时期，是一方面反革命的“围剿”，又一方面革命深入的时期。这时有两种反革命的“围剿”：军事“围剿”和文化围剿。也有两种革命深入：农村革命深入和文化革命深入。①

这段话总是以粗重的黑体的形式，以语录和警示录的作用写在文章的开头。

在这种思维方式的引导下，鲁迅批评梁实秋的这篇文章，被提升为国民党和共产党之间文化战线上的围剿与反围剿的斗争。而鲁迅研究专家李何林对《文学与出汗》的分析，则常常被引为教学参考的权威读本。他对这篇文章作了如下的解读：

> ……鲁迅的《文学和出汗》是投向资产阶级人性论的可贵的第一枪，是反击国民党反革命文化“围剿”的锋利的匕首。它配合了毛主席所领导的农村革命深入，是中国文化革命开始深入的重要标志。……在文艺理论和文艺批评战线上充当黑干将的则是被鲁迅称为“丧家的”“资本

① 如上海师大中文系《鲁迅作品教学参考资料》编写组《鲁迅作品教学参考资料》，上海人民出版社1977年6月第1版；山东师范学院聊城分院中文系图书馆编《鲁迅作品教学手册（供教学参考）·李何林〈文学与出汗〉》，1976年版。

家的乏走狗”的梁实秋。他以美国资产阶级文艺理论家白壁德的门徒自命，极力贩卖资产阶级人性论的黑货，用以反对马克思主义的阶级斗争学说和中国共产党领导的民主革命运动。在他宣扬资产阶级人性论的黑文里，《文学批评辩》是较早有代表性的一篇。这篇文章最初发表在一九二六年十月廿七、廿八日北京《晨报副刊》上。……由这篇文章的写作时间可以看出，梁实秋贩卖人性论、反对马克思主义阶级论，并不是始于一九二七年大革命失败以后，他所效忠的主子也不只是蒋介石反动派，再早还有北洋军阀。

不仅如此，这篇文章在当时的“文化大革命”语境中，还被解读为两条文艺战线斗争的原始经典战例。李何林说：

“梁实秋是革命和革命文学的最凶恶的敌人。……以无产阶级的阶级论反对资产阶级人性论，这是第二次国内革命战争时期革命和反革命斗争在文艺上的反映，是中国文化革命深入的一个重要标志。而《文学和出汗》就是向梁实秋人性论第一次认真的开火。它正式揭开了中国现代文学思想斗争史上无产阶级阶级论同资产阶级人性论两种文艺思想斗争的第一页。”而且还是“彪炳文学史册的战斗纪录”①。

而对《“丧家的”“资本家的乏走狗”》的解读也是在这种思维方式下进行的，这篇在 30 年代被左翼阵营视为“奇文”的论战文本，从论辩方式、论战语势，到思想内涵、现实作用，被进行了最精细的解读，在中学语文教材中，这是享受最

① 李何林《〈文学与出汗〉》，载山东师范学院聊城分院中文系图书馆编《鲁迅作品教学手册（供教学参考）》，1976 年版，第 149～151 页。

高殊荣的一篇经典文本。在“十七年”和“文化大革命”期间，这篇文章的教学目的或者被定为：“使学生了解，梁实秋是个怎样的人。他甘心做资本家的走狗，要与无产阶级为敌。鲁迅先生对他猛力地抨击，并不由于私人的意气，是为卫护无产阶级利益而战斗。”[①] 或者被定为：“目的在于要揭露他的以‘告密’当‘批评’的文化特务（暗探）的丑恶‘身分’。”[②]

“文化大革命”之后的80年代，对这两篇文章的解读亦基本延续这一思路，如1981年版的《中学鲁迅作品详析》中，认为《“丧家的”“资本家的乏走狗”》一文：

> 运用马克思主义的阶级观点和阶级分析的方法，以无可辩驳的事实和严密的逻辑，有力地驳斥了梁实秋的无耻狡辩，揭穿了他充当文化特务的鬼蜮伎俩，深刻地剖析了他的反动阶级本质，画出了他的“丧家的”“资本家的乏走狗”的丑恶鬼脸。[③]

尽管1981年人民文学出版社出版的16卷本的《鲁迅全集》注释中，已经对梁实秋的注释做了修改，删去了其中的政治性批判色彩，但由于中学语文教学改革的滞后，这种现象并没有引起中学教育方面的注意。1988年出版的《鲁迅作品教学释疑》一书中，对《文学与出汗》的解释是：

> “深刻地揭露中国现代史上的‘强盗（蒋介石）’已经和中国文坛上的‘鬼魅’（梁实秋）串通一气，危害无产

---

① 许钦文《语文课中鲁迅作品的教学》，上海教育出版社1961年版，第130页。

② 山东师范学院聊城分院中文系编《鲁迅作品教学初探》，天津人民出版社1979年版，第359页。

③ 陆维天《中学鲁迅作品详析》，新疆人民出版社1981年版，第249页。

阶级革命。”而且将梁实秋看做是“无知、愚蠢、疯狂、反动的走狗”。①

在这种解析中，梁实秋被认定成了国民党在文化文学领域的代言人，或者是国民党围剿左翼阵营的枪手。这种解读是不公正的，与左翼论战时的梁实秋虽在文化信仰上与国民党的官方文化趋同，但他的文字决非为国民党壮行。

1994年，靳邦杰和王世家主编的《鲁迅作品详解（高中册）》一书对《文学与出汗》的解读有了较大的突破，行文中那种嘲骂和人身攻击式的“文革”语言不见了，取而代之的是客观的学理性研究。不仅如此，书中还附录了梁实秋的生平资料，把一个作为“学者、教授、翻译家、散文家的梁实秋”展示给学生，并且指出梁实秋对国家和民族的文化遗产的贡献是“丰富而珍贵”的。② 而这时的中学语文教材经过改革，已经将《“丧家”“资本家的乏走狗”》一文裁去，其原因也许正如有些研究者所说的：“这是一篇进行人身攻击的文章。”③ 到了2000年，随着语文教学的进一步改革，《文学和出汗》也被裁去。在文化多元化的语境中，从五四中走来的知识分子们的不同文化选择，开始逐步得到研究界宽容的“同情的理解”。

2. 两种祛魅：新时期以来鲁迅研究中的梁实秋

进入新时期以后，随着思想解放运动的开展，学术领域对

---

① 许锋《鲁迅作品教学释疑》，黑龙江人民出版社1988年版，第35、38页。

② 靳邦杰、王世家主编《鲁迅作品详解（高中册）》，北京工业大学出版社1994年版。

③ 陈亦骏《一代奇文费思量——重评鲁迅杂文〈“丧家的”“资本家的乏走狗”〉》，《名作欣赏》1993年第6期。

人性问题进行了重新探讨，这一行动对此前在唯阶级论思想体系内所做的各类历史评判产生了重大冲击，形成了一种价值重估的形势。在阶级话语中被偶像化或鬼魅化的正反面人物都在这种形势中进入了“祛魅”、还原时期。而这种“祛魅”与还原在这两种人物身上所产生的效应是互相冲突的，对正方的“祛魅”也往往同时意味着反方的增值，而对反方的“祛魅”则在提升反方的同时，也往往带来对正方的贬低。这是一元论价值体系在价值多元化语境中必然遭遇的尴尬。

鲁迅研究领域的学者对这一现象是最为敏感的。1981 年是鲁迅诞辰 100 周年，李允经先生发表了《鲁迅与梁实秋的一场论战》一文，通过回溯历史，再次确证“新月派走狗文人”梁实秋与国民党沆瀣一气，而“鲁、梁论战也正是在文化战线上，‘围剿’和反‘围剿’斗争的首次角逐”。继而提出应该认真学习鲁迅和毛泽东等伟大人物的著作，不能徒以“思想解放”为标榜，走向思想解放的反面，而应在国内外隆重纪念鲁迅的气氛中，“使学习鲁迅的空气更加浓厚起来，使种种污染这种空气的因素，减少下来”。[①] 从这篇文章中，可以明显看出梁实秋的祛魅之途并不通畅，“污染”因素显然包括了从人性的角度为梁实秋正名的种种努力。在人性论与阶级性的问题上，不仅纠缠了太多的资无对立的意识形态内容，而且还要冲击鲁迅作为新文化革命的主将这一经典评价。因为在鲁迅被誉为“共产主义战士”的同时，鲁迅与梁实秋的这一场论战被认为是他对资产阶级反动阵营发动的第一场彪炳史册的战斗。如果梁实秋在这场论战中的超阶级人性论并非是资产阶级性质的

① 李允经《鲁迅与梁实秋的一场论战》，《学习与研究》1981 年第 4 期。

论点，那么鲁迅的无产阶级战士的称谓就难以确证。

而真正对鲁迅研究造成冲击的当属80年代中期的现代新儒学文化潮，它激活了一种质疑五四新文化和马克思主义文化的思想方式。建立在五四新文化和马克思主义文化基础上的中国现代文学学科也遭遇了挑战，历史好像又回到了二三十年代的文化语境。为此很多现代文学研究界的学者不无担忧。王富仁先生甚至有“本学科即将被颠覆的担忧”，认为“如果用新儒家的思想来研究中国现代文学，就会导致该学科的自杀，这是因为中国现代文学是建立在‘五四’新文化的基础上”。张永泉先生在《回应新儒家》一文中，则指出新儒学在大陆掀起的思潮，“对五四也是对现代文学最为致命的威胁”。虽然有夏德勇先生做了《正确估价新儒家对中国现代文学研究的冲击》的文章，要求研究者们正确对待新儒学文化思潮对现代文学的激荡，但这样的声音是相对微弱的。1994年，面对研究界对鲁迅的祛魅式研究，孙郁先生编选的《被亵渎的鲁迅》一书出版，这本书“出乎意料地畅销，并开创了从对立面理解鲁迅的风气之先”。[①] 自此，陈漱渝先生主编的《一个都不宽恕——鲁迅和他的论敌》、《恩怨录——鲁迅和他的论敌文选》，房向东先生撰写的《鲁迅与他“骂”过的人》、《鲁迅：最受诬蔑的人》等陆续出版。作为鲁迅对立面而存在的一些文学家或文学现象都被推到了研究前沿。1995年5月，《鲁迅研究月刊》开辟了“五四精神与中国文化”的专栏，从新儒学的角度来研究五四和鲁迅，并形成了一种重新确证鲁迅地位的基调。

在这些研究中，王富仁先生的《中国鲁迅研究的历史与现

① 张梦阳《中国鲁迅学通史》，广东教育出版社2001年版，第659页。

状》系列文章，是比较有代表性的，① 是这一时期的重要研究成果。赵学勇、刘铁群在阅读他的文章过程中撰写了《鲁迅研究中的儒学阴影——对于〈中国鲁迅研究的历史与现状〉的一种解读》的文章，他们在王富仁先生的论述中，发现了这样一种现象：

> “每个时期的鲁迅研究都有一些派别明显受到了儒家思想的影响，可以说儒学的影响贯穿了整个鲁迅研究的历史。”“鲁迅研究中第一时期以陈西滢为代表的对立派和第二时期以梁实秋为代表的英美派自由知识分子，在进行鲁迅研究时都身不由己地陷入了传统儒家的道德伦理观念中，对鲁迅及其杂文作出了歪曲的评价，进而走向了对鲁迅及其杂文的根本否定。”②

在王富仁先生的论述中，他把 80 年代以后的中国看做是“文化还原”期，并且指出“在这个文化还原过程中迈出了关键性的一步的是三十年代的英美派自由主义知识分子的鲁迅观的重新复活”③。他认为梁实秋等英美派知识分子之所以能在 80 年代浮出地表，是因为中国新时期的开放是有特定内容的开放，对美国的开放成了这时期开放的主要内容和主要标志。这种开放的形式大大强化了英美派自由主义知识分子的地位和作用，随着中国现代文学和中国现代文化研究的繁荣发展，从

---

① 共 11 篇，1994 起连载于《鲁迅研究月刊》，后来结集为《中国鲁迅研究的历史与现状》，浙江人民出版社 1999 年版。

② 赵学勇、刘铁群《鲁迅研究中的儒学阴影——对于〈中国鲁迅研究的历史与现状〉的一种解读》，《鲁迅研究月刊》1997 年第 12 期。

③ 王富仁《中国鲁迅研究的历史与现状》第十一，《鲁迅研究月刊》1994 年 12 月。

胡适开始到三、四十年代英美派自由主义文化和文学的传统重新受到了重视。

而在解释梁实秋等人接受了西方自由民主平等的思想学说却站在传统儒家文化立场的原因方面，他认为是这一类知识分子为在专制统治中“避祸保身”才“重新返回中国传统的价值观念”。并且认为这一类知识分子的儒家文化观念主要是体现在处理“人与人的关系中”，“他们与传统儒家知识分子相沟通”。“中国传统儒家知识分子主张中庸和平，反对情感泛滥，反对走极端，以免造成人与人之间的冲突和矛盾。处在社会竞争中的人必然是各执一端的，所以当他们面对参与社会竞争的人们时，遂感觉到中国传统儒家学说与自己思想相契合”。王先生显然看到了梁实秋的文学话语中儒家中庸思想和亚里士多德的中庸理论结合在一起，但他认为二者是互相矛盾的，因为“亚里士多德的中庸是理性思维中的中庸，是有确定的度的规定的，而中国传统儒家的中庸却是一种待人接物的方式，是永远处于两端之间，不为事先的处世态度，它扼杀了中华民族的创造精神”。

这种对梁实秋在80年代回归学术研究领域的阐释有一定的合理性，但笔者认为并不准确。首先，梁实秋等一批英美派知识分子并不是出于明哲保身的姿态才倾向传统儒家思想，尤其是梁实秋，当时与他关系密切的两个学人群体——《新月》为阵地的英美派知识分子和《新路》、《再生》为阵地的国家主义者——是最集中最自觉地批判国民党的两个群体，《新月》和《新路》也是最早以批评国民党专制统治为主要内容的杂志，并且主要撰稿人和这两份杂志都遭到了国民党的通缉逮捕和停刊的处理。梁实秋对儒家思想的倚重是基于一种明确的文化现代化方式的选择。而且梁实秋文学话语中的儒家思想成分绝不仅仅是体现在处理“人与人的关系”中，这只是一个小方面，儒家思想是梁实秋的文学话语的精神内核，他的话语中儒家中庸与亚里士多德中庸理论的结合，使他把“中庸”的精神贯彻到了文学理论和文人行品的各个方面，他的“文学的纪律”的主张就是要求文学行“中庸之道”的体现。而《鲁迅研究中的儒学阴影》一文，认为梁实秋对鲁迅的批判“离开了从社会人生的整体意义感受鲁迅作品的有效角度，而仅仅停留在个人道德的评判上”，则更有以偏概全的不足了。

由于鲁迅与梁实秋在二三十年代的对立，是与政治文化纠结缠夹的经典学案，两人之间的正反性质，是由意识形态定型的研究大方向，所以研究者们虽然开始注意梁实秋的非资产阶级身份，但仍然是在正反对立的思维框架中来解读。因此，80年代新儒学思潮的兴起，虽然为现代文学研究提供了一个从传统文化或儒家思想角度阐释文学现象的视角，但对梁实秋文学话语中的儒学思想的研究还是不尽如人意，在鲁迅研究中没有合理回归到本位，而专门的梁实秋研究成果，也没能给他一个准确定位。

三、战士与绅士：两种文化中的人格典范

1927年前后的中国，是无产阶级阵营与旧文化体系分庭抗礼的决裂时期，虽然中国当时并没有形成真正的资产阶级阵营，更遑论资产阶级意识，但在阶级论的视野下，无产阶级阵营实际上是把传统的士绅阶层和留学归来的新式知识分子视为资产阶级阵营。成仿吾在《从文学革命到革命文学》一文中说：

资本主义已经到了他的最后一日，世界形成了两个战垒，一边是资本主义的余毒“法西斯蒂”的孤城，一边是全世界农工大众的联合阵线。……谁也不许站在中间。你到这边来，或者到那边去！①

1934年，针对梁实秋发表于《现代》的《白璧德与人文主义》一文，《文学》第3卷第4～6号上发表了伍实翻译的《人文主义是什么》一文，其原作者是与白璧德倡导的人文主义运动论争的苏联左翼批评家 Sergei Dinamov。文章中说：

目前的世界危机已经影响到绅士文化的一切部门，科学及艺术都在其内。

……我们于此，应该参考新近美国一般拥护法西斯主义的绅士所发的宣言，这就是在纽约出版的一部名为《人文主义与美国》的论辑，也就是美国一般绅士对于文化问题的一部法典，我们应该知道，美国的法西斯主义的人文主义者是跟世界的法西斯主义者完全协调的。全世界的帝国主义的绅士阶级都正在向真正的科学知识进攻并对于那种不肯歪曲真理以期适合法西斯主义的科学者加以利诱和迫害。

……人文主义的美学学说，就是当这世界危机期间为绅士制度辩护的学说。

……原来人文主义，就是当全世界危机中一般法西斯主义的绅士知识界的意识表现。人文主义供给一种特别工具，为训练绅士界维持自己之用。就是这里面所包含的个人主义，也是一种特殊的个人主义，因为它主张个人应从属于整个绅士界，犹之法西斯主义的国家主张一切都应从

① 成仿吾《从文学革命到革命文学》，《文学运动史料选》第2卷，第21页。

属于一个领袖的意志一般。白璧德的德谟克拉西与领袖一书，就是专论这个问题的。他主张国家需要一个领袖，需要一个能将世界攫在手中的领袖。人文主义就是一种企图联合美国绅士界的主义。如今人文主义者业已推广他们的活动到欧洲和东方来了。

这篇文章的总体意思是指明“人文主义者”是“一个濒死的阶级的意识代表者”。

由此可见，在现代中国知识分子们身上发生的论争，在鲁迅与梁实秋之间发生的论争，他们两人的“转变”与“不变”是有着世界性文化背景的。

1927年之后，鲁迅的思想“转变”在当时的舆论界是一件沸沸扬扬的事，他在困惑中翻译了蒲列汗诺夫的《文艺政策》，于是就有1929年8月19日，上海小报《真报》所载的尚文的《鲁迅与北新书局决裂》一文，其中说鲁迅在被创造社“批判”之后，“今年也提起笔来翻过一本革命艺术论，表示投降的意味”。鲁迅虽然强调自己的“出发点全是个人主义”，“译一本关于无产文学的书，是不足以证明方向的”。但是鲁迅在上海时期最亲密的朋友，马克思主义文艺理论家瞿秋白，在1933年的《鲁迅杂感选集》序言中，对鲁迅作了著名的从“进化论”到“阶级论”转变的结论：

鲁迅从进化论到阶级论，从绅士阶级的叛臣逆子进到无产阶级和劳动群众的真正友人，以至于战士，他是经历了辛亥革命以前直到现在的四分之一世纪的战斗，从痛苦的经验和深刻的观察之中，带着宝贵的革命传统到新的阵营里来的。①

---

① 瞿秋白编《鲁迅杂感选集·序言》，上海文艺出版社1980年版，第20页。

鲁迅的这一转变也有着不得已的苦衷，在《“硬译”与“文学的阶级性”》一文中，他说：

> 倘使那时不说“不革命便是反革命”，革命的迟滞是“语丝派”之所为，给人家扫地也还可以得到半块面包吃，我便将于八时间工作之暇，坐在黑房里，续钞我的《小说旧闻钞》，有几国的文艺也还是要谈的，因为我喜欢。所怕的只是成仿吾们真像符拉特弥尔·伊力支一般，居然“获得大众”；那么，他们大约更要飞跃又飞跃，连我也会升到贵族或皇帝阶级里，至少也总得充军到北极圈内去了。译着的书都禁止，自然不待言。

尽管如此，鲁迅作为一个以硬骨头著称的知识分子，不可能在完全被动的情况下屈服于某一种思想。他的转变也与他最初的文化立场相关。他对传统儒家文化的批判在五四新文化运动时期就开始了，在早年的《摩罗诗力说》中鲁迅就激赏“立意在反抗，旨归在动作”的摩罗诗人，在《坟·灯下漫笔》中，他把儒家思想统治下的中国看做是吃人的盛宴，呼吁青年人“扫荡这些食人者，掀掉这筵席，毁坏这厨房”。鲁迅对传统儒家文化的态度主要是基于他的启蒙主义立场，而这种立场的形成是以尼采、叔本华的非理性主义思想为精神背景的。

鲁迅接受过叔本华“意志力为世界之本体”的观点，这种观点同他对进化论的理解糅合在一起，使他强调人的感性存在，认为趋乐避苦的需要决定人的感情和意志。因此，鲁迅就像叔本华一样，把生活归结为生物体保持生存和延续生存以及发展的要求，归结为食色的欲望，认为生活就是一种生存意志。对封建礼教对人性的戕害深有感触的鲁迅，看到了几千年的封建道德文化对人的生命本能的扼制，为此极力张扬自然本性的合理性。与叔本华相比，尼采对鲁迅的影响更大，其中最主要的又是尼采对个人意志及其精神力量的尊崇和追求。在集中反映其早期哲学思想的《文化偏至论》、《摩罗诗力说》、《破恶声论》等文章中，鲁迅就非常敏感地察觉到，当时资本主义社会畸形发展的工业文明和都市文明带来了人的物质享受和精神生活的分裂、理性与情感的分裂，他认为这是西方文化的“偏至”。未来中国的出路不在办洋务搞维新而在“立人”，在于有独立见解，坚强意志的个性的产生，其“道术”就是“尊个性而张精神”，由此，他呼唤有“绝大意力”的“精神界战士”的出现。

由此可见，鲁迅启蒙主义精神的特点：人性（主要是指人的自然本性）是合理的，它与社会之间存在着一种紧张对抗的关系，必须破除这种关系，给人性以正常的存在和发展空间。也就是以“人的发现”、“人的解放”为目的，发现并打破“非人”的生存状态，（比如鲁迅的《狂人日记》），主要表现为反对专制、反对强权、反对旧道德，表现为人与外部秩序的对抗。20 世纪 30 年代，李长之和林语堂就称鲁迅为“战士”，梁实秋则认为鲁迅思想的最大特点为“不满于现状”。而后来的研究者如汪晖对鲁迅的研究定位在“绝望的反抗”上，高旭东对鲁迅曾经有“文化恶魔”的称谓，其根据也在于鲁迅对文化体制的反抗性。鲁迅自己则以“与黑暗捣乱”来描述自己的“反抗”。而这种人生观在现实的生存环境中，常常表现为人道主义，并难免会被社会革命运动借重，从文化行为转变为政治革命行为。

鲁迅的这种反抗性思想使他与左翼的契合成为一种必然。在 1925 年发表的《论“费厄泼赖”应该缓行》一文中，鲁迅就曾经指出：

> 中国现在有许多二重道德，主与奴，男与女，都有不同的道德，还没有划一。……我敢断言，反改革者对于改革者的毒害，向来就并未放松过，手段的厉害也已经无以复加了。只有改革者却还在睡梦里，总是吃亏，因而中国也总是没有改革，自此以后，是应该改换些态度和方法的。

在旧的文化标尺中，鲁迅无疑是属于士大夫阶层的，但他的启蒙主义立场，使他对本阶级以及本阶级所依托的文化有一种“抉心自食”的决绝反叛，这种反叛使他必定要与批判贵族阶级、资产阶级的左翼汇合。正如他自己所言：“原先是憎恶这熟识的本阶级，毫不可惜它的溃灭，后来又由于事实的教训，以为惟新兴的无产者才有将来，却是的确的。”[①] 因为“左翼意味着‘不妥协的现实主义’（uncompromising realism）或‘当代的不顺从主义’（contemporary non-conformism）”。[②] 从进化论向阶级论立场转变的鲁迅，对左翼文学和无产阶级革命是寄予了很大期望的，在《对于左翼作家联盟的意见》以及《黑暗中国的文艺界的现状》中，他都高度评价了无产阶级革命文艺运动，认为：

> 在中国，无产阶级的革命的文艺运动，其实就是惟一的文艺运动。因为这乃是荒野中的萌芽，除此以外，中国已经毫无其它文艺。属于统治阶级的所谓“文艺家”，早

---

① 鲁迅《二心集·序言》，《鲁迅全集》第 4 卷，人民文学出版社 1981 年版，第 191 页。

② 许纪霖主编《公共性与公共知识分子》，江苏人民出版社 2003 年版，第 285 页。

已腐烂到连所谓“为艺术的艺术”以至“颓废”的作品也不能生产，现在来抵制左翼文艺的，只有诬蔑，压迫，囚禁和杀戮；来和左翼作家对立的，也只有流氓，侦探，走狗，刽子手了。①

在梁实秋与鲁迅的对话和“游击战”的文字中，鲁迅常以“正人君子”或“绅士”来指称梁实秋，并且“正人君子”和“绅士”也是鲁迅文章中最常见的讽刺词语，最初是用来讽刺现代评论派，后来也用来批评新月派，因为在他看来这是两个性质立场一致的群体。

中国传统知识分子常被称为“正人君子”或“士绅”，主要意味着一个文化贵族阶层，也是经由科举取士而产生的，凭借文化尤其是古典文化优势而获取俸禄的阶层。在中国古代，“士绅”也被称为士大夫，是对上层阶级分子的称呼。起初这个称呼主要表示身份优越，但后来受儒家的影响，已带有浓重的道德意味，而与英文中的“绅士”（Bentleman）一词非常相似。②鲁迅使用“绅士”概念的时候，主要指向的是批判对象身上的儒家士大夫气质，在《论“费厄泼赖”应该缓行》一文中，他说：

现在的官僚和土绅士或洋绅士，只要不合自意的，便说是赤化，是共产；民国元年以前稍不同，先是说康党，后是说革党，甚至于到官里去告密，一面固然在保全自己的尊荣，但也未始没有那时所“以人血染红顶子”之意。可是革命终于起来了，一群臭架子的绅士们，便立刻皇皇

---

① 鲁迅《黑暗中国的文艺界的现状》，《鲁迅全集》第4卷，人民文学出版社1981年版，第285页。

② 周荣德《中国社会的阶层与流动——一个社区中士绅身份的研究》，学林出版社2000年版，第1页。

> 然若丧家之狗，将小辫子盘在头顶上。革命党也一派新气，——绅士们先前所深恶痛绝的新气，“文明”得可以；说是“咸与维新”了，我们是不打落水狗的，听凭它们爬上来罢。于是它们爬上来了，伏到民国二年下半年，二次革命的时候，就突出来帮着袁世凯咬死了许多革命人，中国又一天一天沉入黑暗里，一直到现在，遗老不必说，连遗少也还是那么多。这就因为先烈的好心，对于鬼蜮的慈悲，使它们繁殖起来，而此后的明白青年，为反抗黑暗计，也就要花费更多更多的气力和生命。

从这段话中可以看出，在鲁迅的眼中，“绅士”就是从儒家文化体制中走出来的士大夫阶层的“遗老”、“遗少”，“土绅士”就是纯粹的旧的士大夫，“洋绅士”则是受过外国思想尤其是英美自由主义思想熏陶却仍旧维护士大夫理想的人。在1931年发表的《上海文艺之一瞥》中，他批评梁实秋等欧美留学群体时说：

> 留学过美国的绅士派，他们以为文艺是专给老爷太太们看的，所以主角除老爷太太之外，只配有文人，学士，艺术家，教授，小姐等等，要会说Yes，No，这才是绅士的庄严，那时吴宓先生就曾经发表过文章，说是真不懂为什么有些人竟喜欢描写下流社会。①

这其中显然延续着在《文学与出汗》中对梁实秋的文化贵族意识的批判。虽然梁实秋强调文学品味的有无与阶级地位无关，穷人中可以有品味高雅的人，资本家中也有懂得艺术的人，并专门写过一篇《资本家与艺术品》的文章来佐证。但是

① 鲁迅《上海文艺之一瞥》，《鲁迅全集》第4卷，第295页。

在阶级论的语境中，与“贵族”气相关的话语很容易被误读为反动的资产阶级话语。

近代以来，传统“士绅”这一名词逐渐消失，随着西方文化的入侵，西方社会中的“gentleman”一词，被归化地翻译为绅士，尤其常被用来指称那些受过欧风美雨熏陶而又眷顾儒家文化的英美派知识分子。由此“绅士”一词在现代中国就不仅具有“正人君子”的道德意味，更追加了“gentleman”一词所挟带的西方自由主义意味。现代教育以学院制度取代了科举制度之后，寄身学院中的知识分子在身份上禀赋了传统士绅的很多特点，即以考取文凭或学位（与古代的功名相当）的方式来获取国家俸禄，对操纵学校的国家政府保持着依赖关系。传统士绅是整个社会公共价值体系的塑造者和维护者，他们对公共事务的服务是以上奏疏表的形式来实现。在阶级论话语中，不同的阶级不能共享共同的价值体系，阶级论话语刷新了此前人们心目中原有的道统观念和三纲五常一类的普泛性伦理观念，社会被分成壁垒森严的不同群体，各群体有自己的利益立场，而不同群体中的知识分子也就从社会公共代言人的角色向群体代言人的角色转变。知识分子的这一转变是世界范围内20世纪迄今最大规模的知识分子分化和转变，几乎全球的知识分子都曾被纳入“左翼”或是“右翼”的符号之中，这种变化使得每一个知识分子的言论都变得面目可疑，他们的公允性遭到怀疑。这就使以公共价值观念表达为己任的现代绅士型知识分子，不可能被融进阶级论阵营中。

在这种情境中，追求普遍意义表达的绅士型知识分子就形成了另一种转化，这就是雅各比在20世纪末的重要发现：“我体察到一个代际更替过程：从本世纪初的公共知识分子，到世纪末已演变为学院派的思想者。”① 这从鲁迅的批评文字中也可以看出，在他的笔下，绅士、正人君子、学者、教授都是同义词，都是用来批评陈西滢、梁实秋这样的道不同者。白璧德在《文学与美国大学》一书中，也注意到了在现代社会中，注重公共价值和传统价值的绅士与学院学者的身份结合。②

梁实秋对人性普遍性的追求，以及用普遍永久的道德化人性作为批评标准的观点，正是对儒家普世性价值立场的坚持。而在阶级化政治化的时代中，他的价值立场使他把学术和学院作为唯一的寄身之所。需要指出的是，梁实秋站在公共性的价值立场上所排斥的不仅是无产阶级的价值观念，他对国民党的批判与对左翼的批判相比有过之而无不及。以至于赴台之后，作为极少数的坚持不肯加入国民党的高级知识分子之一，很长时间为国民党所戒备，甚至家里也遭到莫名其妙的搜查。赴台之后的梁实秋曾经这样概括自己在台湾时期的行为：“孔子曰：‘君子或行或藏，或藏或默，我属于默者。’……我从前只知道言论自由的重要，后来才知道不说话的自由更重要。”③ 而这不说话的自由也就是寄身学院埋首学术。

梁实秋的绅士品格，首先是诗礼传家的传统家庭教育使然，而清华八年严格的人格和品行训导也规范了梁实秋的言行。在道德问题上，他不承认道德有新旧之分，并认为对传统道德中的“礼”不应当视为洪水猛兽。他说：

> 礼不是一件可怕的东西，不会“吃人”。礼只是人们

---

① 许纪霖主编《公共性与知识分子》，江苏人民出版社 2003 年版，第 2 页。

② ［美］欧文·白璧德著，张沛、张源译《文学与美国大学》，北京大学出版社 2004 年版，第 15 页。

③ 何怀硕《怅望千秋一洒泪》，载陈子善编《回忆梁实秋》，第 159 页。

行为的规范。人人如果都自由行动，社会上的秩序必定要大乱……①

梁实秋曾经发表过《文人有行》的文章，指责文艺界一些人士的浪漫行为有损做人的尊严，认为要做“文人”首先要从做“人”做起，而他所谓的做“人”标准即是具有普遍意义的道德标准。随后有人做了《文人之行》的文章批评梁实秋的观点是用“因袭的礼教道德强迫文人去履行”，梁实秋则回击说：

孝、悌、忠、信、礼、义、廉、耻，我觉得是德行，虽然近乎所谓‘因袭的’了。道德莫非也像汽车似的，一九二八年的样式便和一九二七年的不同吗？……人（无论是天才或是庸众）的行为，不应该放肆，感情本身并不是美德的，不羁的感情要系上理性的缰绳，然后才可以在道德的路上去驰骤。②

而他对理性和节制的“中庸之道”的自觉推崇，更强化了他反对极端的革命斗争行为的温和改良立场，这是绅士品质与战士品质的重要区分。

40年代时，贺麟在倡导新儒学运动时，曾经说过：

就生活修养而言，则新儒家思想目的在于使每个中国人都具有典型的中国人气味，都能代表一点纯粹的中国文化，也就是希望每个人都有一点儒者气象……何谓“儒者”？……最概括简单地说，凡有学问技能而又具有道德修养的人，即是儒者。儒者就是品学兼优的人。③

① 梁实秋《谈礼》，《梁实秋文集》第2卷，第410页。

② 梁实秋《文人之行》，《梁实秋文集》第6卷，第392页。

③ 贺麟《文化与人生》，商务印书馆1988年版，第11页。

他同时强调，所谓的道德修养，不是重拾“中古贵族式的诗礼”而是“近代民主化的诗礼”，而拥有“民主化的诗礼”的知识分子，也就是梁实秋的所谓的绅士品质。

绅士的儒家士大夫色彩和贵族色彩使它在中国自20世纪30年代起是逐渐被消灭的一种身份。在无产阶级的意识形态中，建立在经济基础上的阶级论，把绅士列为与工农大众对立的贵族阶级，是在被清算和打倒之列的。梁实秋在《绅士》一文中说：

> “按照我们中国的说法，一位绅士大概就是一位有资望有财产有体面的人。听说现在已经革命了，有一个时期还有人说过‘有土皆豪，无绅不劣’的话，那么绅士当然是件不祥之物。除非我们想把谁置于死地，似乎轻易不可把绅士的名称加之于人。至于从前的绅没人说劣，现在的绅为什么都劣了，这一点缘由也无须追问，大概总不外乎时代的精神。”“‘绅士’这一名词，本是尊敬的称呼，然而在现今的时代便大大的不同了，奥伏赫变，变成一个很难堪的罪名了。这也是时代的精神罢。”①

但梁实秋显然是服膺绅士的身份品格的，虽然明了“绅士”已成“罪名”，还是直言“绅士永远是我们待人接物的最高榜样”。

正如毛泽东的《新民主主义论》中所说，无产阶级革命一直是取两翼行进的，即军事革命和文化革命。而要颠覆国民党的意识形态，最有号召力的就是鲁迅和他的思想。因为鲁迅的一生就是与国民党的统治不妥协地反抗的一生。由此鲁迅从瞿

---

① 梁实秋《绅士》，《梁实秋文集》第1卷，第355、357页。

秋白笔下的“战士”，升格为毛泽东笔下的“中国文化革命的主将”和“英雄”。尤其是在1966年的“文化大革命”中，遍走民间的邮票也发行了《纪念我们的文化革命先驱鲁迅》的专题，“鲁迅是中国文化革命的主将，他不但是伟大的文学家，而且是伟大的思想家和伟大的革命家”也被印在邮票封面上。即使是在1976年10月，也就是“文化大革命”结束之后，《纪念中国文化革命的主将鲁迅》的邮票仍在发行，票面上也还印着“永不休战”的文字。“战士”鲁迅就这样在民间形成了中国人的“集体记忆”。

梁实秋在1984年4月的大陆《联合月刊》上，看到了北京的《中国青年》杂志上，开列了一个“代表中国文化的必读书目”，其中将《鲁迅杂感选集》列为最有代表性的应当先读的书目之一。这本杂感选集之所以在鲁迅的著作中显得尤为重要，主要得益于瞿秋白对鲁迅的历史性评价：“从绅士阶级的逆子贰臣进到无产阶级和劳动大众的真正友人，以至于战士。”这也是无产阶级意识形态有意识地型塑鲁迅战士品格的开始。梁实秋当然对这一书目非常不以为然，他说：

> 我不惮烦把这二十种逐一列举，是要请大家看看大陆上的人，对于中国文化具有怎样的看法。也许这只是某一个人的看法，但是不容疑的带有十年浩劫之后犹未摆脱的一些见解，“鲁迅杂感”之被列入便是一例。时至今日，还有人奉鲁迅为“思想界之权威”！①

可见，在似乎是该云开雾散的几十年后，梁实秋仍然对“战士”品格的鲁迅不能释怀。1985年，楼肇明的《绅士礼服

① 梁实秋《少年心 无处寻》，《梁实秋文集》第7卷，第711页。

上的玫瑰——读梁实秋先生的散文小品》发表，文中他称梁实秋为一个“地地道道的绅士”[①]。“绅士”作为阶级论语境中的反动概念，在中国消失了四十多年以后，开始以中性甚至是褒义色彩回归到多元化的话语圈中，而梁实秋也在多元文化的语境中接受着重新定位的研究。

① 楼肇明《绅士礼服上的玫瑰——读梁实秋先生的散文小品》，《台港文学选刊》1985 年第 4 期。

第四章　梁实秋文化身份质疑

一、何种意义上的新月派、自由主义西化派、胡适学人群？

正如方克立先生所描述的那样，现代新儒学文化思潮对儒家学说的推崇，使它从一开始就被穿上了一件文化保守主义的外衣，梁启超、张君劢等人都被视为文化保守主义者。同时在我们的现代文学研究领域，自由主义是一个与胡适紧密相连的概念，甚至可以说在20世纪上半叶的中国，胡适就是中国的自由主义之旗。虽然我们知道新儒学文化派和自由主义西化派在文化现代化的取向上非常对立，但是在我们的现代文学研究过程中，常会遇到一种让人比较迷惑的情况，那就是有很多文化保守主义者又同时是自由主义者，或者说一些自由主义者同时又被称为文化保守主义者。梁实秋就是一个例子，在他的身上，人们既找到了他保守的证据，又认定他是一个坚定的自由主义者，而且这两者也是他自己所承认的身份。但这两种文化符号为什么能够统一在他身上？

自20世纪80年代以来，自由主义和保守主义是学术界的热点话题，西方自由主义者哈耶克的保守的自由主义理论资源，给这两个说不清理还乱的话题提供了一个初步的答案，那就是保守主义正是自由主义的题中应有之义。刘军宁在《保守主义》一书中，更指出“保守主义的实质是自由主义，是自由主义与传统主义的结合”。① 本书无意对这个庞大话题进行探讨，但却就此而注意到中国 20 世纪 20 年代新儒学文化派与自由主义西化派曾经发生的汇合与分流。

1921 年，本来打算“二十年不干政治，二十年不谈政治”的胡适，在好友丁文江的劝说下，还是创办了议政的“努力会”，并于 1922 年 5 月创办了《努力周报》，这一份报纸的创办是有重大意味的，这是中国现代自由主义知识分子的首次集体议政。在第 2 期由 16 位知名学者联署的《我们的政治主张》一文，提出了那些“好人”不应当再自命清高，而应当积极推动建立“好政府”、“宪政的政府”、“公开的政府”的好政府主义主张。好政府主义在社会上产生了广泛的反响，其中的民主自由的政治理念吸引了很多关注政治的各方面知识分子，遂以《努力周报》为基础发起了一个非正式的茶话会，梁漱溟和张君劢等在文化立场上与胡适相冲突的保守主义者也是座上常客。② 也就是说，在《努力周报》时期，胡适所代表的自由主义西化派与张君劢、梁漱溟所代表的新儒学文化派就在人际关系和政治主张上表现出一种汇合的状态。但这并不意味着他们在文化立场上也就此互相妥协，1923 年 2 月至 9、10 月间，也就是《努力周报》尚未停刊之时（但茶话会已经于 1922 年 10 月中断），正是新儒学文化派与自由主义西化派在文化观念

---

① 刘军宁《保守主义》，中国社会科学出版社 1998 年版，第 27 页。

② 章清《“胡适派学人群”与现代中国自由主义》，上海古籍出版社 2004 年版，第 66 页。

上冲突最激烈的一年，两派的主要代表分别是张君劢与胡适、丁文江。（马克思主义文化派也参与了论战，但主要冲突是在这两派之间发起和发展的。）这一场持续了六个月的“科玄论战”，被认为是20世纪中国思想文化史上的空前重大的事件。1923年11月，这一场论战的成果《科学与人生观》由上海亚东图书馆出版。至此，我们可以看出，以胡适为代表的自由主义西化派与以张君劢为代表的新儒学文化派在政治上有大致相近的主张，这使他们可以被统一在好政府主义的口号下，但在文化立场上他们却各持己见、互不相让。正如学者李明辉先生发现的那样：

> 现代新儒学与中国自由主义在自由民主问题上形成了广泛的共识，其差别主要表现在对待中国文化和儒家传统的态度上。①

1923年10月，《努力周报》在对政局极度失望的情况下停刊，在科玄论战刚刚结束尘埃尚未落定之时，也就是1923年12月，徐志摩邀请胡适一起在北京发起成立了新月社。

新月社仍然是与“努力”时期茶话会相类似的一种高级文化人的闲散聚餐会，成员上也有些重合。新月社的主要成员有徐志摩、胡适、丁文江、黄子美、丁西林、张欣海、陈西滢、梁启超、林徽音、张君劢、张君璈、徐申如、刘勉己、陆小曼、金龙孙、任叔永和陈衡哲夫妇、杨景任、陶孟和夫妇、邓叔存、冯友兰、杨振声、吴之椿、张彭春等。而闻一多、余上沅、赵太侔三人是1925年自美回国之后加入的。梁实秋1926年从美国归国时，新月社已经云散了，所以他才说他和北京的

① 李明辉《儒学与现代意识》，文津出版社1991年，第1～2页。

这个新月社没有关系。在这个名单中，既有胡适、丁文江为代表的西化派，又有梁启超、张君劢、冯友兰为代表的新儒学文化派。过去我们只注意到了胡适与新月社的关系，并视胡适为新月社独一的精神领袖，却忽略了梁启超、张君劢也在这个团体中有着举足轻重的地位。夏晓虹在《追忆梁启超》一书中，就指出“论梁启超与新月的关系，实在非同一般。”① 而朱寿桐在《新月派的绅士风情》中，也认为梁启超与新月派之间有“千丝万缕的联系”。② 我们固然可以把梁启超、张君劢与新月社的关系部分归之于徐志摩的纽带作用，（梁启超是张君劢和徐志摩的老师，张君劢又是徐志摩前妻张幼仪的兄长。）但主要原因却在于：在如何改良政治的问题上，胡适和梁启超、张君劢走到了一起，在他们的政论文章中，英美自由主义政治理念是他们共同的政治思想资源，只是倚重和借鉴的程度各有不同。在这一点上，胡适的立场是无须证明的，张君劢则一向是把文化问题与政治问题分开来谈的，他说：“吾辈亦以为东方文化自有其价值，不可忽视也。然但就政治就国家之理论言之，则古人之言，绝少可以为新国家建设之凭藉者，此国人所当确认者也。”③ 因此他向往英美政治，并声言自己在哲学上借鉴德国哲学，在政治上取英美观念。张君劢的这种将文化立场和政治理念分而论之的态度，是新儒家们非常突出的一种现象。在现代新儒家们的纲领性文献《为中国文化敬告世界人士宣言》中，张君劢、钱穆、牟宗三、唐君毅等人明确提出，突

① 夏晓虹《追忆梁启超》，中国广播电视出版社 1997 年版，第 477 页。

② 朱寿桐《新月派的绅士风情》，江苏文艺出版社 1995 年版，第 28 页。

③ 张君劢《民族复兴之学术基础》上卷，再生社 1935 年版，第 179 页。

破中国政治历史治乱循环之局的唯一道路“只有系于民主政治制度之建立”。并且申明“民主宪政”是“中国文化中之道德精神自身发展之所要求”。新儒家们所谓的“民主政治制度”,① 主要是捍卫人权，励行民主，提倡宪政以约束国家权力，实行法治以保护个人自由等。这些观点与胡适所代表的自由主义西化派如出一辙。

这一俱乐部式的新月社，在 1925 年，也就是闻一多等中华戏剧改进社成员加入之后，逐渐脱却了新月社的聚餐式俱乐部的色彩，开始向文学团体的形式转变，集合在新月社中的各界人士也逐渐云散。1927 年春天，在政治动荡中聚集于上海的一批英美留学生，因为徐志摩与胡适的关系而再度聚集，他们合办了新月书店，并于 1928 年 3 月创办了《新月》杂志。

需要注意的是，1927 年至 1928 年是中国现代文化大震荡的年代，在 1928 年的年初，有三份不同文化立场的杂志创刊，一份是 1928 年 1 月创刊的《文化批判》，倡导马克思主义唯物论和阶级革命论；一份是 1928 年 2 月创刊的《新路》，倡导国家主义、民主政治和本国文化，并以反对共产主义理论和国民党的一党专政为己任；一份是 1928 年 3 月创刊的《新月》，倡导文学上的健康尊严和思想自由。这三份杂志在同一时间段的鸣锣登场，也许可视为 20 世纪初所形成的马克思主义文化派、现代新儒学文化派、自由主义西化派在高度政治化的 20 年代末的再度争锋。《新路》杂志的首倡者是现代新儒家张君劢，他联合国家主义者、中国青年党领袖李璜一起创办，李璜只负责供稿，②

---

① 汤一介、杜维明编《百年中国哲学经典：50 年代后卷（1949－1978）》，海天出版社 1998 年版，第 258 页。

② 李璜《学钝室回忆录》，传记文学出版社 1978 年版，第 157 页。

主要撰稿人有梁实秋、罗隆基、张君劢、李璜、瞿菊农等。《新月》的筹创在1927年新月书店成立之后不久就开始了，在这种情况下，张君劢等人于《新月》创刊前一个月创办《新路》，可见他们别有怀抱。

1929年春，新月书店和《新月》撰稿人中喜欢议政的知识分子创立了平社，仍然是以聚餐会的形式，由不同专业的人作各种专题讨论。主要成员有胡适、罗隆基、梁实秋、潘光旦、叶公超、丁西林、张嘉森（张君劢）和后来归国的王造时等。

至此，我们可以看出，无论是在《努力周报》时期，还是在新月社、平社时期，胡适为代表的自由主义西化派与梁启超、张君劢、梁漱溟、冯友兰等新儒学文化派在人际关系和政治主张上都表现出一种聚合的状态。新儒学文化派在20世纪中国主要是以文化形态标示自己的存在，此派中的人士主要是以学术见称于世，但这些新儒学文化派中的学者在国家内忧外患时难免要对政治有所评论，虽然他们在文化上持一种保守主义的立场，但他们对与传统中国专制体制截然不同的英美的自由主义政治都表示出不同程度的认可。尤其是在马克思主义文化派激进的社会革命主张面前，自由主义政治的渐进改良主义与新儒学文化派的文化保守主义有方式方法上的同构性。这就使得新儒学文化派在自由主义的政治观念上与自由主义西化派不谋而合。

1932年5月20日，张君劢、张东荪等人在北平创办了《再生》杂志。胡适、丁文江等人于1932年5月22日在北平创办了《独立评论》杂志。这两份在创办时间上仅相差两天的杂志，将平社时期议政的群体分割成了两个群体。张君劢、梁实秋和罗隆基是《再生》的主要发起人和撰稿人，胡适、丁文江、傅斯年则成了《独立评论》的发起人和撰稿人。在这种分化中，我们又看到了1923年科玄论战中的文化观对立。由此我们可以看出，新儒学文化派与自由主义西化派在自由主义的政治共鸣中走到了一起，却在文化立场上最终分流。这一现象反证出了一个史实，那就是中国现代的自由主义知识分子，并不必然是胡适为代表的自由主义西化派。而且自由主义主要是一个政治学范畴内的思潮，当我们用自由主义来指称文学界人士的时候，很难完成对他们的文化立场和文学理念的指认。

高旭东先生在“梁实秋与中西文化”研讨会上做过《梁实秋：何种意义上的自由主义文人》的论文，论文指出，从文学批评的角度，“梁实秋说不上是一个自由主义知识分子”，但从政治评论的角度却体现出了自由主义的立场。研究学衡派和白璧德人文主义的沈卫威先生也曾经指出：

> 受白璧德保守的新人文主义影响的梁实秋，其身上表现出政治上的自由主义和文化上的保守主义的二元倾向。①

梁实秋在中国现代文学史上的一个重要的身份符号就是自由主义知识分子，这一身份的由来，主要是由于在《新月》时期，梁实秋与胡适、罗隆基这两位向往西方自由主义政治制度的知识分子一起议政，并合作出版了《人权论集》这部政治自由主义的论文集。再加上梁实秋自二三十年代起，也一直以自由主义自我标榜，遂使得自由主义这一称号如影随形地伴随着

① 沈卫威《“学衡派”与现代中国的人文主义思潮》，《中山大学学报》2003年第3期。

梁实秋研究。而这些研究又以反证的方式，进一步强化了梁实秋与胡适为精神领袖的新月派的关系。因此“新月派的自由主义知识分子梁实秋”就成了梁实秋身上最醒目的标签之一。甚至由于“新月”时期的梁实秋与左翼文学阵营以及鲁迅在文学阶级性问题上的论争，遂使得在资无对立的阶级论叙事话语主宰文学史的几十年中，他的这一身份作为其“资本家的走狗”的铁证而被强化成他唯一的身份符号。

但胡适、新月派与梁实秋的关系是两个必须厘清的文学史现象。

梁实秋走进新月群体，是经历了这样一个过程。在清华学校读书时期，梁实秋与好友闻一多就是坚定的东方文化立场的学生（见第一章第二节），在美国留学期间更成为坚定的国家主义者，并于1924年一起参加创立国家主义团体大江会。这个国家主义团体在美国的一个重要活动就是宣扬中国民族文化，提高民族自信力，而重新发扬国剧就是这一活动的重要举措之一。他们自编自排了英文古装剧《杨贵妃》和《琵琶记》，在美国引起了轰动，于是立刻倡议成立了一个“中华戏剧改进社”，中国的“国剧运动”实际上是从这里开始的。① 这个团体除了闻一多、梁实秋、余上沅、赵太侔、张嘉铸、熊佛西、顾毓秀，还有梁思成、林徽音、瞿士英等。他们决心用改进国剧的形式进行中华文化的改革。而梁实秋与国内徐志摩、胡适创办的新月社的因缘，在此埋下了伏笔。

在1925年3月14日自西伯利亚寄新月朋友的信中，徐志摩对创办新月社有这样的回顾：

---

① 顾毓琇《顾毓琇全集11卷》，辽宁教育出版社2000年版，第30页。

> 新月社初起只是个口头的名称，与现在松树胡同7号那个新月社俱乐部可以说并没有怎样密切的血统关系。我们当初想望的是什么呢？当然只是书呆子们的梦想！我们想做戏，我们想集合几个人的力量，自编戏自演……去年四月里演的契玦腊要算我们这一年来唯一的成绩。①

也就是说，爱好戏剧排演戏剧是徐志摩和胡适创办新月社的主要动因。虽然后来的新月俱乐部成了北京商界、政界、教育界名流聚集之地，其中鸿儒巨卿过往的身影，使得新月俱乐部已经与新月社的原创构想相去甚远，但徐志摩热衷戏剧的热情并没有消失。1925年1月，美国留学生们的中华戏剧改进社和余上沅分别致信胡适，说：

> 近来在美国的戏剧同志，已经组织了一个中华戏剧改进社，社员有林徽音、梁思成、梁实秋、顾一樵、瞿世英、张嘉铸、熊佛西、熊正瑾等十余人，分头用功，希望将来有一些贡献。国内拟邀请新月社诸先生加入，将来彼此合作，……建筑“北京艺术剧院”。②

1925年，闻一多、余上沅、赵太侔三人比梁实秋先毕业回国，他们与徐志摩接洽合作成立了“中华戏剧社”，并一起加入新月社。由于有了这些新的力量的加入，1926年，徐志摩在自己主编的《晨报副刊》上相继增加了《诗刊》和《剧刊》，这两个周刊和《晨报副刊》聚集了一批专业文学者，梁实秋也是其中之一。而这一文学群体是1927年的新月书店和

---

① 徐志摩《欧游漫录·给新月》，《晨报副镌》1925年4月2日。

② 中国社会科学院近代史研究所中华民国史组编《余上沅致胡适信》，《胡适来往书信选》上册，中华书局1979年版，第297页。

1928年的《新月》杂志的主体成员，绝大部分与原来的新月社毫无关系。至此我们可以看出，梁实秋走进新月群体是循着这样一个路标：东方文化→国家主义→中华戏剧改进社（国剧运动的肇始）→新月群体。在这些路标上，我们看到的是一个立足传统文化、传统气质浓郁的梁实秋。

在我们现有的文学史叙事中，梁实秋一直是作为新月派知识分子群体之一而出现的，并且在这种叙述中，他的名字也常常与胡适一起出现。但与此矛盾的是，梁实秋在《怀念胡适先生》中说：

> 我认识胡先生很晚，亲炙之日不多，顶多不过十年，而且交往不密，连师友之间的关系都说不上。①

而且在一些文章中他还极力反对研究者和文学史家将他描述为新月派成员。在《忆新月》中，他说：

> “我有时也被人称为‘新月派’之一员，我觉得啼笑皆非。如果我永久的缄默，不加以辩白，恐怕这一段事实将不会被人知道。这是我写这一段回忆的主要动机。”“‘新月’一伙人，除了共同愿意办一个刊物之外，并没有多少相同的地方，相反的，各有各的思想路数，各有各的研究范围，各有各的生活方式，各有各的职业技能，彼此不需标榜，更没有依赖，办刊物不为谋利，更没有别的用心，只是一时兴之所至。”②

无论我们如何看待梁实秋与胡适和新月派之间的关系，梁实秋本人对自己与胡适及新月派的关系的出人意料的辩白必然

---

① 梁实秋《怀念胡适先生》，《梁实秋文集》第3卷，第433页。

② 梁实秋《忆新月》，《梁实秋文集》第3卷，第55、58页。

是有相当的原因的。

1927年6月，也就是在梁实秋与胡适等人已经加盟新月书店之后，梁实秋在《时事新报·学灯》上发表了《北京文艺界之分门别户》，文中说："胡先生先是学农的，后改习哲学，成为一个实验主义者，对于文学研究并无专攻，至于创作的天才亦甚有限。他的贡献在于他的提倡国语。"梁实秋对胡适的这一评价延续了早年他在清华学校读书时期对胡适的尖锐批评，即始终不承认胡适的文学主张，只承认他提倡白话文的贡献。他晚年在《〈论文学序〉》一文中还谈到另一个问题：

> 我在新月书店出版《白璧德与人文主义》一书，按常情胡适先生会要提出异议，因为《学衡》一向是和胡先生处在敌对地位，但是胡适先生始终没说过一句话，他的雅量是可佩服的。胡先生从来没有讥讪过白璧德一句话，虽然他们二人之间在思想上有很大的距离。①

从梁实秋的这段话中我们可以看出，虽然共同主持《新月》，受白璧德影响很大的梁实秋在文化观文学观等问题上与胡适是不一致的，这些不一致之外，两人也都是明了于心的。而白璧德和胡适的老师杜威在西方语境中本来就是文化立场非常对立的两位大师，前者极力反对科学主义、反对民主，后者则一生坚持科学实证主义，主张民主政治。梁实秋与胡适在师承上的文化差异也决定了他们自身的文化差异。

也许有人会说，胡适不也打出过"整理国故，再造文明"的旗号吗？需要注意的是，胡适的"整理国故"是从"疑古"的立场出发，所以他说：

---

① 梁实秋《〈论文学序〉》，《梁实秋文集》第7卷，第735页。

只为了我十分相信"烂纸堆"里有无数的老鬼，能吃人，能迷人，害人的厉害胜过柏斯德发现的种种病菌。只为了我自己自信，虽然不能杀菌，却颇能"捉妖""打鬼"。①

也就是说，他的"整理国故"是为了"使人明了古文化不过如此"。为此，他采用近代的科学方法整理国故，其目的并不是像新儒家们那样昌明和发扬传统文化的价值，而是做资料的整理分析工作。

事实上，《新月》的发刊词《新月的态度》是一份文学宣言，并没有自由主义的政治色彩。新月的自由主义政治标签是在1929年以胡适为核心的平社成立之后，由"谈政治"而形成的。由于胡适、梁实秋、罗隆基、王造时等人对人权、自由等问题的热烈讨论，并以《人权论集》而驰名，这一显赫的文化史事件使自由主义的政治色彩掩盖了新月的文学色彩，也掩盖了新月群体在文化立场上的差异。

与胡适的西方文化立场不同，梁实秋一直眷顾中国传统文化，他将自己对中国传统文学的爱好归之于梁启超的影响，在清华学校读书时期，梁启超应梁实秋等几位高等科学生之邀，为他们做了《中国韵文里表现的情感》的演讲，梁实秋称"这次演讲分数次讲完，有异常的成功，我个人对中国文学的兴趣就是被这一篇演讲所鼓动起来的。"② 1923年，梁实秋代表《清华周刊》同人邀请胡适和梁启超分别为即将去国的学生们开列"国学入门要目"，梁启超的书目不外乎经典的经史子集，而胡适的书目则与他的白话文主张一致，列入了《七侠五义》、

① 胡适《胡适文集·7书信（附：简明年谱）》，人民文学出版社1998年版，第74页。

② 梁实秋《清华八年》，《梁实秋文集》第3卷，第25页。

《九命奇冤》这样的通俗话本。这两份书目在《清华周刊》发表之后，吴稚晖发表了批评文章，反对这些提倡“国学”的“灰色的书目”，尤其对梁启超多有非议，认为线装书应该“丢在茅厕里三十年”。梁实秋于出国前作了《“灰色的书目”》一文，为国学辩护，指出：

“国学便是一国独自形成的学问，国学便是所以别于舶来的学问的一名词。”不读这些“根基书”，“不要说四六电报打不出，即是白话文也必写不明白。……而以为国学便是古董遂‘相约不看中国书’的思想，却也与狗屁相差不多！”①（吴稚晖文中以“狗屁”批评推崇国学的主张——笔者注）

1926年梁实秋自美回国之后，常去以前新月社聚会的北京松树胡同7号，主要是与梁启超、徐志摩交往。

不仅如此，在我们认为梁实秋与胡适和新月派关系紧密的1927年底至1933年的这段时间里，梁实秋的文学行动一直与另外一些人联系密切，那就是张君劢和张东荪等人。而早在1923年梁实秋赴美之前，张君劢给清华学生们做了在当时引起轩然大波的《人生观》的演讲，认为：“方今国中竞言新文化，而文化转移之枢纽，不外乎人生观。”② 虽然梁实秋的文字中没有记录他对这一场演讲的感受，但他对自己所服膺的白璧德的人文主义有这样的评说：

人文主义并非仅仅是一套浅显的文艺理论，而实在是

① 刘海粟《忆梁启超先生》：“在松树胡同，我还见过梁实秋，他是来看梁先生和志摩。”夏晓虹《追忆梁启超》，第294页。

② 张君劢、丁文江等《科学与人生观》，第40页。

一种人生观。……人文主义异于由科学演变出来的人生观，因为人文主义者除了理性之外还要运用伦理的想像。此伦理的想像，乃是透视人生的一种直觉。①

这与张君劢所主张的“科学为论理的方法所支配，而人生观则起于直觉”如出一辙。②

1927年梁实秋因张君劢之弟张禹九的介绍，得以主编《时事新报》的《青光》副刊，这份报纸是梁启超为精神领袖的研究系的舆论阵地，追随梁启超的张君劢和张东荪都做过《时事新报》的总编，与这份报纸有着千丝万缕的联系。而且梁实秋自美归国后的许多学术文章都是发表在被视为研究系喉舌的《晨报副刊》和《时事新报》。

1928年，梁实秋成为《新路》的主要撰稿人之一，刊物的文化立场是“昌明本国文化”。由于这份杂志对国共两党都持严厉的批判态度，而且国家主义者在当时已被国民党视为反动，中国青年党主席曾慕韩在1927年即遭拘捕，所以撰稿人全部以笔名发表文章，梁实秋使用的是他常用的笔名“谐庭”与“慎吾”，所发文章均为翻译作品，共计六篇：《月之初升》、《狱门》、《狗骨头》（分两期载完）、《文学里的爱国精神》、《一顶帽子》。③ 其中《文学里的爱国精神》一篇是旧文，曾经在《大江季刊》第2期上署名“梁实秋”发表过。可见，此时主宰梁

① 梁实秋《白璧德及其人文主义》，《梁实秋文集》第1卷，第290页。

② 张君劢、丁文江等《科学与人生观》，第36页。

③《新路》1928年2月1日1卷1号谐庭译（爱尔兰葛莱格夫人）《月之初升》，1928年2月15日1卷2号谐庭译（爱尔兰葛莱格夫人）《狱门》，1928年3月1日1卷3号慎吾译（John Dhinwrkater）《文学里的爱国精神》、谐庭译《狗骨头》，1928年3月15日1卷4号谐庭译《狗骨头》，1928年4月1日1卷5号谐庭译（Lord Donsany）《一顶帽子》。

实秋的还是早年的文化国家主义思想。由于这份刊物鞭挞国民党弊政之处过多，发行时只能以夹藏在其他刊物中的方式偷偷寄出，但最终还是在发行十期之后被查禁。这个历来不为研究者注意的刊物提醒我们，在我们所熟知的梁实秋的"新月"时期，他其实与现代新儒家张君劢关系密切。但是在这份刊物中并不见胡适的身影，原因当是刊物鲜明的国家主义立场与胡适并不同调。

进入新月时代以后，梁实秋一度与张君劢一起为中国青年党（一个国家主义团体，与后来张君劢创办的国家社会党有密切联系。——笔者注）的训练学校——"知行学院"免费授课。胡适日记中，记有平社活动的《平社中国问题研究日期单》，其中有安排梁实秋"从道德上"对中国问题做研究报告，张嘉森（即张君劢）"从国际上"做中国问题研究报告。1931年又加入张君劢领军的再生社，一起创《再生》杂志。《再生》杂志是一份新儒学文化色彩鲜明的同人杂志，"再生"本身即包含了民族文化返本开新之意，张君劢、牟宗三、张东荪等现代新儒家都是主要撰稿人，1934年以后由牟宗三主编。1937年，《再生》杂志随张君劢转移到大后方，1938年又迁移到重庆，在重庆《再生》即由梁实秋主编，后来牟宗三也到了重庆，当时梁实秋已经接编《中央日报·平明副刊》，牟宗三又重拾主编的编务。[①] 1949年后，《再生》随主要撰稿人移至台湾，1958年元月，由唐君毅、牟宗三、徐复观、张君劢等联署的著名的新儒家宣言《中国文化与世界》即发表于《再生》。

① 方克立、李锦全主编《现代新儒家学案》下册，中国社会科学出版社1995年版，第381页。

1932年5月，《再生》与胡适的《独立评论》同时在北京创刊，梁实秋成为《再生》的撰稿人，却没有为《独立评论》撰文，[①] 文章主旨都与再生社完全一致，体现出鲜明的传统文化立场和国家主义立场，其译作《英国文学中之国民爱国精神》是在大江会期间发表于《大江季刊》上的译作《文学里的爱国精神》的续篇。从这一点亦可以看出，梁实秋与张君劢的亲近是早年形成的传统文化立场和国家主义立场使然。梁实秋在《再生》的创刊号及第二期上连续发表了两个长篇译文，每篇都几乎占了半本刊物的篇幅，可见这篇文字在这个刊物占有很大的份量，翻译的是法国罗曼·罗兰的《甘地》，他译了这本传记的大部分，余下的部分由许地山翻译发表于第四期。对于梁实秋而言，译什么和不译什么是有着严格的选择的。在左翼作家们翻译苏联革命文学理论的时候，他则翻译《资产与文明》与之抗衡，左翼作家们翻译弱小民族反抗压迫的文学作品时，他则翻译表现普遍人性的莎士比亚全集。他翻译《甘地》显然是因为他对甘地主义的认可，因为他在清华学校读书期间已经呼吁中国应该多出几个甘地。

其实，翻译《甘地》还有一个时代原因。在二三十年代的国际社会，甘地和列宁一度被知识分子们视为改造世界的两种选择。1931年5月，五光建翻译了德国孚勒普密勒（Rene Fulop-Miller）的《列宁与甘地》一书，这本书在整个世界引起过广泛关注，翻译到中国后，至1932年7月，已发行三版，

① 梁实秋的文章在《独立评论》上只出现过两次：1935年，梁实秋发表于《大公报》的《自信力与夸大狂》被《独立评论》转载；1937年，也就是在梁实秋的《自由评论》停刊之后，他的《关于读经》一文发表于《独立评论》239号。

可见其影响之大。

而在 1926 年，共产党人恽代英在《中国青年》第 114 期上发表了《甘地与列宁》一文，主要是回答一个读者的来信，信中有这样的疑问："请问甘地和列宁一个是以人格感化，一个是以武力解决？而目的在反抗害人类社会者则同，到底谁比较好？"恽代英回信说："自然是列宁比较好"，因为列宁号召无产阶级联合起来以革命手段推翻统治阶级。他同时将甘地比做中国的戴季陶，认为甘地"反对民众自己团结起来为自己的利益打倒统治阶级。他们反对直接的革命行动，扰乱破坏一致前进的革命战线"，并不无鄙薄地指出"甘地！他配得上与列宁比较吗"？①

共产党领导下的左翼作家们在二三十年代已经选择了列宁，而梁实秋作为一个文化的国家主义者，选择甘地就是一种必然。

1932 年，张君劢领军的国家社会党秘密创立，"他的政治思想是以现代新儒家的学术观念为基础和核心的"，② 《再生》成为其机关刊物，梁实秋不仅是其中的主要党员，是十一个执行委员之一，1938 年以后又成为代表该党出任国民参政员的六个领导人之一。③ 由此可见，至 1932 年，梁实秋实际上已经淡出了胡适知识分子群体。1935 年，梁实秋与国社党的另两位重要成员张东荪、罗隆基在北平创办《自由评论》。这份

---

① 恽代英《甘地与列宁》，《中国青年》1926 年第 114 期。

② 方克立《现代新儒学与中国现代化》，天津人民出版社 1997 年版，第 76 页。

③ 当时国家社会党、中国共产党、中国青年党是被国民党承认的三个党派，在国民参政会中各享有六、七个代表席位，毛泽东、董必武等七人是出席国民参政会的共产党代表。

刊物与《独立评论》在政治的自由主义立场上基本一致，但这两份由《新月》及平社时期同人分化后同在北平创办的刊物却互不干涉，各自为战。

胡适作为五四新文化运动的始作俑者之一，对五四新文化运动的三大旗帜民主、科学、道德都表现出一种彻底维护的立场。① 他认为“欧洲的新文明不但是物质文明比我们中国高明，连思想学术，文学美术，风俗道德都比我们高明得多”。梁实秋则对民主思想流行所引起的广泛的人道主义极为反感，也反对科学入侵文学，对胡适的整理国故不以为然，而在道德问题上，不承认道德有新旧之分，并认为对传统道德中的“礼”不应当视为洪水猛兽。虽然胡适一直提倡整理国故，但他是以“疑古”的精神区别于“信古”的新儒家们，而且他引西方的科学方法所做的考据式研究，在新儒学人士眼里是不屑一顾的。张东荪就讽刺胡适，说他“简直把中国文化当作已亡了数千年的古董来看。所谓国学直是考古学”，因为胡适这种整理国故，不能够整理和发扬中国儒家的人生哲学，不能对现实人生发生积极的作用。② 梁实秋在《胡适先生二三事》中曾不置褒贬地说“胡先生毕生服膺科学”，但他本人却在自己的文学话语中反对将科学方法应用于文学，并视这种现象为科玄之争在文学领域的延续，他认为科学的研究方法不能产生价值意义，其治学路径与张君劢等新儒家一派极为相近，细考梁实秋在新月时代发表的几篇反对科学的论文，都发表在他主编的

---

① 在《新文化运动与国民党》一文中，胡适指出新文化运动的口号除了德先生与赛先生之外，还要加上吴稚晖先生提出的“穆拉尔姑娘”，即道德。

② 罗荣渠主编《从“西化”到现代化——五四以来有关中国的文化趋向和发展道路论争文选》，北京大学出版社 1990 年版，第 408 页。

《益世报·文学周刊》上，而没有发表在《新月》上，其原因应该是避免与胡适的思想冲突。

作为一个尊崇中国传统文化的国家主义者，梁实秋在政见上很难与持世界主义立场的胡适保持真正的一致。而胡适对国家主义一直是抱有偏见的，他认为：

> 凡是极端的国家主义的运动，总都含有守旧的成分，总不免在消极方面排斥外来的文化，在积极方面拥护或辩护传统的文化。所以我总觉得，凡提倡狭义的国家主义或狭义的民族主义的朋友们，都得特别小心的戒律自己，偶一不小心就会给顽固分子加添武器了。①

综上可以看出，梁实秋虽然在政治上与胡适持相似的自由主义观念，但自由主义也是新儒学文化派的政治观念的组成部分。相反梁实秋的国家主义立场以及维护儒学的思想却不是胡适的自由主义西化派所能接受的。所以梁实秋的文化身份应该属于新儒学文化派，他与胡适所代表的自由主义西化派只在政治主张上趋同。正如梁实秋所说："'新月'这一班人只有一个共同点，大家都多少是自由主义的信徒。"②

二、作为文化国家主义者的国家社会党党员

在众多的梁实秋研究成果中，很少看到有人关注梁实秋"国家社会党党员"的身份。可是在1953年出版的《毛泽东选集》中，有一段众所周知的文字：

---

①② 胡适《怀念曾慕韩先生》，载耿云志、李国彤编《胡适传记作品全编》第三卷，东方出版中心1999年版，第313页。

> “像鲁迅所批评的梁实秋一类人，他们虽然在口头上提出什么文艺是超阶级的，但是他们在实际上是主张资产阶级的文艺，反对无产阶级的文艺的。”此处附有对梁实秋的注释：“梁实秋是反革命的国家社会党的党员。他在长时期中宣传美国反动资产阶级的文艺思想，坚持反对革命，咒骂革命文艺。”

在梁实秋研究领域，这一重要注释一直为学界所忽略。实际上，早在1940年，由于国民党对共产党在陕甘宁边区的影响深感不安，派出了由七个国民参政员组成“华北视察团”前往华北一带视察。梁实秋是七个视察团成员之一。当他们一行人行至延安边境时，毛泽东等共产党参政员向国民参政会发出了一封电报，内容为：

> ……在全体团长团员中，除在二届参政会中，因发拥汪主和谬论而与共产党参政员及坚主抗战诸参政员发生剧烈冲突之国社党员梁实秋及国家青年党员余家菊两君外余皆国民党一党之参政员同志。由此等人选所组成之视察团，对于视察事项所收材料及所作结论，必属偏私害公殆无疑义。①

由此可见，梁实秋的国家社会党党员身份曾经是他身上很显明的一个符号。我们有必要先来了解一下这个国家社会党。在《中国现代史词典》中是这样界定的：

> 国家社会党，“中国国家社会党”的简称。中国资产阶级知识分子的右翼组织。1931年10月，张君劢与张东

① 《毛泽东等参政员为华北视察团事致参政会秘书处电》，载孟广涵主编《国民参政会纪实》上卷，重庆出版社1985年版，第722页。

苏联络罗隆基在北平发起组织再生社，象征再造中华民国之意，并在北平设立总部，发行《再生》周刊，从事宣传活动。1934 年 10 月，张君劢召集再生社临时代表大会，宣告国家社会党正式成立。其政治纲领主张：在社会方面，提倡国家民族本位，反对阶级斗争；在政治方面，提出"以民主政治为根本原则，依国情充量实现之"；在经济方面，主张实行国家社会主义。纲领的实质是在中国发展资本主义。①

这一界定与中国国家社会党的宣言基本吻合，但是没有描述这一党派在文化方面的立场，应该说只有明了这一党派的文化立场，才能真正理解他们的政治主张。在 2004 年出版的《中华民国史大辞典》中，编者淡化了这一党派"反对阶级斗争"的内容，补足了文化立场方面的阐述，即"在文化政策方面，主张发扬民族文化，普及国民教育，学术自由独立"②。实际上，"发扬民族文化"——"提倡国家民族本位"——"反对阶级斗争"，是国家社会党立党的重要思想逻辑。

检视民国思想史我们会发现，服膺儒家学说的学者在政治上大都是坚定的国家主义者或民族主义者。国家主义立场对他们而言首先是一种文化国家主义，不希望被各种外来文化冲击和左右，其次才指向政治或经济意义。正如信仰国家主义的中国青年党主要领导人之一的陈启天所言：

国家主义在中国历史上并不是从外国贩进来的。从来

① 李盛平《中国现代史词典》，中国国际广播出版社 1987 年版，第 551 页。
② 张宪文、方庆秋等主编《中华民国史大辞典》江苏古籍出版社 2001 年版，第 399 页。

儒家的忠孝思想就是一种中国式的国家主义的结晶。①

梁实秋最初就是一个“国家主义者”，清华学校的“国耻纪念碑”的意味，使他出国前就有了强烈的传统文化本位的国家主义思想，他参加“孔教会”，“提倡国粹”，呼唤中国的“甘地”（详见第一章中“中西化合基础上的东方文化立场”一节），在随身携带出洋的物品中，他自制了一面丈余长的国旗，这在留学生中是绝无仅有的。

在美国的1921届、1922届、1923届清华庚款留学生，由于亲历过五四，而且又是清华八年学制毕业的学生，爱国之心尤其强烈，彼此之间在美国的交往也特别频繁，在书信往还中经常探讨国家民族前途大事，最终都觉得有“组织起来的必要”。于是1924年9月初，他们相约在芝加哥集会，归纳出以下三项共同看法：

> 第一，鉴于当时国家的危急处境，不愿意侈谈世界大同或国际主义的崇高理想，而宜积极提倡国家主义（Nationalism）。第二，鉴于国内军阀之专横恣肆，应厉行自由民主之体制，拥护人权。第三，鉴于国内经济落后，人民贫困，主张由国家倡导从农业社会进而为工业社会，反对以阶级斗争为出发点的共产主义。

在组织问题上，成立了“大江会”，大江会创办了自己的刊物《大江季刊》。② 而梁实秋与共产主义理念的冲突在此已初步形成。

---

① 陈启天《醒狮运动发端》，《国家主义论文集》上册，中华书局1926年版，第93页。

② 梁实秋《谈闻一多》，《梁实秋文集》第2卷，第519页。

大江会的创立并不是一个偶然事件，当时国内外维护传统文化富于国家民族观念的知识分子，纷纷以创会、办报、结社的方式，表达这种文化与政治观念，大江会即是其中一份子，① 并且就此建立了与其他国家主义社团的政治文化因缘，这就是中国青年党和国家社会党。

由于参加大江会的成员所学专业不同，对大江会的性质理解也就不同。对闻一多和梁实秋等文学艺术专业的人来说，大江的国家主义首先是一种"文化的国家主义"。闻一多是"文化的国家主义"的最有力的提倡者，他认为：

> 我国前途之危险不独政治、经济有被人征服之虑，且有文化被人征服之祸患。文化之征服甚于他方面之征服百千倍之。杜微防渐之责，舍我辈谁堪任之！②

为此，他把自己的国家主义呼声融入诗歌创作中，写下了《长城下之哀歌》、《七子之歌》、《我是中国人》、《爱国的心》、《洗衣曲》等一批爱国名诗。梁实秋则以自叙传的手法创作了小说《公理》，主人公鲁和即是他自己，小说叙述了他和几个中国留学生驾车出行，因为另外一个美国人开车不遵守交通规

---

① 据中国青年党领袖李璜回忆，在宣扬国家主义的青年党机关刊物《醒狮》创办时，"不到一年，不但畅销至二万份以上，而且南北各大都市的青年大学生纷纷响应，不只向《醒狮》投稿，表示赞成，而且有派代表来上海询问有无组织办法。如北京大学的四川籍学生林德懿即来上海接洽后，回去组织了'国魂社'，并出版《国魂》小刊物，联络同志。成都大学学生也通讯接洽，自行成立'惕社'，宣传国家主义与民主政治。留日学生何公敢、萨孟武自行组织'孤军社'，亦宣称以国家主义为宗旨；美国留学生闻一多、梁实秋、罗隆基等人也不约而同在美国芝加哥发起'大江会'，宣誓为国家主义而奋斗，会员有三十多人，并寄稿在上海出版《大江季刊》"。李璜《学钝室回忆录》上卷，台北传记文学出版社 1973 年 7 月版，第 120 页。

② 闻一多《致梁实秋》，《闻一多全集》第 12 卷，第 215 页。

则而发生车祸，处理事故的美国警察因歧视中国人而歪曲事实，最终判罚了这些中国留学生。这一经历严重创伤了留学生们的民族国家情感。

1925年6月，闻一多结束学业回国，成为国内大江会活动的主要代表。他代表大江会参加了中国青年党领袖李璜发起的“北京国家主义各团体联合会”。1926年春，北京国家主义团体联合会组织了两次大会，第一次大会为1月底召开的“反对日俄出兵东三省大会”，结果国家主义派与共产派发生武斗。第二次是3月中旬召开的“反俄援侨大会”，矛头专指苏联。大江会在国内的这些活动，闻一多都曾写信向梁实秋描述过，他感慨“国内一团漆黑”，“希望你（梁实秋——笔者注）赶快回来”。[①] 后来的事实证明，梁实秋对左翼阵营的不满，即从大江会与共产主义团体的对立开始的，而且梁实秋等大江会成员对苏联的对华政策十分反感，十月革命苏联虽然归还了旧俄时代占据中国的土地，但他们仍然占有中东路权，每年5000万元的收益对中国经济仍然是一种经济剥削。而且苏联对蒙古独立的暗中支持，也让持国家主义立场的大江会员非常不满。1925年，东美（即美国东部一些大学——笔者注）中国留学生年会以“今日中国应采取国家主义教育方针”为题组织辩论，结果以梁实秋、浦薛凤、沈宗濂组成的哈佛大学队战胜了哥伦比亚大学队。

但是国家主义在国内的命运不济。到1926年，随着国民党“党外无党，党内无派”政策的推行，国家主义派已在被打倒之列，大江会的国家主义由于团体松散，又多是书生议政，

① 梁实秋《谈闻一多》，《梁实秋文集》第2卷，第529页。

所以仅如昙花一现。但是作为一种文化组织的大江会虽然解体了，其成员们心中的民族文化情结，以及由这种文化心态而生发的国家主义情绪，却根深蒂固地凝结在这些风流云散的大江会成员的意志中。梁实秋在这一年的夏天回到祖国，他的大江会时期也就结束了。但共同的文化立场使得他和当时其他国家主义者保持着亲密的联系，即中国青年党的领袖李璜（幼椿）、左舜生、曾慕韩、余家菊等，在中国青年党的纲领性文件《国家主义释疑》一文中，有这样的宣言：

> 我们应当发扬我们的国光，把我们的精神——我们中国固有的文化发扬出去，发扬到全世界，使全世界都知道我们国民固有的精神，使全世界都重视我们的文化，拿这种文化来补充一切残缺不完的文化。①

曾慕韩在1924年为青年党的机关报《醒狮周报》所作的《醒狮歌》中，尾句掷地有声地喊出了："欲把睡狮齐唤醒，且听尼山（孔子出生地——笔者注）木铎声"，更揭橥了中国青年党的立足儒家文化的文化立场。② 在这种文化立场上，他们遂有了这样的政治主张："言乎对外，则以力争中华民国之独立自由为旗帜……至于对内，则以推倒祸国殃民之军阀，实现全民政治为信条。"为此，中国青年党与共产党产生了激烈冲突，在他们看来，共产党受共产国际指挥，会导致国家失去独立自由，而阶级斗争更不利于全民族的团结对外。

这样的立场深为梁实秋所赞赏，他与罗隆基一起参与中国

---

① 余家菊《国家主义释疑》，《中国现代政治思想史资料选辑》上册，四川人民出版社1984年版，第335页。

② 沈云龙《近代中国史料丛刊（674）曾慕韩（琦）先生遗著（附曾母宋太夫人诗稿）》，文海出版社1971年版，第308～309页。

青年党的政策讨论，并提出应该在青年党的党纲中明确地反对共产党“废除私有财产”的主张。其后，应李璜之邀，梁实秋曾在青年党的训练学校“知行学院”每周义务讲一小时《英文文选》，因此与左舜生等人往谈更为密切，他们谈论的“主要话题则是反共”。① 梁实秋从这一时期开始明确标榜自己的“反共”立场，但如前文所说他的“反共”是基于民族文化立场与国家主义的信念。

1927 年，由于国内政局的动荡，上海成为中国知识分子的最大集聚地。在这里，他因闻一多和徐志摩的关系，而与早期新月社的成员交往密切，并加盟新月书店，成为《新月》月刊的主编之一。从这一时期起，梁实秋开始了与胡适的交往，这个以胡适为精神领袖的欧美留学生群体，都是一些政治上的自由主义者。梁实秋在新月上发表的文章主要是以批评无产阶级革命文学和鲁迅为主，但他在《忆新月》中又郑重声明：

> 我是独力作战，新月的朋友并没有一个挺身出来支持我，《新月》杂志上除了我写的文字之外，没有一篇文字接触到普罗文学。②

作为一个国家主义者，梁实秋与左翼的冲突比无党派的胡适更强烈。

1928 年初，张君劢和中国青年党骨干分子李璜联手在上海秘密创办《新路》杂志，张君劢指出国民党唯有停止党部独占的活动，废止训政，实行政党政治才是出路。张君劢与中国青年党关系密切，1928 年 7 月，李璜向张君劢提议，将张君

---

① 梁实秋《悼念左舜生先生》，《梁实秋文集》第 3 卷，第 201 页。
② 梁实秋《忆新月》，《梁实秋文集》第 3 卷，第 58 页。

劢影响下的一部分知识分子（主要是研究系的人脉）与中国青年党合在一起，由梁启超先生做党魁，组织一个新党。这件事因梁启超以不谈政治和身体老迈为由辞谢而未果。[①] 1931 年，张君劢组织再生社，梁实秋也是这个社的成员。1932 年，张君劢、张东荪、罗隆基、梁实秋等人一起创办了《再生》月刊，在创刊号中，有这样的"启事"："凡以中国自救为立场者，倘不吝赐教，无论与吾人所见是否相同，一律欢迎。但另有背景在中国以外者则未敢承教。"[②] 这里所说的"另有背景在中国以外者"，指的就是在共产国际领导下的中国共产党。1932 年，再生社秘密改组为国家社会党，张君劢是这个党的领袖，张东荪、梁实秋与罗隆基都成为核心党员。国社党的政纲是国家主义思想和社会主义思想的结合，一方面反对任何形式的国家内外的纷争，一方面希望用社会主义的手段解决国计民生问题，其基本章程是："提倡改良主义，反对暴力革命"，"鼓吹民族主义，反对阶级斗争"，"确认私有财产"，"思想言论自由"等。[③]

梁实秋与共产主义理念冲突最激烈是在《自由评论》时期。这时他的身份是国家社会党党员。在《我为什么不赞成共产党》一文中，他明确表示："我一向不赞成共产党和共产主义"，"我不是研究政治经济的人，从学理上讨论共产主义，那不是我所能胜任的事"。但是他特别强调指出自己反对共产党的主要原因："我最不满于共产党的是它对于民族精神的蔑视。

① 李璜《学钝室回忆录》，传记文学出版社 1978 年版，第 161 页。

②《启事二》，《再生》创刊号，第 1 卷第 1 期，1932 年 5 月 20 日。

③ 朱建华、宋春编《中国政党史》，黑龙江人民出版社 1991 年版，第 293～294 页。

共产党的理论，重视阶级而不重视民族。他们的革命的策略是世界上的无产阶级联合起来推翻资产阶级。中国共产党不是中国国内的一个单纯革命党，它是听命于第三国际的，它是世界革命的一环，它是为阶级斗争。"①

从这段话中我们可以看出，梁实秋是基于一贯的民族文化立场要求一种国家主义的精神，并因此而与共产党龃龉。张君劢在国家社会党宣言《我们所要说的话》一文中也指出，尽管他们的国家社会主义与共产主义在经济社会主义方面有大致一致的追求，但导致两党对立的关键之处在于：国家社会主义的凭借是民族主义，"以民族的团结一体来作一切的根据"，而共产主义则"以阶级斗争为立场"，终将导致民族内部的分裂内讧。抗战时期，作为参政员的梁实秋仍然在这个立场上重申自己的态度：

> 我不承认党高于一切，我不承认党高于国，我一向觉得国家至上，国不但高于党，而且还高于什么"国际"之类的东西。我爱我的祖国，我的祖国是中国。②

但梁实秋对共产党的理念也并非是一笔抹杀，他站在思想自由和言论出版自由的立场上，认为，"共产主义在理论上有很大一部分是合理的，事实上亦有很大的一部分被一般有思想的人接受了。言论自由应包括共产党人宣传自己主张的自由"。因此他主张在大学中开设"共产主义"的课程，请有学识的无党派人士纯粹从理论研究的角度来讲授。而且他也能清楚地看到共产主义思想在中国传播的社会原因。在《如何对付共产

① 梁实秋《我为什么不赞成共产党?》,《自由评论》1936年第18期。
② 梁实秋《再谈中共问题》,《华声》第1卷（半月刊），第5～6期。

党?》一文中他说："共产党的问题也是社会的不公道所酿成的。从历史上看，没有一次革命与变乱没有它的政治或经济的背景，绝非仅仅是'好乱成性'的少数人所能煽惑掀动的。"他主张"加入共产党，不犯罪；信仰共产主义，不犯罪；组织共产党团体，宣传共产主义，亦不犯罪，因其未作武力扰乱故也"。他同时认为，"共产党人或信仰共产主义者若以暴力扰乱程序攘夺政权，则是犯罪，当明正典刑"。[①] 40年代初，在《罗隆基论》一文中，他仍然是从国家主义立场上来批评共产党的主张："共产党的理论与实际，有许多优越之处，我们不能不衷心佩服"，"但亦有重大缺陷，它主张阶级革命，它主张世界革命，它没有国家观念，它听命于第三国际，这都与国家主义根本不能兼容"。[②] 说到底，还是共产党的共产国际立场和阶级斗争观念与他的国家主义立场的不能兼容。

作为一个国家主义者，梁实秋既不满意共产党的阶级斗争观念，也不满意国民党的专制体制对思想言论自由的钳制。在舆论界中，最早批判国民党训政与党治体制的是《新路》和《新月》两个刊物，梁实秋即为这两个刊物的主要撰稿人之一。《新路》发行仅十期即遭查禁，《新月》也曾遭国民党政府审查干涉，他参与发起的《再生》杂志甚至曾遭国民党"焚书"之灾，可见他虽然批评了共产党，却也并不像左翼阵营所说那样"帮闲"或"帮忙"。要知道，国家主义者一直是国民党压制的对象，作为国家主义派的中国青年党和国家社会党一度都只能以地下状态运作，其受压制的情形丝毫不亚于共产党。中国青

① 梁实秋《如何对付共产党》,《自由评论》1936年第17期。

② 梁实秋《罗隆基论》,《梁实秋文集》第7卷，第565页。

年党的领袖曾慕韩、国家社会党的领袖张君劢及主要成员罗隆基都遭国民党政府拘捕，甚至不能在国内立足而避难国外。1935 年，梁实秋在北平主编《自由评论》，这是他对国民党批评最频繁的时期，为督促国民党的宪政进程，《自由评论》曾刊出“宪政专号”，在社会上反响强烈，后来《自由评论》的发行也遭到了政府限制。

但是，一个需要注意的现象是，尽管梁实秋对国民党多有讥评，却在很多情况下宁可亲国民党而远共产党，尤其是在 1949 年，跟随国民党迁往台湾。这一现象的背后，其实仍然是文化立场使然。

梁实秋批评国民党之处，在于国民党的政治专政对思想自由的限制，但国民党维护和发扬儒学却与梁实秋的文化立场相近。国民党立党的根基是孙中山的三民主义，而三民主义的文化哲学立场即是孔孟之道。孙中山去世后，国民党的理论家戴季陶借《孙文主义之哲学基础》一书，将三民主义进一步孔子化，遂使儒家文化成为国民党的官方意识形态。此后国民党发起的民族主义运动、新生活运动，以及尊孔读经，设孔子诞辰日为“国家纪念日”等，都是在复兴儒家文化的旗号下展开的。

虽然国民党对待儒学的态度与现代新儒学运动有很大差别，一个是为了政治目的而利用儒学，一个是为了中国的文化再生而实现儒学的现代化，但是二者在借儒学而发扬民族主义反对阶级斗争，借儒学的礼乐传统来维护社会的秩序化与规范化等方面却走到了一起。

这里有一个最有说服力的例子。1934 年，现代新儒家冯友兰出版了他最重要的著作《新理学》，此时正赶上蒋介石发起倡导传统文化复兴的新生活运动，发起原因在于国民党政府认为当时社会：

“人心无主，各遂其私，肆其情欲，见利忘义，忠孝仁爱礼仪廉耻，久已视为迂阔腐朽封建时代之奴隶产物，生于其心，害于其政，始则家庭革命，继则阶级斗争”，而阶级斗争问题“表面为政治问题，军事问题，而实际则为文化失调问题，思想无出路问题也”，于是“毅然提出礼仪廉耻四字，以为对症之药，以为立国之本，又恐抽象之哲理，无以遍喻于人民，更深入浅出，以礼仪廉耻之固有道德，贯彻衣食住行之现代生活，使板滞之教条，变为活泼之行动，纳入轨物，建立标准，与当日敌对之匪徒，作一思想斗争，以正全国之视听，矫正新文化运动之流弊”。①

而《新理学》中即包含反对唯物辩证法并进而反对阶级革命，主张文化民族主义的观点，并且主张人伦日用中的儒学规范，于是“这种哲学一出世就上升为官方哲学，获得蒋介石政府的传令嘉奖和头等奖金”，成为“从中学到大学的特定教科书”。②

正因为这种文化立场的相似，梁实秋在《个性与纪律》一文中，也提倡“生活的纪律”、“思想的纪律”、“道德的纪律”，认为：

“现在当局提倡的新生活运动，确是针对时弊而发，

① 万耀煌《新生活运动之时代意义与文化价值》，《新运导报》1947年第1期。

② 中国人民大学哲学系编《冯友兰哲学思想批判文集》，中国人民大学出版社1958年版，第28页。

而集中军训及其他军事管理之设施，尤其是对于青年应有的纪律，若能临之以诚，持之以恒，久后必有宏效。”他对自己的这种立场做出了这样的解释：“我夙信人性二元论，一方面是情感与欲念，一方面是理智与意志，最合理的人生境界就是二者维持平衡。”“一面发展个性，一面严守纪律，使个性在纪律中发展，——这是现代青年的伟大艰巨的责任。”①

1936年1月17日，梁实秋在主编的《自由评论》上发表了《〈宪法〉上的一个问题》，对宪法草案中的第一条：“中华民国为三民主义共和国”，提出了自己的看法。他认为：

三民主义并没有什么可反对的地方，它只是一个很笼统宽泛的名词，它把国家主义改成为民族主义，它把共产主义改成为民生主义，它把民主政治改成为民权主义，总合起来叫“三民主义”。中国的主权在被各种帝国主义进攻宰割的时候，只有国家主义是针对的武器，国民党人名之为民族主义，实亦大同小异，我想除了以苏联为祖国的共产党外，国家主义或民族主义是可以被大多数国民接受的……

但是，他认为“三民主义”的内容虽好，可以包含各党派的政治要求，可是用“三民主义”这四个字来统摄，容易让人以为这是国民党一党的党义，不利于民主与团结。所以，他建议舍弃这一名词，而把民族、民权、民生的思想贯注在各条文里，以此可以收到团结各党各派的效果。

这篇文章发表后，《真理评论》1936年3、4期合刊上发

① 梁实秋《个性与纪律》，《学生之友》第2卷第1期，1941年1月。

表了一篇未署名的文章——《梁实秋之眼波》。文中说：

> 梁实秋先生不久前在某刊物上发表过一篇东西，题名为《宪法上的一个问题》，大意是请国民党把宪法第一条的“三民主义共和国”的“三民主义”四个字删去，这也不足为奇，所奇者，里面很有几句满幽默的话……所幽默者是，三民主义为实秋先生所强奸，民族主义变成了国家主义的私生子。……大概文人之作，大多书生之见，而文人赞官又为千古不易之理，实秋先生之文，倒也没有什么，但将国家主义等于民族主义，是一个聪明的解释，国家主义派在此解释下可成为国民党一成员，实秋先生眼波所注，大概“优秀分子”是可以与“当权的政党合作”了吧。

这篇文章批评梁实秋将“三民主义”中的“民族主义”解释为“国家主义”，认为这是身为国社党党员的梁实秋以此投国民党之所好，以迎合当权者。其实这一批评是不公正的。

作为一个国家社会党党员，梁实秋一直站在国家主义立场上评判国共两党，虽然在国家主义问题上与三民主义的民族主义产生共鸣，但其从未放弃一种独立评判的态度。1946年底，国民党拟召开国民大会，其主要用心在于收编和拉拢在野的中国青年党、国家社会党。面对这一情况，国社党内部产生了严重分裂，“党内以张君劢、徐傅霖、蒋匀田等为首，坚决主张参加，而张东荪、梁实秋、孙宝刚、沙彦楷等人则反对参加，主张待政府实施政协各项决议后，再行参加”。[①] 面对国社党的分裂，梁实秋的失望是可想而知的，40年代末他最终脱离

① 沈骏、赵玉南主编《台湾各党派与海峡两岸关系》，华中师范大学出版社1994年版，第116页。

了国社党，成为一个无党无派的自由知识分子。由此可见，虽然梁实秋认可国民党的民族主义立场，但对其政治姿态仍保持一种批判质疑的态度。这也可以解释为什么梁实秋在 1949 年随国民党避居台湾，却始终没有像其他学者一样加入国民党，而是以“不说话”的“默者”姿态，以教师为职业，终其一生。

梁实秋以及现代新儒学文化思潮中的知识分子，尽管对共产主义理念抱有“偏见”，但不能以“反动”论之。而应当看做是 20 世纪初期，在如何实现中国现代化的问题上，众多知识分子们见仁见智的结果，他们选择的路径、方式不同，但爱国的拳拳之心则非常一致。

在梁实秋研究领域，他的国家社会党党员身份之所以被研究者忽略，主要是因为在他个人的著述文字中从不谈起这一身份，尤其是在各种几乎说得上事无巨细的回忆文章中，他也从不谈起这一伴随了他近二十年之久的重要政治身份。在为台湾作家夏菁作序的《〈悠悠南山〉序》中，他有这样一段话：

> 他（指夏菁——笔者注）说：“游记式流水账不想写，吟风弄月不屑写，火药气味的不便写。”我们批评一个人的文字，不仅要注意他所写的是些什么，更要注意他所不写的是些什么。于此等处，我们窥见一个心灵的奥秘。[①]

他在与台湾文艺评论家何怀硕谈话时，也表达了同样的意思，他说：“了解一个作家，要看他写些什么，也要看他不写些什么，他逃避什么。我是苟且偷安，逃避。”[②]

---

① 梁实秋《〈悠悠南山〉序》，《梁实秋文集》第 7 卷，第 745 页。

② 何怀硕《怅望千秋一洒泪》，陈子善编《回忆梁实秋》，吉林文史出版社 1992 年版，第 160 页。

梁实秋之所以避而不谈自己的这一政治身份，当是政治环境使然。在国共两分天下之后，曾经与两党严重冲突过的国家社会党已经是一个反动党，足以招致灾祸。梁实秋的一女一子都在大陆，自己又身在台湾，让人们忘记这一身份也许是最明智的选择。

三、政治是非中的“与抗战无关论”者

梁实秋的积极议政为他带来了社会文化界的声誉。1937年对日作战前夕，国民党政府在庐山召开了全国各界人士参加的国防会议，梁实秋作为学界知名人士也在被邀请之列。1938年，国民党组织成立国民参政会，这是一个抗战时期统一抗战的组织，梁实秋作为国家社会党代表也列席参政会。当时，国民党政府给了共产党、国家社会党、中国青年党这几个国内在野的大党，几乎同等的参政会名额，分别派遣六、七个代表参加，毛泽东、董必武、吴玉章等人代表共产党，张君劢、罗隆基、梁实秋等人代表国家社会党，左舜生、余家菊等代表青年党参加会议。

在国民参政会的第一次会议前后，梁实秋即开始结下了“抗战无关论”的文学因缘。

1938 年是中国人对抗战问题最踌躇的一年，战争的艰难和前景的难以预料，使很多人尤其是知识分子开始重新审视抗战的意义。国民党内部从九一八开始的战与和的分歧，在这一时期更加尖锐。汪精卫和蒋介石分别代表了国民党内部的和与战的两种态度。而共产党则在抗战的问题上表现出坚定的抗战到底的鲜明立场。1938 年 5 月，毛泽东在延安做了《论持久

战》的演讲，与抗战中的主和派形成了水火之势。1938 年 10 月，国民党组织的朝野人士共同议政的国民参政会开幕后，共产党更是以坚定的抗战立场与一切主张和平的声音抗争。

在当时的国民政府中，汪精卫是位高权重，与蒋介石形成了一文一武两种政治风格，在当时的知识分子群体中也有着重要影响。在对待日本侵略的态度问题上，汪精卫在 1938 年前后就已经流露出明显的主和立场。在为全民抗战而发起的国民参政会中，汪精卫无疑代表着另一种声音。而据当时共产党的参政员吴玉章的回忆：

> 有件事情极堪注意，在开大会前几天傅斯年、梁实秋等想在参政会提弹劾孔祥熙案，其用意是在去孔拥汪（精卫）。七月一日傅约我去梁实秋家谈话，说孔昏庸无能，且多劣迹，参政会为民意机关，应提出弹劾，想拉我党出面。……四号我即前往提出我党不赞成此举，一场风波才平，否则首次参政会定会闹出乱子。①

而在随后的国民参政会一届二次会议上，未能到会的华侨参政员陈嘉庚有感于国内外有关汪精卫对日妥协的传闻，给参政会议长汪精卫发了一封电报提案，第一条提案就是冲着汪精卫的主和立场提出的，“日寇未退出我国土之前，凡公务员对任何人谈和平条件，概以汉奸国贼论”。② 这个提案，在汪精卫及他的亲信们的把持下，去掉了“条件”两个字，提交审查委员会。这一修改与陈嘉庚批汪的原意大相径庭，因为汪精卫

---

① 重庆市政协文史资料研究委员会、中共重庆市委党校等编《国民参政纪实续编》，重庆出版社 1987 年版，第 470 页。

② 重庆市政协文史资料研究委员会、中共重庆市委党校等编《国民参政纪实续编》，重庆出版社 1987 年版，第 69 页。

此前已对舆论公开立场，称对日议和，“一切视日方所提之条件而定”，去掉“条件”之后的提案，则失去了针对性也失去了合理性，听起来有些武断，“和平”成了不能谈论的话题。这样的提案当然会引起一些自由人士的不满，梁实秋就是其中最突出的一个。他以“我们不能因别人一提及和平，就目为汉奸”一类的话与主张抗战到底的共产党参政员发生了激烈的论争，与会的参政员金性尧后来在回忆文章中说梁实秋的言行“真是一个极撩人的秋波——对于‘汪副总裁’”。① 不仅如此，梁实秋站在国家主义的立场上，坚持认为抗战期间应该一致对外，不能容忍国内政治和军事上的分裂。为此，他在参政会期间，坚决反对抗战期间共产党的“陕甘宁边区”的“割据局面”，建议国民党收回其政治和军事上的主权，以维护国家的统一和国家在国际上的地位。② 而这一主张显然是与张君劢互相应和的结果，张君劢在1938年12月发表了《致毛泽东先生的公开信》，即是要求取消八路军、新四军和陕甘宁边区。③

1940年，国民党对共产党在陕甘宁边区的影响深感不安，派出了“华北视察团”前往华北一带视察。梁实秋也是这个七人视察团成员之一。当他们一行人行至延安边境时，毛泽东等共产党参政员向国民参政会发出了一封电报，内容为：

> ……在全体团长团员中，除在二届参政会中，因发拥汪主和谬论而与共产党参政员及坚主抗战诸参政员发生剧

---

① 金性尧《踢走它》，朱企泰、杨子主编，阎充英、夏培卓编《二十世纪杂文选粹（上卷）（1900～1949．2）》内蒙古大学出版社1999年版，第420页。

②《梁实秋论中共问题》，载王汉民编《民主与团结》，民族出版社1945年版，第191～193页。

③ 张君劢《致毛泽东先生的公开信》，重庆《再生》1938年12月16日。

烈冲突之国社党员梁实秋及国家青年党员余家菊两君外余皆国民党一党之参政员同志。由此等人选所组成之视察团，对于视察事项所收材料及所作结论，必属偏私害公殆无疑义。该团之与特务机关配合行动，尤属事有必至。犹忆前年十二月间，张君劢即曾著论主张取消所谓边区与八路军特殊化及取消共产主义。未几，汪精卫发表艳电，竟倡言反共。设该视察团之目的与汪张无殊，尽可以汪张文件为蓝本，在渝作出大文，撰成提案，何必当此朔风凛疾之际，冒此严寒，多劳往返。……①

这封电报使华北视察团的行程中止。从电文中可以看出，由于在参政会上的表现，梁实秋在共产党人心目中不仅是异己分子而且还是“拥汪主和”的罪人。这是抗战初期梁实秋在共产党人心目中的政治形象，他与“与抗战无关论”的因缘于此形成。

在1938年的抗战声浪中，还有一件重要的历史事件，被誉为抗战以来文艺界的“伟大的成就”——中华全国文艺界抗敌协会于1938年3月在武汉成立。中华全国文艺界抗敌协会虽然是一个全国性的文艺界联合阵线，但它的发起却是受了共产党人士的推动。抗战爆发后，在国共合作的背景下，周恩来负责筹组政治部第三厅，并同时与文化界进步人士商讨成立中华全国文艺界抗敌协会。为了这件事，周恩来特地拜访冯玉祥，请正在他那里帮助工作的著名作家老舍出来主持文协。在他的领导下，郭沫若出任国民党军事委员会政治部第三厅厅长，1940年改任文化工作委员会主任，负责有关抗战文化宣

① 《毛泽东等参政员为华北视察团事致参政会秘书处电》，载孟广涵主编《国民参政会纪实》上卷，重庆出版社1985年版，第722页。

传工作，组织和团结国民党统治区的进步文化人士，从事抗日救亡运动。三厅延揽了阳翰笙、田汉、胡愈之、杜国庠、冯乃超等思想、文化界知名人士参加工作。在周恩来、郭沫若、老舍等人的带动下，文协以“文艺抗战”方针与坚持抗战到底的共产党关系密切，文协遍布全国文艺界的分会组织，为共产党也赢得了舆论支持。

文协的会刊在 1938 年 5 月 4 日创刊，刊名是《抗战文艺》，武汉失守后随之迁到了重庆，行销于重庆、昆明、贵阳、成都。“文协”一开始便阐明了它的性质和任务。在《发起旨趣》中说：

> 我们感到文艺抗战工作的重大，散处四方的文艺工作者有集中团结，共同参加民族解放伟业的必要。……团结起来，象前线战士用他们的枪一样，用我们的笔，来发动民众，捍卫祖国，粉碎寇敌，争取胜利，民族的命运，也将是文艺的命运，使我们的文艺战士能发挥最大的力量，把中华民族文艺伟大的光芒，照彻于全世界，照彻于全人类……①

作为文协重要负责人的老舍甚至旗帜鲜明地指出：“全国在今日只有一种抗战，拥护政府的，支持抗日的文艺；在文协里的人写此种文艺，也不许在会外的写不利于抗战的文字。”②

由于梁实秋一向反对文学的功利主义目的，这一点在与左翼论战时期就表露无遗，因此面对文协的文艺为抗战服务的政

---

①《中华全国文艺界抗敌协会发起旨趣》，载北京师范学院中文系中国现代文学教研室主编《文学运动史料选》第 4 卷，1979 年版，第 16 页。

② 老舍《抗战以来文艺发展的情形》，《老舍全集 · 第 17 卷 · 文论二集》，人民文学出版社 1999 年版，第 23 页。

策，虽然梁实秋也以“教育部编辑”之名列位其中，但他的反对是必然的。

1938年12月1日，梁实秋应朋友之邀，接编重庆国民党中央机关报《中央日报》副刊《平明》，在带有征稿启事性质的《编者的话》中，他写了这样一段文字：

> “我老实承认，我的交游不广，所谓‘文坛’我就根本不知其坐落何处，至于‘文坛’上谁是盟主，谁是大将，我更是茫然。”“现在抗战高于一切，所以有人一下笔就忘不了抗战。我的意见稍为不同。于抗战有关的材料，我们最为欢迎，但是于抗战无关的材料，只要真实流畅，也是好的，不必勉强把抗战截搭上去。至于空洞的‘抗战八股’那是对谁都没有益处的。”①

这一段话单就本身而言无任何不合理之处，但是梁实秋身上所沾染的政治气息，使得这篇《编者的话》所蕴含的信息远远超出了文学的范畴，在当时的舆论界引起了轩然大波，一场被命名为“与抗战无关论”的论战指向了梁实秋。而最先对《编者的话》提出异议的，是26岁的青年评论家罗荪，他针锋相对地以“叶知秋”为笔名写出了《“与抗战无关”》和《再论“与抗战无关”》两篇杂文，这两篇文章认为梁实秋的主张是“投人所好”，并引梁实秋主编《自由评论》时期的一篇《弱国的外交》，来证明“梁实秋在‘九一八’后全国人民救亡运动的高潮中，就是一个‘不抵抗’派”。② 随后“文协”主办的《抗战文艺》在1938年12月10日的第三卷第二期上发表了四

---

① 梁实秋《编者的话》，《梁实秋文集》第7卷，第485～486页。

② 罗荪《“与抗战无关”》、《再论“与抗战无关”》，载北京师范学院中文系中国现代文学教研室主编《文学运动史料选》第4卷，1979年版，第244、251页。

篇短论，有宋之的《谈‘抗战八股’》、张天翼的《论无关抗战的题材》、郭沫若的《抗战与文化问题》和《抗战以来的文艺思潮》等，展开了对梁实秋“与抗战无关”的批判。当时重庆的《新蜀报》和《国民公报》的副刊上连续发表了几十篇文章参与论战。巴人在《展开文艺领域中反个人主义斗争》一文中，认为梁实秋等人的文章用意根本不在于文艺方面，文艺问题只是枝节，他们的主要目的是在“政治的阴谋这算盘上”，他认为梁实秋之所以称抗战文艺为“抗战八股”，其“要消灭的：不是‘抗战八股’，而是‘抗战’”。① 而张天翼在《论“无关”抗战的题材》中则说：所谓“与抗战无关”，正是与抗战有关。如果真正与抗战无关，那么他应该什么也不说，什么文章也不写，什么高论也没有。现在唱出高论来，还不是“要想在这个时代里，在这个现实世界里起一点作用，而挽回狂澜”。②

“文协”的几位负责人也在讨论之后由老舍执笔，写了一封给《中央日报》的公开信。信中说：

> 今日之事，团结唯恐不坚，何堪再事挑拨离间，如梁实秋先生所言者？贵报用人，权有所在，本会无从过问。梁实秋先生个人行动，有自由之权，本会亦无从干涉。唯对于“文坛座落何处”等语之居心设词，实未敢一笑置之。在梁实秋先生个人，容或因一时逞才，蔑视一切，暂忘团结之重要，独蹈文人相轻之陋习，本会不欲加以指

① 巴人《展开文艺领域中反个人主义斗争》，载北京师范学院中文系中国现代文学教研室主编《文学运动史料选》第 4 卷，1979 年版，第 258 页。

② 张天翼《论“无关”抗战的题材》，载北京师范学院中文系中国现代文学教研室主编《文学运动史料选》第 4 卷，1979 年版，第 263 页。

> 斥。不过，此种玩弄笔墨之风气一开，则以文艺为儿戏者流，行将盈篇累牍争为交相谇诟之文字，破坏抗战以来一致对外之文风，有碍抗战文艺之发展，关系甚重；目前一切，必须与抗战有关，文艺为军民精神食粮，断难舍抗战而从事琐细之争辩；本会未便以缄默代宽大，贵报当有同感。①

由于当时国民党中央宣传部长张道藩出面干涉，这封信最终没有发表。在四面楚歌的处境中，梁实秋除了对罗荪的《“与抗战无关”》进行了辩驳之外，并没有像批判左翼阵营那样持续论争，而是在《平明》连续刊出《睡与梦》、《拥挤》、《说酒》、《吃醋》等与抗战无关的小品文，用以证明在抗战时期，抗战并不是人们生活的全部。事实上，在全民抗战的时代环境中，有很多自由主义知识分子对文学和文人的品格表现出深切忧虑。施蛰存在《文学之贫困》中，认为抗战文学的收获“贫困得可怜”。1939 年 1 月 22 日，沈从文在《今日评论》发表《一般与特殊》一文，支持梁实秋的观点，同样受到众多的批评。上海作家陶亢德在 1939 年的《鲁迅风》第七期上发表了《关于“无关抗战的文字”》一文，认为对梁实秋的编稿方针“应予赞成，毋庸异议”，也成为众矢之的。1939 年 4 月，梁实秋因随国立编译馆迁移北碚而辞去《平明》主编职务，他作了《梁实秋告辞》一文刊于《平明》，说：

> 四个月的《平明》摆在这里，其中的文章十之八九是“我们最为欢迎”的“于抗战有关的材料”，十之一二是我认为“也是好的”的“真实流畅”的“与抗战无关的

---

① 罗荪《关于〈抗战文艺〉》，《新文学史料》1980 年第 2 期。

材料”。[①]

其实如果将梁实秋《编者的话》与鲁迅的《答徐懋庸并关于抗日统一战线问题》来对照阅读，在观点上大致相当，鲁迅在讨论“国防文学”的问题上认为：

“文艺家在抗日问题上的联合是无条件的，只要他不是汉奸，愿意或赞成抗日，则不论叫哥哥妹妹，之乎者也，或鸳鸯蝴蝶都无妨。但在文学问题上我们仍可以互相批判。”“‘国防文学’不能包括一切文学，因为在‘国防文学’与‘汉奸文学’之外，确有既非前者也非后者的文学。”[②]

也就是说鲁迅也反对在一个统一的口号之下，统一了所有文学的主张。但梁实秋却在这一主张下遭受了口诛笔伐的命运，这只能说明一件事，那就是“抗战无关论”的真正指向，是在文学主张之外的。论争的背后是权力资本之战，所以才会有论争者之间并不理睬对方的话语中的真理性，而先将对方看做敌人，剥夺对方的话语权。

而在“抗战无关论”的高潮渐渐平息之后，梁实秋的议政和文学批评的兴趣也渐渐淡然。当时一个名为朱锦江的友人在梁实秋生日的时候赠他一首诗，内有“文章与政事，理一而已矣”，“兀兀鸡声号，谔谔此一士”的诗句，[③] 可以说道尽了梁实秋的处境。他的政论与文学主张常合而为一，因为他的文学批评近乎中国传统文化中的“义理”之学，总难免力透纸背，

---

① 梁实秋《梁实秋告辞》，《梁实秋文集》第7卷，第517页。

② 鲁迅《答徐懋庸并关于抗日统一战线问题》，载北京师范学院中文系中国现代文学教研室主编《文学运动史料选》第4卷，1979年版，第383页。

③ 梁实秋《北碚旧游》，《梁实秋文集》第4卷，第211页。

牵连起社会政治人生的诸多问题。梁实秋对此也是洞若观火，他在1987年的一篇文章中回忆说：

> 我批评过鲁迅译的《文艺政策》，我也揭露过“普罗文学”之暴起与突落，我一贯主张思想自由，这都是遭当时某些人之大忌的。抗战军兴，我更主张一致对外，不能同情对政府一切阳奉阴违的行动，这也是招怨的另一原因。因此就有人制造了一个“抗战无关论”的帽子送给我戴。其高潮是延安拒绝我以“国民参政会华北慰劳观察团”团员身分前往访问。①

20世纪上半叶的中国，无论是五四时期的启蒙，还是30年代之后的救亡，其总体精神气质都偏于浪漫。在当时的文化场中，最强势的文化资本属于那些标举抗战文艺的人，因此梁实秋的走低和边缘化就成为一种必然。老舍在1943年的一篇文章中曾说：

> 顾名思义，文协是文艺界抗敌协会。既标出“抗敌”的字样，显然的我们是要在抗战中以文艺宣传报效国家。于是，我们倡导并实际去写制抗战文艺。假若没有这个团体，我们相信也会有许多文人自动的这样以文字为利器，从事抗敌。但是我们也会想到，有一部分文人或因生活的方式，或因迎合读者的心理，而仍撰制一些与抗战无关，或且有害的文字。有了文协——它既是全国文人的组织——情形可就不同了。它有全国的文人作它的支持者，全国各地的文艺刊物及报纸的文艺副刊的编辑者几乎全都是

① 梁实秋《“岂有文章惊海内”——答丘彦明女士问》，《梁实秋文集》第5卷，第532页。

> 文协的会员。这样，文协便成为战时文艺运动的心房。这颗心既因神圣的抗战而跳动，它就决不容有害的东西掺入血液中。诚然，我们并没有浪费笔墨喊叫打倒谁，但是我们对抗战尽力的一点真诚，便是以使该被打倒的人自动的隐匿起来了。①

而从“抗战无关论”的硝烟中淡出的梁实秋，也真的像老舍所言“自动的隐匿起来了”，只不过他的隐匿不是销声匿迹，而是转换成另一种文坛行走方式，他转向小品文创作，在散文世界中韬光养晦，以自己的文学批评理念为骨，以散文为血肉构建起自己的“雅舍世界”。这一点从文类社会学的角度看，不失为另一种话语策略。

但左翼文化界对他的批评并没有就此停止，1941年11月27日，梁实秋的《鲁迅与我》一文发表于《中央日报·平明》副刊，发表之后，即有一篇署名羊耳的《梁实秋的“投名状”》，发表于1942年1月21日延安《解放日报》，认为梁实秋是在对鲁迅进行“鞭尸”，并以此“入伙”到反共的队伍里。这一时期，国内国共两党的关系日渐壁垒分明，这两份分别代表两党的主流意识的刊物，也有着鲜明的对立色彩，而两份报刊的投稿人也都被认为分别带有两个党派的政治色彩。1942年5月15日，延安《谷雨》第五期上发表了萧军的《杂文还废不得说》一文，称梁实秋为“秋郎教授”，将梁实秋视为“堂堂的”中央“党刊”的主将，认为正因为有梁实秋这样主张与抗战无关、批骂共产党和鲁迅的人的存在，所以“杂文”才不能废。

---

① 老舍《五年来的文协》，《抗战文艺》1943年3月27日。

自抗战的中后期起，无论是在思想舆论界，还是在军事力量上，共产党逐渐强大，逐渐成为社会上人心所向的政党。即使一贯持中间立场的自由知识分子，也开始了中间偏左的转向。其典范就是后来毛泽东所倡导的“闻一多道路”，即从自由知识分子者向革命民主主义者转变。但梁实秋没有转变自己的立场，其中的原因就是他的国家主义立场使他难以认同共产党的阶级立场。

四、马克思主义意识形态下的资产阶级“人性论”者

从某种意义上说，新中国民立之后，无论是“十七年”中思想理论界的各种斗争，还是后来的十年“文化大革命”，其核心问题就是阶级论与人性论的斗争。而人性论在新中国成立之后，已经是一个符号化了的贬义词，在经由二、三十年代鲁迅与梁实秋的人性与阶级性论争、40 年代毛泽东《讲话》对王实味、丁玲等人的批判之后，人性论在无产阶级意识形态中已经成为一个“宿敌”。而人性论与新中国意识形态水火不容的状态，很多时候是借梁实秋与左翼阵营和鲁迅的结怨来阐发的。

梁实秋的“人性论”本来是一种典型的传统儒家“人性论”，与以张扬自然人性为特点的资产阶级人性论有着本质的不同。但是，由于在与左翼的论战中，鲁迅等人将他命名为“丧家的”“资本家的乏走狗”，这一“资本家”的阶级符码，使得梁实秋及他的“人性论”以及与他观点相似的人性论者（也可以表述为梁实秋“人性论”在理论上的近亲），都被划归

到资产阶级的队伍中。从而在新中国成立后，在无产阶级意识形态体系形成和发展的过程中，很多与梁实秋、与“人性论”相关的人、理论、作品，都被认为是梁实秋的资产阶级人性论的“复辟”，都被视为“假、恶、丑”。

新中国成立之后，“兴无灭资”在很长时间内是全国上下共同努力的目标。强化无产阶级思想，肃清资产阶级意识成为思想理论界的主要任务。在这种思想背景下，1953 年出版的《毛泽东选集》是国内最纯洁最安全的精神读本，正文中有这样的描述：“像鲁迅所批评的梁实秋一类人，他们虽然在口头上提出什么文艺是超阶级的，但是他们在实际上是主张资产阶级的文艺，反对无产阶级的文艺的。”而为了统一读者对书中内容的准确理解，很多地方都采用了阐释性注释的形式，对梁实秋的注释则为：“梁实秋是反革命的国家社会党的党员。他在长时期中宣传美国反动资产阶级的文艺思想，坚持反对革命，咒骂革命文艺。”这样，正文和注释一起将梁实秋本人和他的理论主张缺席判决成了罪不可赦的资产阶级反动文人。

之所以说这是对梁实秋的“缺席判决”，是因为在新中国成立之后，梁实秋的作品就在大陆销声匿迹了，毛泽东在新中国成立之初就指出：

> “出版属于上层建筑领域，它的主体部分是意识形态工作，具有阶级性和党性。”“在阶级社会中，没有抽象的超阶级的出版自由，而只有具体的阶级的出版自由。”①

在这种阶级论思想的普及中，梁实秋在大陆进入了一个真

① 袁亮《毛泽东邓小平与中国出版》，中国书籍出版社 1995 年版，第 14、77 页。

正“失声”期。

在新中国成立之初，社会各领域都进入了新中国的建设状态，意识形态领域并没有形成尖锐的对立斗争，除了1951年的一篇《反对文艺思想上的“人性论”》文章，和1953年的《战斗和战斗者》一书，强调对梁实秋的人性论进行批判外，[①]人性论的讨论和论争还没有真正上升到意识形态的高度。不过，在《反对文艺思想上的“人性论”》一文中，作者以高度的警惕意识提醒新中国文艺界：

> 文艺思想上的“人性论”，经过鲁迅先生的批判，经过毛主席《在延安文艺座谈会上讲话》的批判，在全国范围内它已经不敢公开露面了，它只能披着马克思列宁主义的外衣，来贩卖“人性论”的货色。例如武训传，就是最突出的例子。

但是1958年前后，随着整风和反右斗争的开展，与阶级论相冲突的人性论思想开始被关注和批判。以群在《重谈梁实秋的“人性论”》中写道：

> 梁实秋早已在新中国人民的心里灭亡，今天的青年知道梁实秋这个名字的，也已经不多，但值得引起我们警惕的是：梁实秋的思想在过去一年余里还曾在某些人的身上演了“僵尸复活”的怪剧！而以脱离阶级基础的人性、人情的原则作为评价文学作品的基本的、必要的标准的说法，和梁实秋的“人性论”实质上是一脉相承的。[②]

这里所谓的“僵尸复活”，主要是指1957年巴人的《论人

① 洪钟《反对文艺思想上的“人性论”》，《西南文艺》1951年第1期。杜高《反对“人性论”的重复》，《战斗和战斗者》，文化工作出版社1953年版。

② 以群《重谈梁实秋的“人性论”》，《文艺月报》1958年第3期。

情》一文，文中说：

人情就是人和人之间共通的东西。饮食男女，这是人所共同要求的。花香鸟语，这是人所共同喜爱的。一要生存，二要温饱，三要发展，这是普通人的共同的希望。如果，这社会有人阻止或妨害这些普通人的要求、喜爱和希望，那就会有人起来反抗和斗争。这些要求、喜爱和希望，可说是出乎人类本性的。而阶级社会则总是抑压人类本性的，这就有阶级斗争。①

这篇文章在《新港》上刚发表一个月，就有一篇《“人情论”还是人性论?》的文章发表于这个杂志上，指出巴人的文章与梁实秋人性论思想的相似性和反动性。② 以后又有《“人性论”的阴魂》、《粉碎巴人的资产阶级“人性论”》、《批判巴人的“人性论”》、《超阶级的“人性论”必须批判》、《从“香汗”和“臭汗”谈起——驳巴人的资产阶级人性论》等文章出现，③ 都批评“巴人的所谓‘普通人的共通的人情’实质上就是左联时期梁实秋的所谓‘普遍的人性’的翻版”，并呼吁舆论界对宣扬“普遍”或“共同”人情的思想进行阶级斗争式的批判。姚文元在《批判巴人的“人性论”》中指出，梁实秋与巴人等之所以都提倡共同人性，是因为“人性论确是彻头彻尾代表了资产阶级的利益，是修正主义的主要武装之一。他们的

① 巴人《论人情》，《新港》1957年1月号。

② 张学新《“人情论”还是人性论?》，《新港》1957年3月号。

③ 劳文《“人性论”的阴魂》，《雨花》1958年第2期；南开大学中文系文艺评论组《粉碎巴人的资产阶级“人性论”》，《文艺哨兵》1960年第2期；姚文元《批判巴人的“人性论”》，《文艺报》1960年第2期；朱绍侯《超阶级的“人性论”必须批判》，《史学月刊》1966年第1期；克恩《从“香汗”和“臭汗”谈起——驳巴人的资产阶级人性论》，《中国青年报》1961年1月12日。

进攻的矛头对准阶级论，所以不约而同地都拿起人性论。在文艺上，它是一条资产阶级的文艺路线，文艺上的资产阶级路线是为资产阶级反社会主义的政治目的服务的。”共同人性的话题成为禁区之后，钱谷融的《论“文学是人学”》、王淑明《论人情与人性》等一批呼唤文学创作中人性与人道主义的理论文章，都在被批判之列。批判者们以梁实秋“人性论”的“新变种”、“新翻版”、“化身”、“招魂”、“新花样”等名目将这些声音判定为反动，并且在此后迅速扩大的反修、整风“反右”斗争中被野蛮地封杀，人性成为一个不能谈论的话题。而且，凡是与梁实秋人性论思想有关的思想全部被认定为反动。

以何其民的《反动人性论的一个新变种——略评周谷城的“时代精神汇合论”》① 为例，作者把梁实秋的人性论思想预设为一个已经无须辩论的反动思想，然后将周谷城的“时代精神汇合论”与梁实秋的人性论思想一一比对，从而得出周氏思想为反动思想的结论。引文如下：

> 周先生要求用“真实感情”代替无产阶级感情，并公然否定文学的阶级性。其实这也并没有多少新鲜货色，如果和当年的反动人性论者梁实秋所唱的调子比一比的话，不仅没有什么本质的区别，而且如果把周先生的这些“词儿”，谱入梁实秋当年所唱的曲子中去，倒真是“相当和谐”的。我们不妨抄几句来看一看：
>
> 梁实秋说：“文学所要求的只是真实，忠于人性。凡是‘真’的文学，便有着普遍的素质。”

---

① 何其民《反动人性论的一个新变种——略评周谷城的“时代精神汇合论”》，《浙江学刊》1964 年第 6 期。

周先生说："一种艺术作品，如果不能表现真的感情，便不能动人情感，是亦可以说'不诚无物'"。(《史学与美学》)

梁实秋说："文学一般都以人性为主，绝无阶级的分别。"

周先生讲到艺术作品的阶级性问题时，说："实际上或有或无，是另一事。"

梁实秋说："所以真的作品就是普遍的人性经过个人的渗滤后的产物。"

周先生说："艺术究竟要表现什么？曰表现……时代精神，时代精神是统一的整体，要通过不同的阶级，不同的个人，才能分别表现出来。"（《评茹行先生的艺术论评》）

……在反对革命文学，提倡反动文学方面，周先生又重弹起当年的反动文人梁实秋的老调子。

……周谷城先生的"汇合论"，实质上乃是反动人性论的一个新变种，……是在反动人性论早已被驳得体无完肤的情况下，只有戴着假面具、改头换面重新出现的一种新花样。

1957年3月12日，毛泽东发表了在《在中国共产党全国宣传工作会议上的讲话》，提出要批判"修正主义"，巴人、钱谷融等人的人性、人情观点被作为文学上修正主义思想的极端而遭到批判。在这里我们看到，人性论思想已经被认定为一种政治危机。姚文元在一篇批判修正主义思想的著作《论文学上的修正主义思潮》中说："因为文学上的修正主义涉及到各方面的问题，所以批判的内容就不是局限在文学问题上，而同时通过文学问题进行着对政治上、思想上、哲学上的修正主义和资产阶级思想的批判。”从中可见，在新中国成立初期，所谓文艺领域中的斗争，始终是与政治领域的斗争分不开的，而政治领域斗争的严酷性也延伸到了文艺领域。姚文元说：“中国新文学的历史，主要的就是无产阶级文艺路线和革命文艺外部和内部的资产阶级文艺路线作斗争的历史。”① 在这样的文学话语中，梁实秋被不断涂抹和批判是不可避免的。在这种文学话语中，一直使用着一个铁的逻辑，那就是：新中国的人性论是30年代梁实秋人性论思想的“沉渣泛起”和“阴魂”不散，因为梁实秋的人性论思想是反动的资产阶级思想，所以新中国出现的人性论思想也是反动的资产阶级思想。而这一思想从30年代起就与无产阶级思想对抗，新中国成立之后，也“一脉相承”地与无产阶级思想、社会主义思想作斗争。北京大学中文系红旗文艺评论小组发表的《大破人性论，大立阶级论》，更铿锵有力地指出人性论思想是“企图用资产阶级世界观改造世界，为资产阶级的复辟开辟道路”②。

在20世纪30年代的论争中，梁实秋的“人性论”还主要被认为是一个理论错误问题，但在新中国成立后，这种“人性论”被看做是资产阶级意识形态的代名词，被认为是“反党反共的武器”。在以“阶级斗争为纲”的政治生活中，资产阶级与无产阶级之间是“你死我活”的殊死斗争。在1958年的《人性问题之初步探讨与批判》一文中，作者写道：

---

① 姚文元《论文学上的修正主义思潮·序言》，新文艺出版社1958年版，第1～2页。

② 北京大学中文系红旗文艺评论小组《大破人性论，大立阶级论》，《中国青年》1960年第11期。

马克思主义者对于阶级社会两种对立的人性，两种对立的人性观的分析，坚决主张发展无产阶级与人民大众的人性，消灭资产阶级的人性，以便在全世界范围内消灭阶级之后，形成真正统一的人性，这是对人性问题的最革命最彻底的看法。①

30年代，由“人性”与“阶级性”问题的论争还辐射到了“题材”问题，这个问题一直是无产阶级文艺理论中的重要问题，早在1931年11月，左联就曾通过《中国无产阶级革命文学的新任务》决议，它规定革命文学只能写“反帝国主义”、“反军阀主义”、“苏维埃运动”、“白军剿共的反动罪恶”、“农村萧条和地主压迫”这五种题材，并坚信：“只有这样才是大众的，现代中国无产阶级革命文学所必须取用的题材。”② 这一主张在当时引发了有关“题材的积极性”问题的讨论，有人对“必须写工农大众的生活这才是题材有积极性”的主张表示反对，梁实秋也是反对者之一，他写了《所谓“题材的积极性”》一文，认为“文学里面最专横无理的事，便是题材的限制”。但他并不是反对文学描写阶级斗争，而是认为：

阶级斗争既已由理论而成为实际活动，那么这斗争在文学里得到反映也是自然的。但是若说文学必要以斗争为题材，这便可议。……文学的题材，如以斗争为限，从表面看好象可以使文学成为有效的革命武器，而实际上这文学上的内容要成为枯窘呆滞的，适足以减少武器的价值。……要知道人在不斗争时也有生活，在斗争时也还有其它

① 岳亮青《人性问题之初步探讨与批判》，《新建设》1958年第1期。
②《文学运动史料选》第2卷，上海教育出版社1979年版，第241页。

的生活，文学是不该被某一派的革命家包办了去的。①

1961年，《文艺报》上发表了陆定一、周扬等人的《题材问题》专论，提倡“题材的多样化”，反对“题材问题上的清规戒律”，认为如果只限于写重大题材，必然使创作狭隘化。而且“题材并不等于主题”，“只要题材抓对了，作品就成功了一半”的说法，是没有根据的。作家艺术家在选择题材上，完全有充分的自由，可以不受任何限制。② 1966年，文艺报上发表了《〈文艺报〉专论〈题材问题〉必须彻底批判》一文，指出：

> 只有资产阶级文人，为了欺骗，为了更好地效忠于本阶级，才高喊“自由文学”、“为艺术的艺术”等虚伪的口号。反动文人梁实秋之流曾经叫嚷过所谓“文学永远不失去它的独立”，文艺为政治服务就是“艺术的叛徒”等等谰言，说穿了，就是要保持资产阶级对文艺的控制，反对文艺为无产阶级政治服务。当时以鲁迅为首的左翼作家，曾对这股文艺“理论”和“实践”的逆流，进行了猛烈的抨击和揭露。事隔三十多年，《专论》作者又高唱起所谓“自由”。③

1966年，江青发表了《林彪委托江青召开的部队文艺工作座谈会纪要》，实行“文艺黑线专政”斗争。反重大题材观、反题材决定论和题材多样化被定为“文艺黑八论”之一，与根

---

① 梁实秋《所谓“题材的积极性”》，《梁实秋文集》第1卷，第455、458页。

② 陆定一、周扬《题材问题》，《文艺报》1961年第3期。

③ 杨广辉《〈文艺报〉专论〈题材问题〉必须彻底批判》，《文艺报》1966年第5期。

本任务论、三突出原则、主题先行等极左文艺思潮配套施行，文学创作最终僵化到全国上下只有八个样板戏的状态。1972年2月18日，《人民日报》发表了闻工的《坚定不移地表现新的人物，新的世界——批判陆定一、周扬一伙的反“题材决定论”》一文，文中说：

> 文学艺术的题材问题，就是通常所说的“写什么”的问题。反动的资产阶级文艺家们，历来喧嚷文艺创作只存在“怎样写”的问题，不存在“写什么”的问题。然而，从二十年代末的梁实秋，提出反对的“把文学的题材限于一个阶级的生活现象的范围之内”（即反对文艺与无产阶级）起，到六十年代陆定一、周扬一伙的反“题材决定”论出笼，围绕题材问题，资产阶级一直和无产阶级文艺相对抗。这就足以证明，“写什么”的问题不但确实存在，而且是关系到文艺的性质和方向的大问题。关于题材问题的争论，实质上就是两条文艺路线的一场尖锐斗争。

在“文化大革命”结束之后，文学理论界对“文化大革命”所造成的人文灾难进行了严肃的反思。人性、人情、人道主义成为思想界关注的焦点。何其芳于1977年9月发表了《毛泽东之歌》一文，首次披露了毛泽东关于“共同美”问题的论述：“各个阶级有各个阶级的美，各个阶级也有共同美，‘口之于味，有同嗜焉’。”于是，人性的禁区被逐步打开，人们在马克思主义理论的框架中，寻找着共同人性的理论支撑点。《马克思恩格斯全集》中有关人性的论断被挖掘出来：

> 如果我们想把这一原则运用到人身上来，想根据效用原则来评价人的一切行为，运动和关系等等，就首先要研究人的一般本性，然后要研究在每个时代历史地发生了变

化的人的本性。①

这段话在这一时期被广泛引用，用以说明在马克思主义的理论体系中，也承认人有共同性。而“人的本质并不是单个人所固有的抽象物，实际上，它是一切社会关系的总和”，② 这一过去被阶级论者奉为经典的论断（曾屡屡被用来证明人只有社会性——在阶级社会中则只有阶级性），在这一时期的语境中被重新阐释为：

> 它包括两性关系、亲子关系、家庭关系、宗族关系、民族关系、阶级关系、国家关系等等，而在这些关系中又包括经济、政治、法律、道德、思想、文化、宗教、习惯等等丰富的内容。人的本质就是由这一切关系的总和决定。③

这种阐释指明了在阶级社会中，人性除了阶级性之外还有更丰富的内容。与此同时，文学创作领域也掀起了伤痕反思小说的创作高潮，描写人性、人情，尤其是描写被压抑的人性与人情的作品为人们展示了人性在唯阶级性话语下的满目疮痍。可以说整个80年代的文化场域都弥漫着人性和人道主义的光辉，追寻失落的人情人性成为创作的主题。而刘心武的小说《如意》，更是写了一对林妹妹（王府格格金绮纹）与焦大（曾做过王府下人的石义海）式的悲剧爱情，以形象生动的爱情故事，写出了超阶级的共同人性的存在，以及阶级论对这些共同人性的伤害。而1980年10月16日，章海山先生在《光明日

---

①《马克思恩格斯全集》23卷，人民出版社1972年版，第669页。

②《马克思恩格斯全集》第3卷，人民出版社1960年版，第5页。

③《人是马克思主义的出发点——人性、人道主义问题论集》，人民出版社1981年版，第55页。

报》上发表了《要全面理解资产阶级人性论》一文，从哲学的角度指出资产阶级人性论的反封建革命性及其与马克思主义人性观的联系与区别，资产阶级人性论不再作为一个纯粹反面的理论形态出现。

1988年，罗钢先生的《梁实秋与新人文主义》发表于《文学评论》第2期，他在对中西文论进行全面比较阐释的基础指出：

作为梁实秋文艺思想核心的并不是一般所谓资产阶级人性论（即自然人性论），而是与之相对立的新人文主义的善恶二元人性论。

这是在人性论思想上对梁实秋研究作出的突破性阐释，此后1989年，王本朝先生的《论中国现代文艺思想史上的梁实秋》一文指出：

梁实秋的人性论不是真正含义上的资产阶级人性论，而是一种古典人性论。这种人性论表现在政治上是保守复古主义，在哲学上是一种理性自足性，在艺术上是一种真正的古典主义。①

温儒敏先生的《梁实秋及其文学美学论著》也都进一步确证了梁实秋人性论思想并非资产阶级人性论。这一界定脱却了梁实秋身上的资产阶级反动文人的色彩，也为梁实秋研究开拓了新的向度。历来的研究者们，在将梁实秋定位为资产阶级反动文人的时候，其认证的根据并没有建立在对其人性论本身的理论分析上，而是多由外部认识论证。人们看到的梁实秋是新

---

① 王本朝《论中国现代文艺思想史上的梁实秋》，《学习与探索》1989年第3期。

月社主要成员，而新月社的成员都是英美派资产阶级知识分子，与国民党政府保持了一种妥协的关系。再加上他与左翼文学和鲁迅的论战，在非友即敌的阶级论视野中，梁实秋的资产阶级反动文人身份就被确定了。梁实秋的人性论之所以被认定为“资产阶级人性论”，其实质是一种身份决定论，虽然一些研究者也注意到了他的人性论中的儒学色彩，但同样被简单的“封建”、“地主资产阶级”等话语遮盖，没有人真正去分析其人性论的真正内涵。更何况，对孔子的批判也是“文化大革命”的题中之意。

1986 年 8 月出版的《毛泽东著作选读（上下册）》中对梁实秋注释已经修改为：

> 梁实秋，一九〇二年生，新月社主要成员。先后在复旦大学、北京大学等校任教。曾写过一些文艺评论，长时期致力于文学翻译工作和散文的写作。鲁迅对梁实秋的批评，见《三闲集·新月社批评家的任务》、《二心集·“硬译”与“文学的阶级性”》等文。

这一注释看起来只是一个简单的客观的事实描述，但是它却意味着一个宽松的政治文化氛围的诞生。1991 年 6 月，修改后的《毛泽东选集》出版，新版的《毛选》修改幅度是很大的，从原文到注释都作了细致的考证，梁实秋和周作人、张资平、张道藩等人一道都被重新定义，新的注释和《选读》本基本一样，只是加上了梁实秋的生卒年（1903～1987）。在“校订说明”中，编订者说明了注释原则是以介绍梁实秋的经历为主，而唯一可以看出一点政治色彩的描述，就是“晚年写了一些思乡的文章，渴望祖国统一”①。正如徐静波先生的《梁实秋：熟悉的名字，陌生的人》一文的题目所揭示的那样，阶级论话语淡化之后，梁实秋开始以另外一种面貌向大陆读者走来。②

五、儒学意识形态下的台湾“现代孔夫子”

梁实秋是1949年赴台湾，1987年在台湾病逝。这近四十年的台湾是在蒋介石和其子蒋经国统治之下，社会的政治文化与1949年前的大陆保持了相当程度的连续性和同质性。梁实秋在赴台以后，是国民党极为看重的文化重镇，被委以国立编译馆代理馆长之职，这个学术机构在国民党刚刚赴台时是有着重要作用的机构，主要是用来收编一些持中立立场的知识分子。在50年代之后，由于两岸之间紧张的政治关系，知识分子也难免有皮与毛之惶恐，很多人放弃中立，加入国民党，呼应政治上和文化界的反共口号。而梁实秋却是同一代知识分子中难得的真正有自由主义风骨的人，他在晚年曾经这样概括自己在台湾时期的行为：“孔子曰：‘君子或行或藏，或藏或默，我属于默者。’……我从前只知道言论自由的重要，后来才知道不说话的自由更重要。”在梁实秋去世后出版的《秋之颂》一书中，余光中先生总结梁实秋台湾时期行述时提到，梁实秋在接受记者采访时曾说过这样一句话：“我好言论，但是自从

① 中共中央文献研究室编《毛泽东选集1—4卷》注释校订本，中央文献出版社1991年版，第358、359页。

② 徐静波《梁实秋：熟悉的名字，陌生的人》，《书林》1987年第4期。

抗战军兴，无意再作任何讥评。”余光中回忆说：

> 自从一九四九年迁台以来，他果然少作文学批评，更绝不与人论战。所以台湾的一般读者，尤其是年轻的一代，但知有散文家梁实秋、翻译家梁实秋，甚至辞典编者梁实秋，却不知曾有批评家梁实秋。①

赴台湾之后的梁实秋对于台湾的意义在于：他作为一个活的民国文学文本建立起了台湾文学与大陆文学之间的精神传承。随蒋介石赴台湾的文化界人士有傅斯年、胡适之、梁实秋、吴大猷、钱穆、牟宗三、殷海光等人，由于胡适大部分时间在美国，其中真正意义上的文学界人士只能推梁实秋为重镇。而他在大陆时期与文坛的数次正面交锋，无疑使他成为年轻一代学人们心目中对文坛史实的权威言说者。曾担任过《自由中国》杂志文学编辑的聂华苓曾经说过，在台湾由于五四时期的书是禁书，她们对五四时期中国文化界的事情，主要都是向梁实秋请教而得知的。

与在新中国大陆政治文化语境中的情形不同，梁实秋在台湾拥有很高的文坛地位，被视为“文艺界泰斗”、“一代大师”，与鲁迅在新中国大陆文学的地位相近。这其中的原因，自然是文化信仰使然。鲁迅晚年对马克思主义唯物论阶级论的认同，使他在以马克思主义哲学为信仰的新中国大陆成为“第一等的圣人”；梁实秋对儒家文化的坚定信仰，使他在以孔孟之道为信仰的台湾成为“敦厚温柔国之宝”②，人人景仰的“现代孔

① 余光中《金灿灿的秋收》，《秋之颂》，九歌出版社 1988 年版，第 29 页。

② 刘真《实秋先生不朽》，载陈子善编《回忆梁实秋》，吉林文史出版社 1992 年版，第 85 页。

夫子”①。

国民党到台湾后，制定了政治和经济领域的两大基本任务，政治领域的任务就是“在整个意识形态领域竭力抵制共产主义思想”，其用以抵抗共产主义思想的就是基于儒学文化立场的人本主义，也就是大陆正极力抵制的“人性论”思想。其方针就是在1965年的“国军第一届大会宣言”中宣称的：

> 新文艺运动的目的，就是在提高人性的尊严，谋求人类的幸福。这一崇尚真善美的文艺思想，如果用现代的语汇来说，称之为“人本主义”也未尝不可，但我们相信，它比15世纪的“人文主义”更积极，比18世纪的“新人文主义”更进步。因此，新文艺也可称之谓“进步的人文主义”。②

在这样的意识形态下，台湾的现代文学史书写与大陆反其道而行之，梁实秋及其所在的新月社，被描述成为五四之后文坛的主流。其中代表性文本是陈敬之的《“新月”及其重要作家》，他把新月社描述成国民党主流意识形态下的文学，肯定了梁实秋的人性论思想，并认为实质上是梁实秋赢得了与鲁迅的论战。这种描写显然歪曲了事实，虽然梁实秋的人性论思想与台湾时期国民党文艺方针相似，但是新月时期的梁实秋决非为迎合国民党而宣扬其人性主张，如果一定要说他有政党背景，那也是批评国民党的中国青年党和萌芽期的国家社会党。相比较而言，香港的中国现代文学史对梁实秋的评价很高，但是较少政治色彩，以司马长风的《中国新文学史》为代表，他

① 韩菁清《和梁实秋结婚那一天》，《家庭》1992年第11期。
② 尹雪曼主编《中华民国文艺史》，正中书局1976年第2版，第990页。

把梁实秋的《冬夜草儿评论》提高到五四文坛诗国革命最有分量的高度，而且认为在现代散文家中，论幽默和才能首推梁实秋，其次是钱钟书，并在“抗战无关论”的问题上，给梁实秋正名。

1984年5月，梁实秋获得了台湾当局颁发的“国家文艺奖”，这种来自官方的认可，说明他的文学、文化观念与国民党倡导的儒家文化合拍。台湾文艺评论家何怀硕先生在悼念梁实秋的文章中提议：

> 一代大师已逝，我希望政府或社会有力人士，至少先要做三件事：第一是设立梁实秋文学奖；第二是辟划梁实秋纪念馆（或“室”）；第三是由有资格的人编辑梁实秋全集出版。这三件事的意义及对“国家形象”的“益处”，当不必多说了。①

赴台之后的梁实秋在文学主张上仍然延续了自己早年的立场，林清玄先生曾忆及梁实秋对他说过这样一句话：“对于文学，我年轻时代的理想与坚持，到现在都没有什么改变呀！”在70年代发表的《〈论文学〉序》一文中，梁实秋更郑重表明：“从一九二四年到现在，我的观点没有改变。”事实也的确如此。虽然赴台之后的梁实秋已很少有文学批评文字，但在一些杂文、札记、书序中，我们看到他片言只语地论及他的文学主张，其内容其立场仍然与早年一致。

只有了解了民国时期梁实秋的文化立场、政治立场，才可以真正懂得他赴台之后的文化活动。赴台之后，他教书、编字

① 何怀硕《怅望千秋一洒泪》，陈子善编《回忆梁实秋》，吉林文史出版社1992年版，第161页。

典、写散文杂文、翻译著作，却坚决不介入政治，也绝不做任何政论文章。其原因当然是他的文学主张文学创作见容于国民党的文艺方针，但他的政治主张与国民党则不同调，1946 年国家社会党的分裂让他对政党失去信心和兴趣，明哲保身的办法是三缄其口。

蒋介石到台湾之后，反思失败的原因，认为是忽视了对文艺的利用，所以变本加厉地强化对文艺的领导作用。自 1950 年起，就在“中央改造委员会”的政纲中列入了“文艺工作”一项，制定文艺政策，召开各种文艺大会、座谈会，实行文艺与武艺相结合的方针，推行反共文学主张。其专制与独裁比在大陆时期有过之而无不及，梁实秋在《新月》时代所抨击过的思想统一和言论出版不自由等现象都在反共的喧嚣声中重现。面对这样的文坛状况，如果他还有《新月》时代的锐气，早就当仁不让地作文抨击了，但他只是在《文学讲话》这篇文章中轻描淡写地重述了他的“文学是人性的描写”的主张，并泛泛地认为不能以文学为工具。国民党对梁实秋不合时宜的作风也有所警惕，虽然梁实秋以“安分守己”的姿态消极避世，却也被国民党猜忌过。治安人员曾以美国新闻处丢了一台打字机为借口上门翻箱倒柜地搜查，李敖说：

> 国民党当年对梁实秋这番“戏弄”，有两个目的，第一个目的在查他跟民社党、跟罗隆基等的关系；第二个目的在警告他要识相，在台湾，知识分子有头有脸而非国民党如梁实秋者，毕竟不多，现在大家已经沦落到台湾来，对老子们要客气一点！偷打字机事件后，还有一次他被告到蒋介石那儿，幸亏他提出毛泽东在延安抨击他的文艺谈话才得过关。他还告诉我：他译的那本《沉思录》（Medi-

tations)，作者是二世纪的罗马皇帝 Marcus Aurelius，由于中文译名是玛克斯，竟被国民党官方认为是十九世纪的马克思而惹过一点小麻烦。[1]

激进的文化狂人李敖这样评价梁实秋：

> 即以最开明一代的老先生而论，从写《人权与约法》时代的胡适之到写《容忍与自由》时代的胡适之；从《人权论集》时代的梁实秋到《远东英汉字典》时代的梁实秋，我们多少可以看出他们转变的痕迹，弗洛斯特在他那首《预防》(Precution) 里，说他年轻时不敢做一个急进派，因为怕他年老时变成一个保守派，我并非说胡适之与梁实秋已变成保守派，我是说，他们今日的“稳健”比起当年那种生龙活虎意气纵横的气概，是不大相称的！[2]

李敖的这篇文章曾经在当时引起了一场“棒子战”，好多家报纸撰文探讨老一代知识分子应该将什么样的精神之棒传给青年人。但显而易见的是，梁实秋传递给青年人的将不可能是《人权与约法》时代的议政风采。这一点从梁实秋与几个杂志的因缘中可以看出。

首先是《自由中国》杂志。《自由中国》创刊于 1949 年 11 月 20 日，一直到 1960 年 9 月 4 日，创办人雷震及主编傅正等人被捕，杂志也因此被迫停刊。原来筹备于 1949 年初的上海，当时国共内战方酣，雷震、胡适、杭立武、王世杰等人商议想发动一个“自由中国运动”，打出自由主义的旗帜。后来由于国民党败退逃到了台湾，胡适也从上海去了美国，《自由

---

① 窦应泰编著《李敖档案》，九州出版社 2005 年版，第 252 页。

② 窦应泰编著《李敖档案》，九州出版社 2005 年版，第 251 页。

中国》也就拖延到了在台湾创刊。自创刊号起，每一期都在极明显的位置，刊出四条“宗旨”，其中第一条是：“我们要向全国国民宣传自由与民主的真实价值，并且要督促政府（各级的政府），切实改革政治经济，努力建立自由民主的社会”；第二条提到要用种种力量“抵抗共产党铁幕之下剥夺一切自由的极权政治”；第三条是：“援助沦陷区域的同胞，帮助他们早日恢复自由。”最后一条说：“我们的最后目标是要使整个中华民国成为自由的中国”。这四条宣言是胡适拟定的。①

从办刊宗旨和征稿简则中我们不难看出这份杂志鲜明的意识形态色彩，它与国民党当时的反共政策是同仇敌忾的，但它对国民党的态度却也延续了大陆时期《新路》、《再生》、《新月》、《观察》等杂志的批评态度。面对这样一份刊物，梁实秋保持了沉默。他说：

> 我四十多岁以后就避免谈政治，直到现在。以前我的政治观点与胡适先生甚一致，后来雷震办《自由中国》，邀我参加。说胡适之也加入，你也应加入。我说我只愿从旁协助，决不加入。我从编译馆那儿捐给他们很多杂志用纸，那里纸很缺乏。后来胡退出，雷被捕。我没有政党立场，完全是自由主义。②

《文学杂志》创刊于 1956 年 9 月，至 1960 年 8 月停刊。从投稿群体上来看，它可以算是《自由中国》的文学版。这份杂志几乎是对梁实秋文学理念的忠实实践，在国民党要求创作

---

① 曹伯言、季维龙《胡适年谱》，安徽教育出版社 1989 年版，第 709 页。

② 何怀硕《怅望千秋一洒泪》，陈子善编《回忆梁实秋》，吉林文史出版社 1992 年版，第 160 页。

反共文学的背景下，鲜明地打出反对文学政治化的旗帜，主张文学描写人生、人性，与梁实秋在《新月》时代的文艺主张遥相呼应。其停刊原因据李敖说主要因为杂志社缺乏“领导人”。作为主编的夏志清等人原想邀请梁实秋当社长，然而梁实秋避之唯恐不及。他可以为杂志撰文《文学的境界》，指出“大部分文学作品都属于人性的境界，写人的基本情感，写人生中的悲欢离合，发掘人性，感动人心，但其中多多少少或隐或显的总不免要带着一点道德的意味。所谓道德不是风俗习惯或规律教条，而是指内心的一种抉择节制的力量而言”。[①] 这些主张与《文学杂志》的宗旨一脉相承，但他却拒绝成为杂志的旗帜，显示出了在沉默中坚守的生存方式。

而同样创刊于1956年的另一份重要杂志——《文星》，也是梁实秋在台湾发表文章的重要刊物，也正因为《文星》杂志，他与李敖等一批狂飙突进的知识分子多有往来，但在1965年《文星》遭国民党查禁前后，梁实秋明哲保身的姿态让《文星》人大为失望。李敖甚至说：

> 我觉得一代大儒，不可以软弱如此，但梁先生却如此软弱，他太令人失望了！[②]

不过他的沉默，是在公共话语空间中的淡出，在沙龙式的家庭客厅谈话、在课堂教学中，他的理论主张还是以潜移默化的形式影响了不少台湾的文坛大家。曾发表过《不谈人性，何有文学》的作家彭歌，就曾以弟子的身份回忆说：

---

① 梁实秋《文学的境界》，《文学杂志》第1卷第2期，1956年10月。鹭江出版社的《梁实秋文集》所注发表时间不准确。

② 窦应泰编著《李敖档案》，九州出版社2005年版，第253页。

“梁先生杏坛讲学，作育菁莪，直接间接影响了，造就了不知多少人才。中年一代的，象已经去世的《文学杂志》主编夏济安教授，象对白壁德人文主义作了深刻研究的台大前文学院院长侯健，都把梁先生当作老师一样。象台大出身而后受教育于梁先生的余光中，象在海外的梁锡华，象在梁先生指导之下编字典的傅一勤等位，……就以教育而言，梁先生亦无愧乎经师人师。”他还说：“孔子论诗教，以‘温柔敦厚’为正宗。在我心中，梁实秋先生其人其文，可说就是‘温柔敦厚’的化身。”①

其中比较有代表性的是侯健与余光中。侯健是一位坚定的白璧德思想的景从者，余光中是台湾著名诗人。梁实秋去世后，余光中在《文章与前额并高》一文中说：

“……从梁先生温厚的掌中接受时报文学的推荐奖。这一幕颇有象征的意义，因为我这一生的努力，无论是在文坛或学府，要是当初没有这双手的提掖，只怕难有今天。”“他所提示的上承传统旁汲西洋”，“是我日后遵循的综合路线”。②

在台湾60年代的现代文艺运动中，余光中的表现与20年代的梁实秋非常相似。现代文艺运动也涉及了传统与现代、东西文化的问题。当时文坛将向往西方现代文化而背离中国传统的人讽为“浪子”，将服膺中国传统文化而警惕西化的人讽为“孝子”，余光中则自称是“回头的浪子”，他的解释是：

守家的孝子也许勉可承先，但不足以言启后；出走的

①② 陈子善编《回忆梁实秋》，吉林文史出版社1992年版，第130～131页、第118～120页。

> 浪子承的是西方之先，怎么能够启东方之后；真能承先启后的，还是回头的浪子。浪子回头，并不是要躲回家来，而是要把出门闯荡的阅历，带回家来截长补短。①

晚年的梁实秋仍然是一个立足传统儒学而汲取西方文化的学者。1986 年，友人刘真应邀担任教育部人文指导委员会事务，梁实秋给他的贺词中说："人文主义乃西洋名词，与我儒家思想暗合，弟于五十年前即向往之。"所以他一方面赞成"读经"，认为"读经是一件很重要的事。凡属知识分子，无论专研哪一门学问，必须对经书有相当的认识，因为这是中国文化传统之最基本的部分"。② 一方面积极介绍西方与儒学观念相近的文化典籍，他曾翻译了古罗马玛克斯·奥勒留的《沉思录》，在《〈沉思录〉译序》中，他指出：

> 我们中国的民族性，以笃行实践的孔门哲学为其根基，益以佛学的圆通深邃和理学的玄妙超绝，可以说是把宗教与伦理融为一炉。这样的民族性应该使我们容易接受这一部斯托亚派哲学最后一部杰作的启示。译者对于此书夙有偏好，常常觉得这一位古罗马的哲人，虽然和我们隔有十八个世纪之久，但开卷辄觉其音容宛在，栩栩如生。……平生翻译以此书最为吃力，亦以此书为受益最多。③

《沉思录》这本书是梁实秋非常喜欢的，其原因如上所述是这本书与以儒家文化为根基的中国国民性的相通。在《影响我的几本书》、《怒》、《了生死》、《养成好习惯》等多篇文章

---

① 余光中《井然有序》，九歌出版社 1996 年版。

② 梁实秋《岂有文章惊海内——答丘彦明女士问》，《梁实秋文集》第 5 卷，第 543 页。

③ 梁实秋《〈沉思录〉译序》，《梁实秋文集》第 1 卷，第 705 页。

里，他反复提及奥勒留，强调奥勒留对自己的重要影响。

晚年的梁实秋仍然是一个国家主义者，他到美国后申领了长期居留证，但并不愿意加入美国国籍。朋友不理解他的这一举动，他的回答是："入美国籍必须宣誓，忠于美利坚合众国。这一点，我做不到。因为，我爱我的中国。"①

① 梁文茜《怀念父亲梁实秋》，香港《大公报》1987年4月30日。

结　语

80年代中期，现代新儒学的重新崛起对于中国现代文学研究界而言，是“风乍起，吹皱一池春水”。中国的现代文学学科是在反传统文化和西化的精神土壤上生长起来的，再加上现代以来古代文学学科与现代文学学科的分野，使传统文论和传统文学话语逐渐淡出了现代文学研究的视野，现代文学研究几乎成了西方话语的实验田。20世纪末以来的中国，在文化心态上是最无所适从和焦虑不安的，与五四时期的历史情境相似，西方迭起的各种思潮走马灯式地在中国轮番登场，在知识分子们饕餮着西方文论话语的同时，一种本土文化缺失的焦虑感也随之而起。而这种焦虑感很大程度上是被80年代中期以来重新兴起的现代新儒学文化潮催生出来的。无论现代新儒学文化潮对现行的中国文化生态具有建构还是解构的意义，它的最重要的价值是我们无法否认的，那就是它坚持要在世界话语场中发出自己的声音。用经济学语言来说，新儒学运动的最大经济效益就是要把自己的文化专利推向国际市场。

本书之所以采用了现代新儒学文化视野对梁实秋进行研究，是因为注意到了白璧德的人文主义在20世纪初期和20世纪末两次进入中国的特殊场景，并由此而首次分析了中国现代新儒学运动与白璧德的人文主义之间直接的渊源关系，从而使以现代新儒学文化视野观照现代文学现象获得合法性和合理性。而白璧德的人文主义与中国现代文学的真正对话是在梁实秋手里实现的，梁实秋文学话语中的儒学和西学色彩，由此而得到合理诠释。而在这种研究的过程中，梁实秋的文化身份成为一个非常重要的问题，既往人们从不同的理论视角对梁实秋展开的研究，造成了对梁实秋身份体认的混乱，而这种混乱生成的主要原因是人们的研究方式问题。在笔者看来，对20世纪初期的知识分子们的研究，必须要在20世纪初特殊的文化背景中展开，这个文化背景就是，当时的知识分子们面对前所未有的中外古今文化大碰撞，都有一种自觉的承担文化现代化使命的天命感，他们的文化选择决定了他们的文学行动。① 而在20世纪初期的文化场域中，文化现代化主要分成了三种形态，即马克思主义文化派、自由主义西化派、现代新儒学文化派。在对现代新儒学文化派与自由主义西化派的关系、白璧德与杜威的文化差异以及梁实秋与胡适的关系、梁实秋与张君劢等关系的辨析中，笔者发现将梁实秋定位为以胡适为代表的自由主义西化派是不合理的，他的准确身份是现代新儒学文化派。作为一种文化思潮的现代新儒学，正如新儒家贺麟所言，是理学、礼教、诗教的三维合一的开展，借鉴这一观点，笔者提出了“现代新儒学诗教体系”这一研究框架，并对梁实秋进

① 这里之所以使用了“文学行动”一词，主要是注意到成长于五四或经历过五四的知识分子们与现在的知识分子有着诸多不同，他们的文化身份不能仅从其文学话语中认证，因为他们还有着更丰富的表达自我的方式，比如创办同人杂志，比如聚会结社，比如选择什么样的杂志报纸发表自己的主张，比如师承观念等等，这些与文学话语相关的行动，都是构造这些知识分子们文化身份的重要成分。也就是说，对这些知识分子们的文化身份的辨识不能仅从文本中获得，还应密切注意知识分子们的其他学术活动以及人事关系等。

行个案研究，从而完成了对梁实秋身上各种符号的系统阐释。

这种研究视野和研究框架，将有助于梳理出20世纪初期以来，借助西方文论话语重新阐释和发扬儒学思想的学者及其研究成果，从而完成对20世纪中国本土色彩文学话语的寻踪。这一研究将突破一直以来将梁实秋视为“不合时宜”的宿论，充分注意到其文学话语与传统儒学精神的回应，在延续文化传统生命建设有中国特色文学话语的意义上，对梁实秋做出了新的价值判断，认为其以儒家伦理学说为体，以西方古典主义文论为用而打造的文学话语，为西方文论在中国的本土化提供了可供借鉴的样本。本书以现代新儒学文化为理论视野研究梁实秋的文学话语，除了希望能为梁实秋的文学话语进行准确分析定位之外，更重要的是希望能够引起现代文学学科对现代新儒学文化潮的重视和研究，并为中国文论话语的建构提供可供借鉴的话语资源，为突破现代文学学科与古代文学学科之间的壁垒，进行学术对话提供一种尝试。

从这个意义上来说，现代新儒学文化视野的建立，并不是像有些学者担心的那样，是为了颠覆现代文学传统，而是在承认文化具有不以人的意志为转移的“绵延”性的前提下，辨识出儒家文化传统在20世纪的行走脉络，让遗落在我们的视野之外一直作为潜流存在的新儒学文论浮出历史的地表，参与到当下中国文论“失语症”的救治中来，从而缓解人们对现当代文学“无根”的焦虑。冯友兰先生在20世纪40年代对中国的现代文学有过这样的评价：

> 有些人以为所谓新文学应即是所谓欧化的文学，这是不对的。在新文学运动中，有些改革，并不是欧化，而只是近代化或现代化。例如用新式标点，并不是欧化，而只

是近代化或现代化。[1]

这种将目光投向传统，关注文化传统在现代自然演进的姿态并非保守，而是对文化传统的“绵延”性给予了客观的肯定。

中国文论失语症并不是一个耸人听闻的噱词，1995 年，曹顺庆先生提出中国文论最严峻的问题就是“文论失语症”，并引香港中文大学黄维梁先生的话：

> 在当今的世界文论中，完全没有我们中国的声音，20 世纪是文评理论风起云涌的时代，各种主张和主义，争妍斗丽，却没有一种是中国的。……尽管中国的科学家有多人得过诺贝尔奖，中国的作家却无此殊荣，中华的文评家无人争取到国际地位。[2]

这一发现无疑是 20 世纪末的知识分子们检视自己行囊时的切肤之痛。曹顺庆先生因此而致力于在中西对话的当下语境中，“发掘、复苏、激活传统文论话语系统”。从 80 年代中期新儒学文化潮的重新兴起至今，人们对新儒学或新儒家的研究已经收获颇丰，新儒家和他们的学术著作像出土文物一样被甄别研究，新儒家们的文论也渐渐从哲学史学研究中被剥离出来，从而让我们看到了依经立义的儒家文论。但正如笔者在绪论中说到的那样，那些由新儒家们所打造的文论虽然延续了儒家文论的血脉，但它们在产生之后，由于现代的学科壁垒，被奇异地搁置了，没有进入到当时文论对话的现实场景，也就无

① 冯友兰著，刘梦溪主编《中国现代学术经典·冯友兰卷》，河北教育出版社 1996 年版，第 303 页。

② 曹顺庆《“话语转换的继续”与重建中国文论话语》，《文艺争鸣》1998 年第 3 期。

法获得真正的学术生命。在20世纪的中国现代文论和文学语境中，延续了儒家文化精神，打造有生命的儒学色彩文论的是一些文学专业人士，梁实秋就是其中非常重要的一位学者。曹顺庆先生和黄维梁先生等人所体会到的失语之痛，梁实秋在20年代就已经深切体会到了，并有了身体力行的努力和救治。

近几年来，王富仁先生提倡建立“新国学”的《“新国学”论纲》[①] 发表之后，由他领军在汕头大学实施建设中国“新国学”第一个研究基地、出版《新国学研究辑刊》、编辑“新国学研究丛书”等重大举措。他对“新国学”的概念做了这样的界定：新国学就是适应当代中国学术发展的需要提出的，是包括中国古代学术和中国现当代学术在内的中国学术的总称。它视中国文化为一个结构整体，中国古代文化与中国现当代文化都是我们必不可少的文化资源。它们之间不应该是相互排斥的，而应当是相互激发、相互促进的。这要求我们每一个研究者都要有中国文化的整体观念，并在这样一个整体观念的基础上意识自己门类研究工作的作用和意义。这一将古代学术与现当代学术勾连的努力，将现当代中国文化与传统文化看做是可以相互激发和相互促进的观点，与他在1996年对现代新儒学的高度戒备姿态已经有了质的不同。而事实上，他对“新国学”的界定与20世纪初期现代新儒学文化思潮中的知识分子们的理想构思有很多相似之处。

需要指出的是，梁实秋的文学话语虽然属于现代新儒学文化思潮，但并没有达到一种非常成熟的新儒学文论体系状态，原因在于他虽然对西方的古典主义文论非常熟悉，但对他所倾

---

① 王富仁《“新国学”论纲》(上)，《社会科学战线》2005年第1期。

慕的儒家伦理学说并没有形成非常系统认识，李长之在30年代就曾指出梁实秋的文学批评虽然比较纯正，但缺乏哲学体系的参照，这使他的文论话语无法形成体系。梁实秋对此也并不讳言，坦承自己："确是缺乏哲学系统"[①]。40年代，梁实秋在"抗战无关论"中沉默地放弃了文学批评转而从事散文创作，他在晚年对这一行为的解释是：

> 我热衷过一阵文学批评，但是不久我就发现，没有文学便无所谓批评，而批评亦需有理论基础，我在这方面尚未下过多少功夫。[②]

梁实秋对自己在传统文化方面的缺失一直引以为憾，他在30岁以后开始恶补，读《十三经》、《资治通鉴》、《老子》、《庄子》，并在传统儒家文人中寻到了一个人品和文品的典范，那就是有大儒之称的杜甫。与梁实秋相交至深的李长之在《中国文化传统之认识：儒家之根本精神》一文中曾指出：

> 中国在诗人中，推崇杜甫。试细观杜甫的全集，他不是没有豪气的；其生命力的丰富，也未尝不升天入地，然而他完全把它锻炼了，而纳之于规矩方圆之中。所以我们读起来，并不觉得飞扬跋扈，却是深入于生活之中，力透乎纸背之外，酣畅淋漓，沉厚雄健！中国人之喜欢杜甫，即是和崇拜孔子同一理由：那里是一个收敛了的孟子，这里是一个就了范的李白！[③]

冯友兰则曾经说过："读杜甫和李白的诗，可以从中看出

---

① 梁实秋《〈论文学〉序》，《梁实秋文集》第7卷，第736页。

② 余光中编《秋之颂》，第444页。

③ 李长之《迎中国的文艺复兴》，《民国丛书》第四编，第39卷，上海书店1989年版，第65页。

儒家和道家的不同。”① 杜甫作为诗人中的一代大儒，也是梁漱溟、冯友兰等新儒家们所推崇的重要诗人。梁实秋在中年以后就跟随着杜甫的指引来读古代作品，他说：“他告诫儿子‘熟精文选理’，所以我就追溯研读文选，他称赞李白‘清新庾开府，俊逸鲍参军’，所以我就研读庾信鲍照。”② 他一生收藏了六十多个版本的杜诗，并对全部杜诗做过详细的圈点。这种品读应当是一种文化人格认同式的追随。

① 冯友兰《三松堂全集　第六卷》，河南人民出版社 1989 年，第 20 页。
② 余光中编《秋之颂》，第 440 页。

参考文献

著作类

1. ［美］欧文·白璧德著，孙宜学译《法国现代批评大师》，广西师范大学出版社 2002 年版。

2. ［美］欧文·白璧德著，孙宜学译《卢梭与浪漫主义》，河北教育出版社 2003 年版。

3. ［美］欧文·白璧德著，张沛、张源译《文学与美国的大学》，北京大学出版社 2004 年版。

4. 李毅《中国马克思主义与现代新儒学》，辽宁大学出版社 1994 年版。

5. 郑家栋《断裂中的传统》，中国社会科学出版社 2001 年版。

6. 郑家栋《现代新儒学概论》，广西人民出版社 1990 年版。

7. 蒙培元《理学的演变》，福建人民出版社 1998 年版。

8. 宋仲福等《儒学在现代中国》，中州古籍出版社 1991 年版。

9. 李凯《儒家元典与中国诗学》，中国社会科学出版社

2002 年版。

10. 黄克剑、林少敏主编《当代新儒学八大家集·牟宗三集》，群言出版社 1993 年版。

11. 黄克剑、钟小霖编《当代新儒家八大家集·唐君毅集》，群言出版社 1993 年版。

12. 张毅《儒家文艺美学》，南开大学出版社 2004 年版。

13. 许总《宋明理学与中国文学》，百花洲文艺出版社 1999 年版。

14. 龙佳解《中国人文主义新论》，湖南大学出版社 2001 年版。

15. 林毓生《中国意识的危机》，贵州人民出版社 1988 年版。

16. 李继凯等编《解析吴宓》，社会科学文献出版社 2001 年版。

17. 段怀清《白璧德与中国文化》，首都师范大学出版社 2006 年版。

18. 陈少明等著《近代中国思想史略论》，广东人民出版社 1999 年版。

19. 欧阳哲生《新文化的传统》，广东人民出版社 2004 年版。

20. 张君劢、丁文江等《科学与人生观》，山东人民出版社 1997 年版。

21. 李瑜青《人本思潮与中国文化》，东方出版社 1998 年版。

22. 罗荣渠主编《从“西化”到现代化——五四以来有关中国的文化趋向和发展道路论争文选》，北京大学出版社 1990

年版。

23. 柴文华《现代新儒家文化观研究》，生活·读书·新知三联书店2004年版。

24. 侯敏《有根的诗学——现代新儒家文化诗学研究》，上海人民出版社2003年版。

25. 方克立《现代新儒家与中国现代化》，天津人民出版社1997年版。

26. 方克立、李锦全主编《现代新儒家学案》，中国社会科学出版社1995年版。

27. 张昭军《传统的张力：儒学思想与近代文化变革》，吉林人民出版社2004年版。

28. 冯友兰著，涂又光译《中国哲学简史》，北京大学出版社1985年版。

29. 冯友兰《三松堂学术文集》，北京大学出版社1984年版。

30. 冯友兰《贞元六书》，华东师范大学出版社1996年版。

31. 姜国柱、朱葵菊著《中国人性论史》，河南人民出版社1997年版。

32. 郭晋稀《文心雕龙注译》，甘肃人民出版社1982年版。

33. （汉）郑玄注，（唐）孔颖达等正义《礼记正义》，《十三经注疏》之六，上海古籍出版社1990年版。

34. （魏）王弼、（魏）康伯注，（唐）孔颖达等正义《周易正义》，《十三经注疏》之一，上海古籍出版社1990年版。

35. 章太炎《文学略说》，《国学讲演录》，华东师范大学出版社1995年版。

36. 钱穆《中国文学论丛》，生活·读书·新知三联书店

2002 年版。

37.《民国丛书》第 4 编第 39 卷，上海书店 1992 年版。

38. 方松华《20 世纪中国哲学与文化》，学林出版社 1997 年版。

39. 朱光潜《朱光潜全集》第 1 卷，安徽教育出版社 1993 年版。

40. 周扬《周扬文集》第 1 卷，人民文学出版社 1984 年版。

41. 高瑞全编《理性与人道——周作人文选》，上海远东出版社 1994 年版。

42. [英] 阿伦·布洛克著，董乐山译《西方人文主义传统》，生活·读书·新知三联书店 1997 年版。

43. 美国《人文》杂志社编《人文主义：全盘反思》，生活·读书·新知三联书店 2003 年版。

44. 郑春《留学背景与中国现代文学》，山东教育出版社 2002 年版。

45. 朱德发《五四文学新论》，山东文艺出版社 1995 年版。

46. 温儒敏《中国现代文学批评史》，北京大学出版社 2000 年版。

47. [美] 韦勒克著，丁泓、余徵译《批评的诸种概念》，四川文艺出版社 1988 年版。

48. [法] 阿尔贝·蒂博代著，赵坚译《六说文学批评》，生活·读书·新知三联书店 1989 年版。

49. [斯洛伐克] 玛利安·高利克著，陈圣生等译《中国现代文学批评发生史（1917－1930）》，社会科学文献出版社

2000 年版。

50. 刘锋杰《中国现代六大批评家》，安徽文艺出版社 1999 年版。

51. [法] 皮埃尔·布尔迪厄著，刘晖译《艺术的法则——文学场的生成和结构》，中央编译出版社 2001 年版。

52. [法] 皮埃尔·布尔迪厄著，李猛、李康译《实践与反思——反思社会学导引》，中央编译出版社 2004 年版。

53. [美] 马泰·卡林内斯库著，顾爱彬、李瑞华译《现代性的五副面孔》，商务印书馆 2002 年版。

54. [英] 拉曼·塞尔登编，刘象愚、陈永国等译《文学批评理论——从柏拉图到现在》，北京大学出版社 2003 年版。

55. 许纪霖主编《公共性与公共知识分子》，江苏人民出版社 2003 年版。

56. 刘军宁《保守主义》，中国社会科学出版社 1998 年版。

57. [法] 丹纳著，傅雷译《艺术哲学》，天津社会科学出版社 2004 年版。

58.《人是马克思主义的出发点——人性、人道主义问题论集》，人民出版社 1981 年版。

59. 姚文元《论文学上的修正主义思潮》，新文艺出版社 1958 年版。

60. 周荣德《中国社会的阶层与流动——一个社区中士绅身份的研究》，学林出版社 2000 年版。

61. 周晓明《多源与多元——从中国留学族到新月派》，华中师范大学出版社 2001 年版。

62. 朱寿桐《新月派的绅士风情》，江苏文艺出版社 1995 年版。

63. 章清《“胡适派学人群”与现代中国自由主义》，上海古籍出版社 2004 年版。

64. 谢泳《逝去的年代——中国自由知识分子的命运》，文化艺术出版社 1999 年版。

65. 陈方竞《多重对话：中国新文学的发生》，人民文学出版社 2003 年版。

66. 沈卫威《吴宓与〈学衡〉》，河南大学出版社 2000 年版。

67. 沈卫威《回眸“学衡派”》，人民文学出版社 1999 年版。

68. 山东师范学院聊城分院中文系图书馆编《鲁迅作品教学手册（供教学参考）》，1976 年版。

69. 许锋《鲁迅作品教学释疑》，黑龙江人民出版社 1988 年版。

70. 许钦文《语文课中鲁迅作品的教学》，上海教育出版社 1961 年版。

71. 中共中央文献研究室编《毛泽东选集 1－4 卷注释校订本》，中央文献出版社 1991 年版。

72. 中共中央文献研究室编《毛泽东文集》第 2 卷，人民出版社 1993 年版。

73. 北京师范学院中文系中国现代文学教研室主编《文学运动史料选》（一、二、三、四卷），上海教育出版社 1979 年版。

74. 清华大学校史研究室编《清华大学史料选稿第一卷——清华学校时期（1911－1928）》，清华大学出版社 1991 年版。

75. 苏云峰《从清华学堂到清华大学》，生活·读书·新知三联书店 2001 年版。

76. 余光中编《秋之颂》，九歌出版社 1988 年版。

77. 陈子善编《回忆梁实秋》，吉林文史出版社 1992 年版。

78. 冯光廉主编《中国近百年文学体式流变史》，人民文学出版社 1999 年版。

79.《闻一多全集》第 12 卷，湖北人民出版社 1993 年版。

80. 茅家琦主编《台湾三十年（1949—1979）》，河南人民出版社 1988 年版。

81. 宋春、于文藻主编《中国国民党台湾四十年（1949—1989）》，吉林文史出版社 1990 年版。

82. 张明高、范桥主编《林语堂文选》上、下册，中国广播电视出版社 1990 年版。

83. 罗岗、陈春艳编《梅光迪文录》，辽宁教育出版社 2001 年版。

84. 张梦阳《中国鲁迅学通史》，广东教育出版社 2001 年版。

85.《鲁迅全集》，人民文学出版社 1981 年版。

86.《鲁迅书信集》上、下卷，人民文学出版社 1976 年版。

87. 李何林主编《鲁迅年谱》，人民文学出版社 1981 年版。

88. 瞿秋白编《鲁迅杂感选集》，上海文艺出版社 1980 年版。

89. 耿云志、李国彤编《胡适传记作品全编》，东方出版中心 1999 年版。

90. 中国社会科学院近代史研究所中华民国史组编《胡适来往书信选》，中华书局 1979 年版。

91. 夏晓虹《追忆梁启超》，中国广播电视出版社 1997

年版。

92. 赵家璧主编《中国新文学大系·第一集》，上海良友图书公司，1935年版。

93. 孟广涵主编《国民参政会纪实》上、下卷，重庆出版社1985年版。

94. 重庆市政协文史资料研究委员会、中共重庆市委党校等编《国民参政纪实续编》，重庆出版社1987年版。

95. 朱建华、宋春编《中国政党史》，黑龙江人民出版社1991年版。

96. 马俊山《走出现代文学的“神话”》，中国社会科学出版社2002年版。

97. 李泽厚《中国近代思想史论》，安徽文艺出版社1994年版。

98. [美] 艾恺《世界范围内的反现代化思潮——论文化守成主义》，贵州人民出版社1991年版。

99. 柴文华《中国哲学的现代化研究》，黑龙江教育出版社2002年版。

100. 黄霖等《中国古代文学理念体系——原人论》，复旦大学出版社2000年版。

101. 张利民《文化选择的冲突——“五四”时期东西文化论战中的思想家》，中国人民大学出版社1990年版。

期刊类

《清华周刊》　《晨报副刊》　《学衡》　《时事新报》《醒狮周报》　《新路》　《新月》　《文化批判》　《再生》

《独立评论》 《自由评论》 《益世报·文学副刊》 《东方杂志》 《观察》

论文类

1. 王润华《中国现代文学“现代性”中的儒家人文传统》，香港《二十一世纪》1998年第6期。

2. 罗成琰、阎真《儒家文化与二十世纪中国文学》，《文学评论》2000年第1期。

3. 钟仕伦《儒家社会人性论与文学本质观》，《高等学校文科学报文摘》1997年第1期。

4. [美] 窦宗仪著，王宏维译《马克思主义和儒家人性论及其实践》，《哲学译丛》1981年第2期。

5. 罗钢《梁实秋与新人文主义》，《文学评论》1988年第2期。

6. 方克立《关于现代新儒家研究的几个问题》，《天津社会科学》1988年第4期。

7. 王乾坤《从“中间物”说到新儒家》，《鲁迅研究月刊》1995年11期。

8. 张永泉《鲁迅与儒学的现代转化》，《鲁迅研究月刊》1996年第10期。

9. 严家炎《五四新文化运动与传统文化》，《鲁迅研究月刊》1995年第9期。

10. 王富仁《当代中国现代文学研究的若干问题》，《中国现代文学研究丛刊》1996年第2期。

11. 王富仁《中国鲁迅研究的历史与现状》十一，《鲁迅研究月刊》1994年12月。

12. 张永泉《回应新儒学的挑战》,《中国现代文学研究丛刊》1997年第1期。

13. 赵学勇、刘铁群《鲁迅研究中的儒学阴影——对于〈中国鲁迅研究的历史与现状〉的一种解读》,《鲁迅研究月刊》1997年第12期。

14. 邓晓芒《继承五四,超越五四——新批判主义宣言》,《科学·经济·社会》1999年第4期。

15. 黄健《价值重构:取向与差异——论鲁迅与新儒家在现代价值观建构上的本质区别》,《鲁迅研究月刊》2001年第6期。

16. 李新宇《面对世纪末文化思潮对鲁迅的挑战——兼及五四新文化运动的现实合法性问题》,《鲁迅研究月刊》2000年第11、12期,2001年第1期。

17. 曹顺庆《"话语转换的继续"与重建中国文论话语》,《文艺争鸣》1998年第3期。

18. 张法《中华性:中国现代性历程的文化解释》,《天津社会科学》2002年第4期。

19. 李维武《全球化与现代新儒家的文化保守主义》,《学术月刊》2001年第9期。

20. 石义斌《儒学传统的转化性创造——李泽厚新儒学思想述要》,《学术论坛》2000年第4期。

21. 庞朴《文化传统与传统文化》,《科学中国人》2003年第4期。

22. 黄曼君《专题研讨:中国现代文学传统中国现代文学何以形成新型传统》,《福建论坛》2001年第4期。

23. 张光芒《道德形而上主义与百年中国文学》,《当代作家评论》2002 年第 3 期。

24. 旷新年《学衡派与新人文主义》,《北京大学学报》1994 年第 6 期。

25. 王集丛《梁实秋论》,《现代》第 6 卷第 2 期。

26. 吴宓《浪漫的与古典的》(书评),天津《大公报》1927 年 9 月 17 日至 19 日。

27. 陆定一、周扬《题材问题》,《文艺报》1961 年第 3 期。

28. 北京大学中文系红旗文艺评论小组《大破人性论,大立阶级论》,《中国青年》1960 年第 11 期。

29. 以群《重谈梁实秋的"人性论"》,《文艺月报》1958 年第 3 期。

30. 巴人《论人情》,《新港》1957 年 1 月。

31. Chinese Communists Discover Hope In Forgotten American Conservative, Investor's Business Daily, July 25, 2000, By Brian Mitchell.

32. 郭齐勇《试论文化保守主义思潮》,《学习与探索》1990 年第 1 期。

33. 郑大华《中国近现代文化保守主义思潮论析》,《天津社会科学》1990 年第 1 期。

34. 杨春时、宋剑华《论 20 世纪中国文学的近代性》,《学术月刊》1996 年第 12 期。

35. 王富仁《"新国学"论纲》,《社会科学战线》2005 年第 1 期。

梁实秋简谱

1903 年

1月6日（清光绪二十八年十二月初八），诞生于北京东城内务部街（当时叫勾栏胡同）20号一个小康之家，排行第四，名治华，字实秋。原籍浙江钱塘，后落籍北京。梁家一贯禀承忠厚谨严的古朴家风。父亲梁咸熙，前清秀才，曾入北京同文馆学习英文，毕业后在京师警察厅任职。梁父一生揽传统文化与现代文明于一身，除精于金石、小学之外，还衷心佩服西方文明，眼界开阔先进，对梁实秋影响很大。母亲沈舜英，杭州人，知书识礼，力主中馈之余，教导子女识字描红。

1907 年

在街口"五福门"学堂读书，学堂一派古风。停办后，在家里与大哥一起受教于家塾先生——拔贡贾文斌，所用的是新编的国文教科书。

1910 年

进大鹁鸽市的陶氏学堂。这是一个私立的贵族学堂，也是一个新式的洋学堂，是清朝政府里的一位显要——陶端方为陶氏子弟开设的。

1911 年

辛亥革命刚开始，梁父率全家男子理发，从此永远告别长辫，家庭生活方式及观念上全面维新。

1912 年

夏，入新鲜胡同公立第三小学读高小一年级，这是一个真正的新式学校。有幸遇到“真正的启蒙业师”周士棻先生，周先生以身行范，一派君子儒士风范，是梁实秋心目中的完人，他的字体即是师从周先生笔法。

1915 年

高小毕业，京师学务局要求全市的应届小学毕业生举行会考，获得第一名，出众的才华坚定了父亲努力培养他的决心。

夏，入籍北京大兴县署。

秋，参加清华学校考试，复试口试由直隶省长朱家宝亲自主持，最终顺利录取，入中等科一年级，也称癸亥级。校长是周诒春。校风严谨，中西文化激荡，对梁实秋的文化品格产生了重要影响。

1916 年

夏，入中等科二年级，与同学吴卓、张嘉铸等组织练习书法的“戏墨社”。

10 月，清华孔教会成立，这是全国第一个由在校学生组织的“孔教会”，吴宓和学衡派的另一个重要成员汤用彤都是发起人之一。孔教会的首任会长是陈烈勋，后来成为吴宓的妻兄，梁实秋与他关系亲密多有往来。

1919 年

五四运动发生，读中等科四年级，跟同学一起进行街头宣传和罢课活动，对学生们偏激行为不满，但对风行的各种新思想极感兴趣。

秋，中等科毕业，《癸亥级刊》是清华癸亥级学生 1919 年中等科课业结束时的纪念刊，总编辑是吴景超，其中收入梁实秋的文章很多，表现出积极活跃的文字风格。升入高等科一年级。

1920 年

加入清华孔教会，且是孔教会的评议员之一，还是孔教会下设的“乡村教育研究所”所长。

清华孔教会的会刊《国潮周报》创刊，梁实秋任编辑。当清华学校中反对孔教会的学生王造时发表文章责难孔教会时，梁实秋与《国潮周报》的总编辑聂鸿达当即作了一篇《驳王君造时孔教问题》予以反驳。

本年，受教于对他后来的散文风格影响很大的老师——徐镜澄。徐镜澄是一个笃信儒学的学者，也是推动清华学生组织孔教会成立的主要教员之一。

1921 年

3 月，借用孔教会的洁心室，与同学顾毓琇等组织“小说研究社”，编译了《短篇小说作法》。

5 月，发表白话诗《荷花池畔》，开始从事新诗创作。

秋，开始与程季淑恋爱。程季淑系安徽人，1901 年生，北京女高师毕业，当时在女子职业学校任教。

11 月，清华文学社成立，梁实秋和闻一多、朱湘、孙大雨等为发起人。闻一多任书记，梁实秋任干事，两人之间因艺趣相投而成为最亲密的朋友。

本年，曾邀请梁启超、周作人和徐志摩到清华讲演，受梁启超演讲的影响而爱上中国文学。登门邀请周作人时，曾错将鲁迅认为周作人，这是一对文坛宿敌此生仅有的一面之缘。

1922 年

5 月，在《晨报副刊》上发表《读"诗底进化的还原论"》，与俞平伯论辩有关诗歌善与美、平民化与贵族化的问题，坚持认为诗是艺术的，是贵族的。

6 月，在《晨报副刊》上发表《读仲密先生的"丑的字句"》，反对将丑（原文"醜"）的字句入诗，愿意提倡"静的美的东方文化"，并希望发展创新"旧诗的格律"。周作人指出他有学衡派的嫌疑。

8 月，作《〈草儿〉评论》，闻一多作《〈冬夜〉评论》。梁实秋提出诗应当讲求"图画化"、"音乐美"和"形式的美"，为新格律诗理论研究开了先河。两人诗论贬胡适而盛赞郭沫若，二人与创造社的交往自此开始。

8 月，湖畔诗人汪静之《蕙的风》出版，东南大学学生胡梦华斥之为不道德，梁实秋、闻一多也认为这是诲淫之作。

8 月，梁实秋和吴景超筹办了一个文艺月刊《红荷》，闻一多在美国遥示他们应当"径直要领袖一种之文学潮流或派别"，明确表达出要在文坛另辟路径的意愿。

9月，闻一多致梁实秋信："批评之态度宜和平。实秋讲话太多锋芒，宜稍隐藏，不可逞一时之痛快以自失身份也。"

秋，担任《清华周刊》编辑和《文艺增刊》主编，除了谈诗论文，还积极关注校务，其文化立场有鲜明的东方倾向，不仅提倡清华学子做"东方的人"，还呼吁中国多出甘地，捍卫"国粹"。

11月，在梁实秋与闻一多的《冬夜草儿评论》列为"清华文学社丛书"第一种结集出版之后，胡梦华发表文章大加褒扬，与此论调相反，北京胡适主办的《努力周报》和上海郑振铎主编的《时事新报》附刊《文学旬刊》则都有抨击的文章。梁实秋与胡梦华遂由此成为文友。

本年，意识到自己的诗歌主张与胡适主导的诗坛规则不合，在与闻一多的诗歌唱和中，屡次有放弃诗歌创作的"豹隐"想法。

帮助闻一多完成了《红烛》的出版事宜，自己这一时期的诗作结集为《荷花池畔》，却放弃出版。

1923 年

2月，代表《清华周刊》同人邀请胡适和梁启超分别为即将去国的学生们开列"国学入门要目"，梁启超的书目不外乎经典的经史子集，而胡适的书目则与他的白话文主张一致，列入了《七侠五义》、《九命奇冤》这样的通俗话本。

春，确定了赴美学习"文学与语言"专业。

4月，去学衡派阵地东南大学拜访胡梦华，并有机会听了吴宓讲授的《欧洲文学史》，回到清华学校之后，梁实秋写了《南游杂感》一文，对东南大学的稳健的学风和教授们的博学大加赞扬，尤其钦佩吴宓的学识风范，主张清华学校应该延请这样的教授为学生讲课。吴宓认为清华学校此后于1924年底聘吴宓去清华任教即是与此文的影响有关。

6月，清华学校举行毕业典礼，梁实秋和几个同学一起编演了新戏《张约翰》，顾一樵编剧，梁实秋饰演其中女角。

7月，在《晨报副刊》上发表《“新某生体”与“新公名”》一文，引起一场“某生体”论辩。

7月，在《创造周报》发表《〈繁星〉与〈春水〉》一文，批评冰心的小诗里缺乏热情“冰冷到零度以下”，小诗体裁“终归不能登大雅之堂”。

8月，赴美留学。在上海候船时，曾与郭沫若、郁达夫和成仿吾会晤，郭沫若邀梁实秋参加创造社。

赴美途中与同舟的许地山、冰心、顾一樵等人办壁报《海啸》。

9月，进美国珂泉科罗拉多大学攻读英美文学。

10月，闻一多接到梁实秋寄去的珂泉照片，断然放弃芝加哥美术学院的学业，来到科罗拉多大学艺术系就读，两人继续切磋诗艺。由于闻一多不肯按学校规定补修课程，最终没有获得大学毕业证书。

10月，在《晨报副刊》上发表《“灰色的书目”》一文。针对吴稚晖批评“国学”书目为“灰色的书目”、线装书应该“丢在茅厕里三十年”的说法，梁实秋旗鼓相当地反驳说：“以为国学便是古董遂‘相约不看中国书’的思想，却也与狗屁相差不多！”

1924 年

3 月，科罗拉多大学校刊上发表了一首题为《Sphinx》的诗，说中国人的面孔像狮身人面怪兽。梁实秋作诗《一个华人的答复》，予以回击。

夏，从科大毕业。这一年的留学生活让他和闻一多深深体会到了受外族歧视的滋味，激发了两人热烈的爱国情感。闻一多的《洗衣歌》等爱国诗歌就成于这一时期。

9 月，在芝加哥与同学罗隆基、闻一多、潘光旦、王化成和吴文藻等组织“大江会”，提倡文化的国家主义。

秋，入哈佛大学研究院攻读硕士学位。选修白璧德的《十六世纪以后之文艺批评》后，受其人文主义思想影响很大，发现其思想与中国儒家思想暗合。

本年，哈佛和麻省理工的留学生，以及威尔斯莱女子学院的留学生组织了谈诗论文的“湖社”。梁实秋与冰心的友谊在此形成。

1925 年

1 月，熊佛西、闻一多、赵太侔、余上沅、梁实秋、瞿菊农、林徽音、梁思成、张嘉铸、顾一樵等在美国纽约组织成立中华戏剧改进社，其文化立场是“中华文化的国家主义”（闻一多语）。余上沅致信胡适，拟邀请国内有志于戏剧的新月社一同开展国剧运动，闻一多、梁实秋等人与新月社的关系在此埋下伏笔。

3 月，为传播中国文化，顾一樵改编了古典戏剧《琵琶记》，梁实秋进行英文翻译，并粉墨登场演出《琵琶记》。

7月，《大江季刊》由上海泰东图书局出版，梁实秋任主编。刊物立场是“谋中国文化之保存及发扬，同时且反抗一切以西方文化代替东方文化之运动”。

8月，闻一多参加北京新月社茶话会，与新月社正式建立关系。

秋，转入哥伦比亚大学英语研究所进修一年。

12月，闻一多作为大江会代表与国内的醒狮社等团体联合，成立了北京国家主义团体联合会。并致信梁实秋，希望他与其他同志赶快回国开展国家主义事业。

本年，东美（即美国东部一些大学——笔者注）中国留学生年会以“今日中国应采取国家主义教育方针”为题组织辩论，结果以梁实秋、浦薛凤、沈宗濂组成的哈佛大学队战胜了哥伦比亚大学队。

1926 年

2月，写成《现代中国文学之浪漫的趋势》一文，发表于同年3月《晨报副刊》，对新文学运动“全部推翻中国文学的正统”，“全部的承受外国的影响”非常反感，称之为“浪漫的混乱”。梁实秋在晚年明确指出这是一篇标明“我的立场”的文章。闻一多对这篇批评有这样的评价：“实秋之作，震聋启聩，洵新文学诞生以来第一篇批评也。”

3月，发表在《晨报副刊》上的《〈长城之神〉前序》，更是旗帜鲜明地表明“我是一个守旧者”。

6月，徐志摩、余上沅等筹办的《晨报·剧刊》创刊，这是中华戏剧改进社成员与北京新月社成员的正式合流。梁实秋是其中主要撰稿人之一。

7月，自美回国。持梅光迪书信到南京东南大学拜访胡先骕，接到该校任教的聘书。

8月底，与余上沅一道南下到东南大学任教。讲授《英国文学史》。

10月，在《晨报副刊》上发表《文学批评辩》一文，提倡以普遍的人性作为文学批评的标准。

1927年

2月，与程季淑结婚。婚后不久，即携眷南下东南大学，后因避战乱又出走上海。

5月起，经友人张禹九推荐，主编梁启超所代表的研究系舆论阵地《时事新报》副刊《青光》，以“秋郎”等笔名在《时事新报》副刊《青光》发表一百多篇小品文，后来选了46篇辑为一册，题为《骂人的艺术》，由新月书店出版。同期还编辑《苦茶》杂志。

春，胡适、徐志摩、闻一多、潘光旦等在上海开设新月书店，胡适任董事长，余上沅任经理，梁实秋任编辑或轮流主编。

6月，以徐丹甫的笔名在《时事新报·学灯》上发表《北京文艺界之分门别户》，遭到鲁迅的批评（但鲁迅并不知对方真实姓名）。

8月，批评文集《浪漫的与古典的》由新月书店出版。吴宓作了《浪漫的与古典的》（书评），高度评价说：“议论精湛，材料充实，为现今中国文学批评界仅见之作。”

秋，任暨南大学教授，主讲文艺批评与英美文学，并先后在复旦大学、中国公学、光华大学、劳动大学兼课。

10月，在《复旦周刊》上重刊《卢梭论女子教育》一文。

1928年

1月，鲁迅注意到《卢梭论女子教育》一文的传统与贵族趣味，以《卢梭与胃口》、《文学与出汗》进行反驳。这是鲁迅第一次明确、主动地以梁实秋为批评对象所作的文章。自此鲁梁论战展开，双方往还文字各有三十余篇，成为现代文坛经典学案。

1月至3月，与郁达夫之间就卢梭问题互相批驳，最终发展成有关文人品行问题的论争。

2月，后来被称为现代新儒家的张君劢，与中国青年党领袖李璜一起创办秘密刊物《新路》，主要撰稿人有梁实秋、罗隆基、张君劢、李璜、瞿菊农等。倡导国家主义、民主政治和本国文化，反对共产主义理论和国民党的一党专政。

3月，《文学的纪律》由新月书店出版。

3月10日，《新月》月刊创刊，至1933年6月停刊，共出四卷四十三期。编务轮流执行，先后担任过编辑的有徐志摩、闻一多、饶孟侃、叶公超、潘光旦、胡适、余上沅、罗隆基、邵洵美等。梁实秋参与编辑了八期，主编的也有八期。

在《新月》创刊号上，新月同人发表《文学的纪律》一文，提倡“稳健的合乎理性的学说”批评文坛不健康的文学倾向，引起左翼文坛的反感。

4月，李初梨的《请看我们中国的 Don Quixote 的乱舞》一文中，他把鲁迅描写成“一方面积极地抹杀并拒抗普罗列塔利亚特的意识争斗，他方面，消极地，固执着构成有产者社会之一部分的上部构造的现状维持，为布尔乔亚汜（即资产阶级

——笔者注）当了一条忠实的看家狗”！而且，“鲁迅，对于布尔乔亚汜是一个最良的代言人”。

6月，在《新月》上发表《文学与革命》一文，非议革命文学，后来引起鲁迅和左翼作家的批评。

7月，李璜向张君劢提议，将张君劢影响下的一部分知识分子（主要是研究系的人脉）与中国青年党（在醒狮社基础上成立）合在一起，由梁启超先生做党魁，组织一个新党。这件事因梁启超以不谈政治和身体老迈为由辞谢而未果。

8月，冯乃超在《评驳梁实秋的〈文学与革命〉》一文中送给梁实秋一个“资本家的走狗”的称号。

本年，梁实秋与吴宓在北京晤面，有感于国内文学界对白璧德思想的隔膜和误读，梁实秋委托吴宓将《学衡》上发表过的有关白璧德的文字集结成书，由新月书店发行，让国人对白璧德的思想有一个全面正确的了解，书名是《白璧德与人文主义》。

1929 年

春，新月书店和《新月》撰稿人中喜欢议政的知识分子创立了平社，以聚餐会的形式，由不同专业的人作各种专题讨论。主要成员有胡适、罗隆基、梁实秋、潘光旦、叶公超、丁西林、张嘉森（张君劢）和后来归国的王造时等。

6月，在《新月》上发表《论思想统一》，抨击国民党实行思想文化专制主义。

7月，在《新月》发表了翻译文章《资产与法律》，文后附有梁实秋的一段短言：“如今时髦的是共产的理论，动听的是什么普罗列塔利亚的文明，我译的这篇文章也许触犯许多人的忌讳吧？然而我译出来了。”

9月，在《新月》上发表《文学是有阶级性的吗？》和《论鲁迅先生的硬译》等文，否认文学的阶级性，责难鲁迅的翻译。梁实秋认为这是两人纠葛的正式开始。翌年鲁迅作《“硬译”与“文学的阶级性”》（载《萌芽》月刊3卷1期），对梁实秋作了批驳。

11月，在《新月》上发表《答鲁迅先生》、《资本家的走狗》和《无产阶级文学》等文。《答鲁迅先生》一文中他说：“鲁迅先生是不是以为文学是有阶级性的？如其是的，鲁迅先生自己究竟是站在哪一边，还是蝙蝠式的两边都站？”

年底，编辑出版吴宓等人的译著《白璧德与人文主义》一书，并作长序，由新月书店出版。

本年，加入中国青年党，与罗隆基、张君劢等人一起为中国青年党的训练学校——“知行学院”免费授课。

1930年

1月，在《新月》上发表《鲁迅与牛》一文。

夏，应杨振声邀请，与闻一多一起参观国立青岛大学，被聘为外文系主任兼图书馆馆长，闻一多为中文系主任。

本年，与胡适、罗隆基合著《人权论集》出版，遭到国民党政府的查禁。

1931年

6月，胡适主持的中华教育文化基金委员会董事会开会，决定由闻一多、梁实秋、陈西滢、叶公超、徐志摩五人为《莎士比亚全集》翻译委员会委员。这项工作只有梁实秋一人坚持下来。

10月，张君劢、张东荪等人在北平成立再生社，梁实秋是社员之一。

本年，中译《西塞罗文录》由商务印书馆出版。

1932年

4月，国立青岛大学生为抵制“学分淘汰制”再次罢课，同时还指斥梁实秋主持的图书馆购书时只进新月派的书籍，甚至指责“新月派包围青大”。

5月20日，张君劢、张东荪等人在北平创办了再生社的机关刊物《再生》杂志。梁实秋和罗隆基也是主要发起人和撰稿人。

5月22日，胡适、丁文江等人在北平创办了《独立评论》杂志。胡适、丁文江、傅斯年是主要发起人和撰稿人。

10月，再生社秘密改组为中国国家社会党。

11月，任天津《益世报》之《文学周刊》编辑。

12月，鲁迅发表《帮忙文学与帮闲文学》的演讲稿。

1933年

1月，在《益世报·文学周刊》发表《“帮忙文学与帮闲文学”质疑》，与鲁迅辩驳。

6月，《新月》停刊。

1934年

4月，中国国家社会党在天津召开第一次代表大会，正式宣告该党成立。

4月，接胡适信，邀请他去北京大学任教。信中说："希望你和朱光潜君一班兼通中西文学的人能在北大养成一个健全的文学中心。……你来做一个生力军的中心，逐渐为中国计划文学的改进……"

6月，在得知梁实秋不便去北京大学的消息后，胡适再次急切致信："此时在国内哪儿去寻一个比得上你的人来救急！"

秋，离开青岛，前往北京大学任外文系研究教授兼系主任。左翼倾向的大学生发表文章：《梁实秋在北大——来哉！新月派文人的桂冠够多么漂亮！险矣！一封匿名信，同学要请他 farewell》。

10月1日，在《现代》上发表《白璧德及其人文主义》一文。

本年，出版论文集《偏见集》（正中书局），同时出版《文艺批评论》（中华书局）。另外印有译作《约翰孙》（时任国立中央大学教授的梅光迪为他作了校阅），教材《英诗选读》等。

1935年

11月，创办《自由评论》周刊，次年10月停刊，共出47期。

本年，商务印书馆出版梁实秋所译莎士比亚戏剧八种。

1936年

10月19日，鲁迅在上海病逝。第二日的《世界日报》教育界专栏发表了对梁实秋的采访纪录。

本年，中国国家社会党第二次代表大会召开，梁实秋当选为十一个执行委员之一。

1937 年

1月，在《东方杂志》发表《文学的美》，与朱光潜发起了一场著名的美学论争。左翼新美学的倡导者周扬，发表文章表示与梁实秋的美学立场相近。

6月23日，参加蒋介石庐山谈话会。

7月，北平陷落。获悉侦缉队里已把他列入黑名单后，写下遗嘱，逃出北平。

9月，教育部宣布由清华大学、北京大学、南开大学及中央研究院联合设立国立长沙临时大学。长沙临大第一次常委会推定陈岱孙、冯友兰、梁实秋等九人为图书设计委员会委员。

本年，南京国立戏剧学校第一届毕业生排演了由他翻译的《威尼斯商人》，作为译者的他被邀请前往观看。

1938 年

7月，国民党组织成立的国民参政会在武汉第一次集会，这是一个抗战时期统一抗战的组织，张君劢、罗隆基、梁实秋等六人作为国家社会党代表也列席参政会。会前，梁实秋、傅斯年约共产党参政代表吴玉章到梁实秋家，希望与共产党参政员一起合力弹劾孔祥熙、拥立汪精卫，吴拒绝了。

9月，应张道藩邀请，任教育部特约编辑兼教科书编委会常务委员，负责主编应战时后方需要的中小学教科书。

9月，在重庆主编《再生》，后来牟宗三也到了重庆，梁实秋因接编《中央日报·平明副刊》，由牟宗三重拾编务。

11月，参政会开会，有五个拥护蒋委员长的提议并在一起表决时，梁实秋没有举手，大受全场注意。

12月1日，接编重庆《中央日报》副刊《平明》，在《编者的话》中指出，“与抗战有关的材料，我们最欢迎，但是与抗战无关的材料，只要真实流畅，也是好的。”因此引起一场关于“与抗战无关”的论争。

1939年

4月，因随国立编译馆迁移北碚而辞去《平明》主编职务。

秋，与原清华同学兼好友吴景超及其夫人龚业雅合购平房一栋，命名“雅舍”，成为北碚文人学者雅集之所。

1940年

1月至3月，参加国民参政会华北视察慰劳团，赴华北一带地区慰劳视察。临去延安前，毛泽东致电参政会表示不欢迎梁实秋和余家菊而取消此行。

上半年，应刘英士邀请，以“子佳”的笔名，在《星期评论》上发表小品文10篇，每篇约二千字，总题为“雅舍小品”。

7月，任编译馆（与教科书编委会合并）社会组主任及翻译委员会主任，主持编写了二百多种激励抗战的民众读物和戏剧作品。

1941年

11月，国民参政会在重庆开幕，二十三位参政员联名提出《实现民主以加强抗战力量树立建国基础案》，提案人包括张澜、张君劢、左舜生、罗隆基、梁实秋等，督促蒋介石扩充参政会职权，实施宪政，蒋介石极为恼怒。

11月，《鲁迅与我》一文发表于《中央日报·平明》副刊。文中说："由于鲁迅先生的'转变'及我的不知'转变'，以后竟发生不少纠葛。"

1942年

1月，一篇署名羊耳的《梁实秋的"投名状"》，发表于延安《解放日报》，认为梁实秋的《鲁迅与我》是在对鲁迅进行"鞭尸"，并以此"入伙"到反共的队伍里。

5月，延安《谷雨》第五期上发表了萧军的《杂文还废不得说》一文，称梁实秋为"秋郎教授"，将梁实秋视为"堂堂的"中央"党刊"的主将，认为正因为有梁实秋这样主张与抗战无关、批骂共产党和鲁迅的人的存在，所以"杂文"才不能废。

5月，毛泽东在延安文艺座谈会上发表的讲话中批评梁实秋的"超阶级"文艺观。

12月，在《文化先锋》1卷8期上发表《关于文艺政策》一文，批评国民党干涉文艺自由发展。

本年，担任编译馆翻译委员会及社会组主任，任国立社会教育学院教授，主讲西洋戏剧史。译完《咆哮山庄》，重庆商务印书馆出版。

1943年

4月，重庆一些有识之士担忧"中国民族文化精神所寄托之特有艺术，行将流入异邦"，在重庆国立中央图书馆，发起成立"中国书学研究会"，规模有150人之多，梁实秋也是其中之一。

1944年

夏，程季淑带子女们到达重庆，一家五口团聚。

本年，译作《吉尔菲先生之情史》，由黄河出版社出版。

本年，参与发起创修北碚地方志。任修志委员会委员。

1945年

8月14日，全家疯狂参加庆祝抗战结束的火炬大游行。

1946年

春，在梁实秋、陈纪滢、北平图书馆馆长袁同礼的协助下，“国剧陈列馆”得到部分恢复。

7月，闻一多在昆明被国民党特务杀害，梁实秋极为哀痛。

8月，全家搭乘国民参政会专轮抵达南京。因李长之介绍与季羡林相识。返北平后任北平师范大学教授。

11月，齐如山先生领军的“中国国剧学会”恢复，梁实秋任理事。

12月，国民党拟召开国民大会，其主要用心在于收编和拉拢在野的中国青年党、国家社会党。面对这一情况，国社党内部产生了严重分裂，党内以张君劢、徐傅霖、蒋匀田等为首，坚决主张参加，而张东荪、梁实秋、孙宝刚、沙彦楷等人则反对参加，主张待政府实施政协各项决议后，再行参加。

1947 年

1 月，应张纯明邀请，陆续在《世纪评论》发表“雅舍小品”14 篇。

本年，将 34 篇小品文编辑成册，定名为《雅舍小品》，交给商务印书馆，因纸价飞涨未能付印。

1948 年

11 月，广州中山大学校长陈可忠聘请梁实秋到该校任教。

12 月，携子梁文骐、小女梁文蔷南下，于翌年 1 月抵广州。长女梁文茜留北平读书。不久，程季淑亦辗转来到广州。

本年，除了在中山大学任教外，还在私立文化学院兼课。与中山大学外语系主任林文铮、法舫和尚谈论佛经。

1949 年

夏，梁文骐考取北京大学农学院，为学业留在大陆。

6 月底，携程季淑和梁文蔷移居台湾。任编译馆代理馆长。曾在大同工业学校授课。应聘为台湾师范学院英语系教授兼系主任。

11 月，《雅舍小品》由台湾正中书局出版。

11 月，雷震等人在台湾创办《自由中国》，邀请梁实秋参与，梁的答复是：“只愿从旁协助，决不加入。”

1950 年

上半年，辞去编译馆代理馆长职。继续在台湾师范学院任教。

1951 年

本年，中译《苏俄的强迫劳工》由正中书局出版。

1953 年

4 月，大陆《毛泽东选集》第三卷出版，《在延安文艺座谈会上的讲话》一文中，梁实秋的名下注释是："梁实秋是反革命的国家社会党党员。他在长时期中宣传美国反动资产阶级文艺思想，坚持反对革命，咒骂革命文艺。"

本年，中译《法国共产党真相》由正中书局出版。

为远东图书公司主编《最新实用英汉字典》等。

1954 年

中译《莎士比亚的戏剧故事》，明华出版社出版。《美国是怎样的一个国家》（与张芳杰合著），编译馆出版。中译《现代戏剧》（与傅一勤合译），中华文化出版社出版。

1955 年

6 月，台湾师范学院改成台湾师范大学，梁实秋任文学院院长兼外文系主任。

本年，中译《咆哮山庄》，商务印书馆出版。

1956 年

夏，兼任台湾师范大学英语研究所主任。

9 月，台湾《文学杂志》创刊，主编夏志清想请梁实秋当社长，他拒绝了。

本年，中译《百兽图》，正中书局出版。

1957 年

1 月，在香港《人生》杂志 148 期发表《关于白璧德及其思想》一文。

1 月，大陆巴人在《新港》发表《论人情》，称："人情就是人和人之间共通的东西。饮食男女，这是人所共同要求的。花香鸟语，这是人所共同喜爱的。一要生存，二要温饱，三要发展，这是普通人的共同的希望。"

本年，中译《亨利四世》，明华出版社出版。

1958 年

3 月，大陆以群在《文艺月报》发表《重谈梁实秋的"人性论"》，说："梁实秋和思想在过去一年余里还曾在某些人的身上演了'僵尸复活'的怪剧！而以脱离阶级基础的人性、人情的原则作为评价文学作品的基本的、必要的标准的说法，和梁实秋的'人性论'实质上是一脉相承的。"此后，在涉及批判共同人性和人情的文章中，被批判者的思想被很多人视为梁实秋人性论思想的"新变种"、"新花样"。

本年，辞去英语研究所及文学院院长职。出版《谈徐志摩》，远东图书公司出版；《实秋自选集》，胜利书局出版；中译《冬天的故事》，明华出版社出版；中译《威尼斯商人》，协志出版社出版。

1959 年

《实秋自选集》，神州出版社出版。

中译《沉思录》，协志出版社出版。原文作者“玛克斯”，这一名字引起国民党怀疑而搜查了梁家住宅。

1960 年

7 月，赴美参加“中美学术合作会议”。

本年，中英对照《雅舍小品》，远东图书公司出版。

1961 年

3 月，大陆《文艺报》发表陆定一、周扬的《题材问题》专论，提倡“题材的多样化”，反对“题材问题上的清规戒律”。

秋，专任台湾师范大学英语研究所教授。

11 月，李敖在《文星》发表《老年人和棒子》，称：“从写《人权与约法》时代的胡适之到写《容忍与自由》时代的胡适之；从《人权论集》时代的梁实秋到《远东英汉字典》时代的梁实秋，我们多少可以看出他们转变的痕迹，……我并非说胡适之与梁实秋已变成保守派，我是说，他们今日的‘稳健’比起当年那种生龙活虎意气纵横的气概，是不大相称的！”引发台湾文化界的一场“棒子”战。

本年，《梁实秋选集》，新陆书局出版。

1962 年

《清华八年》，重光出版社出版。

1963 年

《秋室杂文》，文星书店出版。

1964 年

《文学因缘》(论文集),文星书店出版。

1965 年

本年,梁实秋经常投稿的《文星》被国民党政府查禁,李敖等主要负责人遭查办,向梁实秋寻求帮助,梁实秋拒绝涉足其中。李敖放言:"我觉得一代大儒,不可以软弱如此,但梁先生却如此软弱,他太令人失望了!"

《浪漫的与古典的》与《文学的纪律》两书整理合并(删节部分内容),以《浪漫的与古典的》为书名,由文星书店出版。

1966 年

5 月,大陆江青发表了《林彪委托江青召开的部队文艺工作座谈会纪要》,实行"文艺黑线专政"斗争。反重大题材观、反题材决定论和题材多样化被定为"文艺黑八论"之一,与根本任务论、三突出原则、主题先行等极左文艺思潮配套施行。

5 月,大陆《文艺报》上发表《〈文艺报〉专论〈题材问题〉必须彻底批判》一文,称:"反动文人梁实秋之流曾经叫嚷过所谓'文学永远不失去它的独立',文艺为政治服务就是'艺术的叛徒'等等谰言,说穿了,就是要保持资产阶级对文艺的控制,反对文艺为无产阶级政治服务。当时以鲁迅为首的左翼作家,曾对这股文艺'理论'和'实践'的逆流,进行了猛烈的抨击和揭露。事隔三十多年,《专论》作者又高唱起所谓'自由'……"

8月，从台湾师范大学退休。

9月，编译《莎士比亚诞辰400周年纪念集》，编译馆出版。

冬，《谈闻一多》，传记文学社出版。

1967年

8月，译完《莎士比亚全集》40册，台湾文艺界举行了隆重的出版庆祝会。由远东图书公司出版。

1969年

《秋室杂忆》，传记文学社出版。

与蒋复璁共同编辑《徐志库全集》（6卷），传记文学社出版。

1970年

4月，携程季淑飞往美国补度“蜜月”。

8月，返回台湾。

本年，《略谈中西文化》，进学书局出版。《实秋杂文》，仙人掌出版社出版。

1971年

《实秋文存》，蓝灯出版社出版。

《雅舍小品》，香港文艺书屋出版。

1972年

2月，大陆《人民日报》发表了闻工的《坚定不移地表现新的人物，新的世界——批判陆定一、周扬一伙的反“题材决定论”》一文，文中说：“从二十年代末的梁实秋，提出反对把‘把文学的题材限于一个阶级的生活现象的范围之内’（即反对文艺与无产阶级）起，到六十年代陆定一、周扬一伙的反‘题材决定’论出笼，围绕题材问题，资产阶级一直和无产阶级文艺相对抗。”

5月，携程季淑移居美国。

本年，《西雅图札记》，远东图书公司出版。

1973 年

4月，程季淑在美国一个市场门前被一个铁梯击中头部。经抢救无效辞世，终年74岁。安葬于西雅图市北的槐园。

10月，《雅舍小品续集》，正中书局出版。

1974 年

4月，《看云集》，志文出版社出版。

8月，《槐园梦忆》，远东图书公司出版。

11月，与台湾影视歌明星韩菁清在台北统一饭店一见钟情，陷入热恋。

1975 年

5月，与韩菁清结婚。由林挺生做证婚人。

同月，《梁实秋自选集》，黎明文化公司出版。

1976 年

大陆李何林的《〈文学与出汗〉》（山东师范学院聊城分院中

文系图书馆编《鲁迅作品教学手册（供教学参考）》）称：“梁实秋是革命和革命文学的最凶恶的敌人。……以无产阶级的阶级论反对资产阶级人性论，这是第二次国内革命战争时期革命和反革命斗争在文艺上的反映，是中国文化革命深入的一个重要标志。而《文学和出汗》就是向梁实秋人性论第一次认真的开火。它正式揭开了中国现代文学思想斗争史上无产阶级阶级论同资产阶级人性论两种文艺思想斗争的第一页。”而且还是“彪炳文学史册的战斗纪录”。

1977 年

9 月，大陆何其芳发表了《毛泽东之歌》一文，首次披露了毛泽东关于“共同美”问题的论述：“各个阶级有各个阶级的美，各个阶级也有共同美，‘口之于味，有同嗜焉’。”于是，人性的禁区被逐步打开，人们在马克思主义理论的框架中，寻找着共同人性的理论支撑点。

本年，为台湾《中华日报》副刊“四宜轩杂记”专栏撰稿。

1978 年

9 月，《梁实秋论文学》，时报出版公司出版。

10 月，《梁实秋札记》，时报出版公司出版。

1979 年

学术巨著《英国文学史》完成，全书约 200 万字。

1980 年

1 月，《白猫王子及其他》，九歌出版社出版。

6 月，梁文骐随同华罗庚前往香港参加一个数学会议。梁实秋从美国飞往香港与之晤面。

6 月，法国巴黎举行中国抗战文学讨论会。香港中文大学梁佳萝在会上作以《风暴的眼睛——梁实秋抗战时期的小品文》为题的发言，认为当年批判梁实秋鼓吹文学“与抗战无关”论是不公平的。

1982 年

1 月，台湾师大同仁为梁实秋 80 寿辰祝寿。台北《中央日报》出版祝寿专号。

6 月，在美国西雅图与离别 34 年的长女梁文茜重逢。

8 月，《雅舍小品》三集，正中书局出版。

1983 年

《雅舍杂文》，正中书局出版。

1984 年

7 月，写下遗嘱。

8 月，《看云集》（与 1974 年出版之《看云集》内容不同），皇冠出版社出版。

1985 年

1 月，《雅舍谈吃》，九歌出版社出版。

6月，《雅舍散文》第一集，九歌出版社出版。

夏，梁文骐由大陆经美赴台团聚。

8月，《英国文学史》与《英国文学选》，协志工业丛书出版公司出版。

1986年

5月，《雅舍小品》四集，正中书局出版。

8月，大陆《毛泽东著作选读（上下册）》出版，对梁实秋注释修改为："梁实秋，一九〇二年生，新月社主要成员。先后在复旦大学、北京大学等校任教。曾写过一些文艺评论，长时期致力于文学翻译工作和散文的写作。鲁迅对梁实秋的批评，见《三闲集·新月社批评家的任务》、《二心集·'硬译'与'文学的阶级性'》等文。"

10月，柯灵在上海《文汇报》发表《现代散文放谈——借此评议梁实秋与"抗战无关论"》，谓："一窝蜂的习惯势力长期在我们生活里占着优势，酷爱绝对化，……热衷于举世诺诺，不容许一士谔谔。"

本年，友人刘真应邀担任教育部人文指导委员会事务，梁实秋给他的贺词中说："人文主义乃西洋名词，与我儒家思想暗合，弟于五十年前即向往之。"

1987年

5月，在台北《联合文学》第31期发表《岂有文章惊海内——答丘彦明女士问》一文，内称："最近在报纸上看到柯灵先生为文给我的'抗战无关论'的罪名平反，实在不胜感慨。"

7月，《雅舍散文》二集，九歌出版社出版。

11月1日，心脏病突发。送入台北中心诊所治疗。

11月3日8时20分，因心肌梗塞引起肺气肿并发症，经抢救无效逝世。终年84岁。

11月18日，安葬于台湾北海墓园。

注：本简谱中，梁实秋台湾生涯部分参考了澳大利亚学者胡百华先生收录于《秋之颂》的《梁实秋先生简谱初稿》。因为胡先生曾经做过梁实秋先生的助手，他的《初稿》的绝大部分内容曾经梁实秋先生亲自校阅过。本书即将付梓之际，笔者将此简谱的电子稿发送给远在澳洲的胡百华先生，他在病体初愈的情况下，不辞辛苦逐字逐句校阅了简谱，并提出了宝贵的修改意见，在此真诚地向他致谢。

跋

魏 建

刘聪的博士论文要出版了，让我写序，我没有答应。我让刘聪找高人作序，她说：导师作序应该是惯例吧。我说：我想与我的学生著作创造一个“惯例”——只作跋，不作序。“惯例”将从这本书开始。

刘聪是我招收的第一届博士研究生，2002 年 9 月入学，2005 年 6 月获得博士学位。在她毕业前我就考虑过，将来我的博士生们邀我作序怎么办？什么也不写似乎说不过去，我最后决定——作跋不作序。我在书后作跋，把序言留出来让它发挥更好的作用。本来，任何人出书都应拥有处置自己著作每一个字的自主权，可现如今，序言的规则都成了“新八股”。我不希望所谓通行惯例成为我学生出书的约束。我学生的博士论文出版的时候，如果能因此多一些自由和自主，那可能是我还能为他们所做的有意义的一件事。

刘聪的博士论文写得很好，被评为山东省优秀博士学位论文。她的成功首先是因为她的专业基础好，这是我在与刘聪见面之前就已经感受到的。

大约是在 2000 年 5 月初，我收到四篇来自曲阜师范大学的硕士研究生学位论文。其中一篇的选题吸引了我：《激情年代的古典守望——论梁实秋的文学批评》。从开篇第一句话——“梁实秋的文学批评在整个现代文学史上是一个复杂而又尴尬的存在”——我就看出这个学生话里有话，功底不浅。我蛮有兴味地读下去，充分感受到文中词句的理性含量，那都不是随随便便说出来的，而是用了心的文字。6月初我到了曲阜师范大学，为我匿名评审的四位研究生论文答辩。这才知道，那位功底不浅的研究生叫刘聪。两年以后，她以全校（不是文学院，更不是中国现当代文学专业）总分第一名的成绩考取了山东师范大学的博士研究生，由我指导。

当今中国，女人一优秀，庸人就发笑。过去说“女子无才便是德”的一般是男人，现在嘲弄才女的，多是她们的同性。很可能是一些博士或硕士研究生考试的女性落榜者，出于妒忌和失衡的心理编排了一些丑化女博士的段子，例如：“世界上有三种人：男性，女性，女博士”；“白天愁论文，晚上愁嫁人”……这样的我没见过，我倒是指导了许多像刘聪这样上得讲堂，下得厨房的优秀女子。她们在事业上高追求，家庭生活也是高质量的。我所了解的刘聪，在单位是好老师，在家是好妻子、好母亲。她在各方面都做得很出色。

勤奋者未必成功，但成功者必定勤奋。认识刘聪的人都知道她很优秀，但很少有人知道刘聪很能吃苦。

我指导的博士研究生，一人学会拿到我开的100本书的阅读书目。我定期督促和检查他们的阅读情况。俗话说“勤能补拙”。我检查博士和硕士研究生读书情况的结果恰恰相反，基础越好的学生读的越多、越勤奋。刘聪的勤奋还表现在她搜集梁实秋的文献史料方面。在作硕士论文的时候，她已经占有了梁实秋的大量文献资料。读博士期间她完成了《古典与浪漫

——梁实秋的女性世界》一书。为写这本书她又掌握了梁实秋许多不为人所知的史料和文献。做博士论文的时候，她不满足于此，四处奔波，继续搜集研究资料，不仅发现了一些有关梁实秋的新的文献和史料，而且获得了许多文字以外的重要信息。正是借助这些新材料的发现，刘聪颠覆了以往学术界对梁实秋文化身份的认识。刘聪的勤奋，在她博士论文写作的最后几个月，我感受更深。那些日子她总是熬夜，我电子邮箱的收件夹里记录着她结束写作给我发电子文稿的时间：多数是凌晨三点多，有时是四点多。

刘聪的聪明和刻苦成就了她博士论文的高水平。这篇论文最大的贡献是对梁实秋考察视角的调整。前人大都把梁实秋的文化身份定位于英美派自由主义知识分子，刘聪却是从现代新儒学视野看取梁实秋。据我所知，读过她论文的人，可能对其中的枝节问题有所保留，但都肯定她的基本结论，因为证据在刘聪手中比在前人手中更多、更扎实，论证得也更充分。刘聪论文答辩的时候，我听到有一位评委这样说："这篇论文的基本观点有可能改写文学史对梁实秋的基本认识。"让我们拭目以待吧。

是为跋。

2009 年"五一"节

后　记

作为一个中国现代文学的研究者，在十年左右的时间里，我一直对梁实秋先生保持着浓厚的研究兴趣，他的各类著述文字、人格风范、情感世界都进入了我的研究视野。

最先引发我研究兴趣的是硕士生导师卜召林先生，读硕期间，卜先生提醒我注意梁实秋在中国现代文学批评史上的独特风采，在他的悉心指导下，我以《激情年代的古典守望——论梁实秋的文学批评》为题，完成了硕士论文的写作，如果我对梁实秋的研究最终能为学术界奉献一点价值，那么我首先要感谢的是卜先生的睿智为我在学术起点确立了方向。

这一成果虽然比较准确地把握了梁实秋的文学话语特质，但这种研究是一种纯粹的文本研究，没有把梁实秋放在一个大的文化背景中来综合考察。要知道，五四时期的知识分子们与现在完全学院化的知识分子不同，他们有一种公共知识分子的道德担当，对于社会人生有强烈的干预欲望，所以，即使是在非常专业的学术话语背后也大都有坚定的文化信仰做支撑，换句话说，他们的专业话语常常就是他们指点江山的一种言说方式。尤其是梁实秋自己也说过，每一篇文字的写作都是有因缘的，在什么时间、什么地点、什么场合，写了什么文字，这都是有原因的。可是对于硕士阶段的我来说，对梁实秋做这样的综合考察力有未逮。所以写完之后留下了很多困惑。

硕士毕业两年后，我有幸成为山东师范大学博士生导师魏建先生的开山弟子。学术也是有因缘的，在通过了面试而尚未拿到博士入学通知书之前，魏先生推荐我参加一套丛书的写作，是由中国社科院黄侯兴先生主编的关于中国现代文化名人情感世界的丛书。这套丛书对学术性要求并不高，以我当时的学术水平尚可勉力为之。于是我开始走进梁实秋的日常生活世界，最终在博士一年级行将结束的时候，出版了我的第一本书《古典与浪漫——梁实秋的女性世界》，这本书使我与梁实秋研究之间的因缘就此得以绵延至今。更令同门歆羡的是，我在魏先生的门下受教并不从入学开始，而是自这本书的写作开始，合起来几乎是三年又半。电话和电子邮件是我入山门前受教的主要方式，至今我还记得有一次魏先生在电话中遥示，一讲就一个多小时。这本书从立意到书名，从章节安排到语法字词都得魏先生细心指导。我不善言感激，只是把感激化作动力，希望从学三年不负师恩。

这本传记的写作，虽非学术研究，却对我后来的研究影响很大。日常生活化的梁实秋让此前学理化的梁实秋在我面前生动起来。李新宇先生的《愧对鲁迅》一书，用与鲁迅先生对话的方式写成，研究者与研究对象之间高山流水，肝胆相照，令人感佩。这在我看来是最理想的学术境界，所谓臻于化境即当如此。要达到这样的境界，必须将研究对象视为人、文一体的生命个体。

为此，我扩大了资料搜集的途径，不仅穷尽一切办法搜集书面上所有有关梁实秋的信息，又请教港台文学研究专家刘登翰先生，承他相助，我在出版社尚未公开发行之前，以折扣价购得了鹭江出版社 15 卷本的《梁实秋文集》。又请教大陆第一部梁实秋传的作者宋益乔先生，蒙他不弃，慷慨相赠珍贵的海外研究资料，让我一用两年，博士论文答辩时方璧还。又设法与梁实秋在台湾时期的学生——澳大利亚墨尔本 Monash 大学的学者胡百华先生取得联系，他曾经做过梁先生的助教，经常得以亲聆梁先生的教诲，分享到很多有趣而有益的言谈。胡先生对梁实秋先生的敬仰让人感佩，他对梁实秋研究所做的最大贡献是，在梁实秋先生在世时，编写了一份梁实秋简谱，这份经梁实秋先生校阅过的简谱，是目前学术界最权威的简谱，也为大陆的研究者们提供了赴台之后梁实秋的重要行述。胡先生帮我复印了港台很多梁实秋研究资料，模糊处还仔细帮我做好索引，他所做的一切只为一个目的，就是希望我对他恩师的研究能够客观、公正。他甚至几次建议我先做一部梁实秋年谱，一补他简谱的不足，二可借此梳理思路，这一工作虽被我列入计划，资料也大致编排有序，但只能待本书出版之后再做筹划了。

通过胡百华先生我得以登门拜访梁实秋先生长女梁文茜女士，几个小时的交谈，一次午宴，年近八旬的梁女士乐观健朗的生活态度让我感动。我们谈的是梁实秋先生在大陆时期的往事，以及梁女士一家在新中国成立后的遭际，她心胸豁达，脸上一直漾着随和的笑意，有一种宠辱不惊的气度。胡先生当着梁女士的面感叹说，梁实秋先生的三个儿女中，梁文茜女士是神采和相貌上最酷似梁先生的，她明朗、乐观、随和的性格中，到处都有梁先生的影子，看到梁女士就如同梁先生的风神再现。

而上述这一切收获皆有赖于导师魏建先生的帮助，是他为我提供了这些学术资源，并引领我踏上一条更合理更充满生机的治学路径。而我从魏先生处学到的还有更多。

犹记初入师门时，他给我开的书目中有近三分之一的古代典籍，对这样一份书目我充满了惶惑，现当代文学研究领域内每天都有花样翻新的理论和名词术语，让后学之辈追之唯恐不及，这种阅读会不会拖滞了我的脚步？但当这一本书停笔之时，我对他唯有感激，没有这一番阅读就不会有这本著作。

在论文的写作过程中，有一件事对我影响最大。在我确定要以梁实秋作为博士论文研究对象时，矜于自己几年来对梁实秋的关注，我的浮躁与自得大概溢于言表。魏先生对学生向来以师友处之，不出重言。他只轻描淡写地要求我写一份梁实秋的简介给他看看，但要求我不能做想当然的评定，对梁实秋的每一个评判，必须要有扎实的史料支撑。这个要求看似简单，可当我拿起笔来时，却发现困难重重。我想说梁实秋是新月派成员，这一评判已经是文学史常识，可我提供的各种史料却在互相抵触，梁实秋自己则几次说他非新月派；我想说他是一个新人文主义者，史料也互相抵触，梁实秋自己更是加以否定；想说他是胡适学人群，却发现了研究界没有注意到的其他史料，他自己也说与胡适相交不深。最终这一篇简介我没能在规定的时间内交上。这件事把我从主观预设的研究状态推入了史料中，埋头在民国丛书、民国期刊中找寻原始资料。最终在史料的支撑下，写出了这样的一份梁实秋研究成果。这件事对我影响很大，当我做硕士生导师时，我对研究生做了这样的要求：不要轻易下断语，也不要轻易接受别人的断语，除非你有可信的史料支撑。这是对研究对象的尊重，也是对学术品格的维护。

山师大求学三年，得以亲炙诸多学者，朱德发先生是我在大学本科起就敬仰的学者，他每年到曲阜师范大学主持硕士生答辩，评点论文时纵横捭阖的恢宏气度让人叹服，而他以生命道问学的真诚和优游涵泳的学养，更引发了我从事这个专业的最初兴趣。此次为论文出版，先生又拨冗赐序，其雍容宽厚、奖掖后学之情，令人感戴。姜振昌先生扎实稳健的学识、王万森先生智慧亲切的风范、李掖平先生优雅从容的气质、吴义勤先生洒脱通达的个性、张清华先生敏而多思的才情，都让我受益良多，终身难忘。

在博士论文的审阅和答辩过程中，范伯群先生、丁帆先生、朱德发先生、孔范今先生、沈卫威先生、张福贵先生、解洪祥先生、李掖平先生、吴义勤先生不吝指教，对论文给予了充分的肯定和热情的鼓励，并提出了很多有价值的建议，这为我的学术之路平添了勇气。

北京语言大学的高旭东先生得知我在做梁实秋研究的博士论文，让我参加了北京语言大学比较文学研究所主办的梁实秋与中西文化国际研讨会，我不揣浅陋在会上发言，并由朱寿桐先生提名当选为海峡两岸梁实秋研究会理事，这对我的学术之路而言是一份非常重要的鼓励。在论文写作和查找资料的过程中，我还有幸得到过周海波先生、张光芒先生、桑哲先生的帮助，在此也真诚地感谢他们。

同年级和上下级的博士生同学们，是和我同一战壕里的战友，沉重压力之下的互相鼓励和支持，让我们的读博生活沉重中有精彩。

我的家人们是我的情感大本营，父母一直生活在我身边，悉心照料我们一家三口的生活，让我过着与这个年龄不符的衣来伸手饭来张口的奢侈生活；姐姐姐夫和哥嫂们帮我分担了生活中的诸多烦恼；爱人王方立为我的论文写作也付出了辛苦的劳动，我在十几年的时间里一直守在梁实秋以及与他相关的研究领域上，收集的资料繁多杂乱，却疏于整理，是他在繁忙的工作之余，以一个理科生的科学头脑细心地为我打印、排序、分类整理，完全像个无师自通的档案管理员。这次为将论文整理出版而重新翻阅资料，看着一本本编写了目录且分类装订成册的研究资料，我的心情是难以言表的。还有我最最亲爱的宝贝女儿三三，女儿来到我的生活中，让我对人生、对学术都有了更多的体会和尊重。

这是一份意犹未尽的感谢词，其中有博学笃行的师长，有意趣相投的同学朋友，有为我无私奉献的亲人们，有为我分忧的爱人，还有很多帮助我而在这里没有一一谈及的朋友，对于生活中和学术中如此豪华的馈赠，我满怀感恩的心。

刘 聪

2010 年 1 月 6 日于曲阜

图书在版编目（CIP）数据

现代新儒学文化视野中的梁实秋/刘聪著．—济南：齐鲁书社，2010.5

ISBN 978－7－5333－2399－8

Ⅰ.①现…　Ⅱ.①刘…　Ⅲ.①梁实秋（1903～1987）—人物研究②梁实秋（1903～1987）—文学研究　Ⅳ.①K825.6②I206.6

中国版本图书馆CIP数据核字（2010）第077193号

现代新儒学文化视野中的梁实秋

刘聪　著

出版发行　齊魯書社
社　　址　济南经九路胜利大街39号
邮　　编　250001
网　　址　www.qlss.com.cn
电子邮箱　qlss@sdpress.com.cn
印　　刷　青岛星球印刷有限公司
开　　本　850×1168　/32
印　　张　11.5
插　　页　2
字　　数　279千
版　　次　2010年5月第1版
印　　次　2010年5月第1次印刷
标准书号　ISBN 978－7－5333－2399－8
定　　价　29.00元